戦後作文・綴り方教育の
史的研究

菅原　稔

渓水社

ま え が き

　わが国の教育・国語教育は，1945〈昭和 20〉年 8 月 15 日の敗戦（終戦）を境に，大きく，その方向を転換した。その「戦後教育改革」のほとんどは，直接的には連合国軍最高司令部（ＧＨＱ）の指示を受けて行われたものであったが，背景となるべき諸条件の整わないままに行われた教育の転換は，一方で様々な混乱と困難をもたらした。しかし，他方で，その理念とされた旧体制の精算，反戦・平和と民主化の方向は，長引く戦争によって荒廃し疲弊していた人々に歓迎され，自らの進むべき理想の教育を示すものとして受けとめられ支持された。このような流れの中で，文部省の「新日本建設の教育方針」（1945〈昭和 20〉年 9 月 15 日），「新教育方針」（1945〈昭和 20〉年 10 月 15 日），「新教育指針」（1946〈昭和 21〉年 5 月 15 日），連合国軍最高司令部「第 1 次米国教育使節団報告書」（1946〈昭和 21〉年 4 月 7 日）等が矢継ぎ早に公にされた。この動きは，やがて戦後教育の根幹を示す「教育基本法」「学校教育法」の公布（1947〈昭和 22〉年 3 月 31 日）と，戦後教育の大きな柱ないしは新しい理念・方向を示すものとしての「昭和二十二年度　学習指導要領〈案〉」各編の出版（1947〈昭和 22〉年 12 月以降）によって，一応の完成をみた。このような，ある意味で法制的とも言える性格を持つ改革・民主化の方向とともに，戦前・戦中の様々な制約から解放された，自主的で自由な，それゆえに，多様な考え方に支えられた様々な組織・団体も結成され，数多くの機関誌も刊行された。このような動きは，ある意味で，戦前の豊かな作文・綴り方教育の遺産を再評価し，継承・発展させるとともに，戦後の新しい考え方も取り入れた，文字通りの，戦後新教育の確立を目指すものであった。それは，様々な理由で戦前の教育の果たせなかった理想を求め完成させようとするものであり，理想と熱意にあふれた，時に激しい論争や議論，あるいは衝突をもしながら，戦後の「新教育」としての国語科の概念と枠組み，さらには方法を導こうとする

ものであった。

　このような流れの中で，新しい法制に基づく諸制度の整備が進み，全体主義・国家主義の時代には果たせなかった新しい教育のあり方を目指して，自主的・主体的な教育組織や研究団体も数多く結成され，様々な活動が展開された。当時，アメリカ合衆国において提唱され，新たな教育の視点として注目されたコア・カリキュラムや単元学習，あるいは，戦前に取り上げられた生活教育，生活主義の作文・綴り方（生活綴り方）教育等，様々な考え方に基づく教育実践のあり方が模索され，それぞれの立場ごとの研究・実践の成果が，数多くの機関誌・同人誌・著書・論文等の形で刊行された。

　戦後の書くこと（作文・綴り方）教育のありようを，昭和20・30年代の国語科教育の中に位置づけると，それは，時間の流れに沿って，おおよそ，次のようにとらえることができる。

　　(1) 戦後作文・綴り方教育の胎動

　　(2) 新教育—運動—の中の作文・綴り方教育

　　(3) 作文・綴り方教育の展開と発展・拡大

　　(4) 作文・綴り方教育の成熟とその到達点

　以下，本書では，上述の理解を前提とし，戦後の20年間（昭和20年代・昭和30年代）に見出される作文・綴り方教育の歩みを，可能な限りの第1次資料によって考察し，その歴史的な展開のありようを明らかにしたい。

目　次

まえがき ……………………………………………………………………… i

第1章　戦後作文・綴り方教育の胎動

第1節　「国語創造」誌の創刊 ………………………………………… 3

1.「国語創造」誌の刊行経過と構成・内容　3

2.「国語創造」誌所収論考にみる

「書くこと（作文・綴り方）」教育理論・実践　5

3. おわりに　18

第2節　作文・綴り方教育誌の地方的展開

―『綴方実践への道』― ……… 20

1.『綴方実践への道』の目次・構成と、「推奨のことば」にみる

飯田廣太郎の作文・綴り方教育（論）　20

2.『綴方実践への道』所収論考に見る作文・綴り方教育（論）　22

3. おわりに　28

第3節　昭和22年度・昭和26年度「学習指導要領」と

戦後作文・綴り方教育の再出発 ……… 30

1.「学習指導要領」前史 (1)

―「小学校令」(「国民学校令」) と「書くこと（作文・綴り方）」―　30

2.「学習指導要領」前史 (2)

―『合衆国教育使節団報告書』と「書くこと（作文・綴り方）」―　33

3.「昭和22年度学習指導要領・国語科編」と

「書くこと（作文・綴り方）」　37

4.「昭和26年度学習指導要領・国語科編」と

「書くこと（作文・綴り方）」　41

5. おわりに　46

iii

第4節 同人誌「つづりかた通信」と戦後生活綴り方教育
　　　　　　　　　　　　　復興の一側面········· 49

　1.「つづりかた通信」誌刊行の背景　49
　2.「つづりかた通信」誌刊行の目的および経過　50
　3.「つづりかた通信」誌の構成と内容　52
　4.「つづりかた通信」誌所収論考の考察　55
　5. おわりに　65

第2章　新教育運動の中の作文・綴り方教育

第1節　コア・カリキュラム運動と作文・綴り方 ·················· 69
　1. 戦後作文・綴り方教育とコア・カリキュラム　69
　2. 大学を中心とした研究的立場からの
　　　　　　　　コア・カリキュラム研究と作文・綴り方　70
　3. 附属学校を中心とした実践的立場からの
　　　　　　　　コア・カリキュラム研究と作文・綴り方　77
　4. 新教育・学力低下を問題にする立場からの
　　　　　　　　コア・カリキュラム批判と作文・綴り方　84
　5. おわりに　88
第2節　単元学習の草創と作文・綴り方教育·························· 90
　1.「昭和22年度指導要領」にみる単元学習と作文・綴り方　90
　2. 飛田多喜雄の単元学習論と作文・綴り方　94
　3. 倉澤栄吉の単元学習論と作文・綴り方　97
　4.「26年度指導要領」にみる単元学習と作文・綴り方　99
　5. おわりに　103

第3節　作文・綴り方復興の契機としての
　　　　　　　　　　　　　『新しい綴方教室』………105

1. 『新しい綴方教室』の刊行とその反響　105

2. 『新しい綴方教室』刊行当時の作文・綴り方教育　106

3. 『新しい綴方教室』の成立　108

4. 『新しい綴方教室』の作文・綴り方教育論に対する評価　111

5. 『新しい綴方教室』の作文・綴り方教育論　111

6. おわりに　118

第4節　「書くこと(作文)」と「つづり方(つづること)」の位置と
　　　　意義―「生活文」指導をめぐる作文・綴り方論争―　………121

1. 作文・綴り方教育の隆盛と「書くこと」「作文」「綴り方」　121

2. A「『つゞり方』か"作文"か―学校作文への反省―」の
　　　　　　　　　　　　　内容、特質と反響、反論　122

3. B「混乱する綴方教育　生活文か、作文か『指導要領』に
　　　　　　　　　教師の悩み」の内容、特質と反響、反論　129

4. C「社説　教育の観念化を恐れる」の内容、特質と反響、反論　132

5. おわりに　138

第3章　作文・綴り方教育の展開と拡大・発展

第1節　学校文集『山びこ学校』の刊行とその評価・反響 …141

1. 戦後作文・綴り方教育における『山びこ学校』　141

2. 『山びこ学校』の成立とその背景　142

3. 文集「きかんしゃ」の内容と特質　144

4. 『山びこ学校』に対する昭和20年代の評価と反響　148

5. 『山びこ学校』に対する昭和30年代以降の評価と反響　153

6. おわりに　154

第2節 「第1回 作文教育全国協議会（中津川大会）」
　　　　　　に見る戦後作文・綴り方復興の到達点………157

　1.「第1回 作文教育全国協議会（中津川大会）」の意義　157

　2.「中津川大会」開催にいたる経過　158

　3.「中津川大会」の概要と性格　159

　4. 戦後の作文・綴り方教育における「中津川大会」　159

　5.「中津川大会」の内容と特質　161

　6. おわりに　167

第3節 生活綴り方批判の「受容」と「反批判」……………174

　1.「生活綴り方批判」「反批判」の概要　174

　2.「生活綴り方による生活指導」をめぐって　176

　3.「生活綴り方と教育の科学化・系統化」をめぐって　180

　4. おわりに　184

第4章　戦後作文・綴り方教育の到達点と課題

第1節 野名・田宮論争とその背景としての
　　　　　　「1962年度活動方針」（日本作文の会）………187

　1.「野名・田宮論争」の背景—戦後作文・綴り方教育への評価—　187

　2.「野名・田宮論争」の経過　188

　3.「野名・田宮論争」の前提　190

　4. 第1次「野名・田宮論争」の展開とその内容　192

　5. 第2次「野名・田宮論争」の展開とその内容　201

　6.「野名・田宮論争」の成果と課題　208

第2節 倉澤栄吉の「書くこと（作文＝綴り方）」教育論 ………212

　1. 戦後作文・綴り方教育論の成立・展開と倉澤栄吉　212

　2. 倉澤栄吉の「書くこと（作文）」教育論の展開 Ⅰ・「実作主義」
　　・《単元学習》の中での「書くこと（作文）」を中心とした時期　213

目次

3. 倉澤栄吉の「書くこと（作文）」教育論の展開　Ⅱ・「言語主義」
　・書く活動の中での《言語・表現》の機能を中心とした時期　219

4. 倉澤栄吉の「書くこと（作文）」教育論の展開　Ⅲ・「活動主義」
　・書かれた作品よりも《書く活動・書く過程》を
　　　　　　　　　　　　　　　　　　　中心とした時期　224

5. 倉澤栄吉の「書くこと（作文）」教育の意義・目的論
　　　―「書くこと（綴り方・生活綴り方）批判」を視点として―　229

6. 倉澤栄吉の「書くこと（作文）」教育の内容・方法論　232

7. おわりに　235

第3節　児童文の特性に着目した「文章表現形体」論の誕生…238

1.「文章表現形体」論の成立　238

2.「文章表現形体」論の成立―国分一太郎の論考を中心に―　240

3.「文章表現形体」論をふまえた実践
　　　　　　　―「作文と教育」誌所収論考を中心に―　245

4.「文章表現形体」論の展開と変容
　　　　　　　―「表現形体」論から「定式化」論へ―　253

5. おわりに　260

あとがき …………………………………………………………… 263

事項索引 …………………………………………………………… 267

人名索引 …………………………………………………………… 269

書名・誌名・文集名索引 ………………………………………… 271

vii

戦後作文・綴り方教育の史的研究

第1章 戦後作文・綴り方教育の胎動

第1節 「国語創造」誌の創刊

1.「国語創造」誌の刊行経過と構成・内容

いま「国語創造」誌各号の刊行年月日，ページ数を示すと，それは，それぞれ次のようになる。

（号）	（刊 行 年 月 日）	ページ数
第 1 号	1946〈昭和21〉年 11 月 1 日	65
第 2 号	1947〈昭和22〉年 1 月 10 日	62
第 3 号	1947〈昭和22〉年 6 月 5 日	64
第 4 号	1947〈昭和22〉年 6 月 25 日	64
第 5 号	1947〈昭和22〉年 8 月 25 日	63
第 6 号	1947〈昭和22〉年 10 月 20 日	64
第 7 号	1947〈昭和22〉年 12 月 25 日	64
第 8 号	1948〈昭和23〉年 1 月 25 日	64
第 9 号	1948〈昭和24〉年 4 月 25 日	64
第 10 号	1948〈昭和24〉年 7 月 25 日	64
第 11 号	1948〈昭和24〉年 8 月 25 日	64
第 12 号	1948〈昭和24〉年 11 月 25 日	66
第 13 号	1949〈昭和25〉年 1 月 1 日	64

上の各号のうち，創刊第1号の冒頭には，寒川道夫の巻頭言「明るい灯を」と志垣寛の巻頭論文「国語学習新論」が掲載され，巻末には「編集後記」の筆者として寒川道夫の名前が，奥付には「編集兼発行人」として志垣寛の名前が記されている。このことから，「国語創造」誌が，寒川道夫，志垣寛の両氏を中心として編集・発行されたものであることが分かる。

また，この「国語創造」誌に掲載されている論考は，論文，提言，調査

3

第1章　戦後作文・綴り方教育の胎動

報告等を中心に，実践記録，児童・生徒の作品（文章・詩他），随筆，創作等も加え，多岐にわたっている。ただ，「しかしこゝに採録した以外の多くの投書はいかにも幼稚なものであった。」[1]，「しかし集まってくる論文はまことにみすぼらしい。」[2] 等のことばから，「国語創造」誌が，編集者である寒川道夫，志垣寛から依頼された論考だけではなく，読者（同人）から投稿された論考の中から選ばれたものも加えて，編集・発行されていたことが推測される。

　なお，「国語創造」誌13号のうち，「特集」の形を取っているのは，六つの号であり，それぞれの号には，次のような見出しが付けられている。

　　　第4号　　　　特集　前期用国語読本の解説
　　　第8号　　　　綴方指導研究号
　　　第9号　　　　綴方指導研究号
　　　第10号　　　児童演劇研究号
　　　第11号　　　学校新聞研究
　　　第13号　　　特集　国語学習の作業化

　このように，第8号以降に「特集」が集中する取り上げ方から，「特集」を中心とする編集の方法は，号を重ねるにつれて「国語創造」誌が徐々に充実し，それにともなってとられるようになったと考えられる。ただ，最終号である第13号には未完に終わった第14号の「次号予告」があり，そこには「特集　中学校の国語教育」と記されている。[3] これは，1947（昭和22）年4月1日に発足した新学制による中学校の国語科のありようが課題・問題とされたことによると推測され，このことからも，「国語創造」誌に取り上げられている「特集」のそれぞれが，当時の国語教育のあり様を如実に反映して設定されたものであると言える。そのような意味で，第8号と第9号の二つの号に，続いて「綴方」―「書くこと」でも「作文」でもなく―が「特集」として取り上げられていることは注目される。

　なお，「国語創造」誌の刊行が第13号で停止したのは，第2号に「紙は殆どなくなったし…」[4]，第3号に「用紙ききん」[5]，第7号に「紙飢饉に電力飢饉」[6]，第13号に「編集は三ヶ月も四ヶ月も前にできています。

4

第 1 節　「国語創造」誌の創刊

だのに，金がなくて，だせないのです。」⑺ 等とあるところから，当時の
紙の不足と高騰，さらに刊行経費の不足等が主な原因と考えられる。

2.「国語創造」誌所収論考にみる「書くこと（作文・綴り方）」教育理論・
実践

「国語創造」誌所収の「書くこと（作文・綴り方）」に関する論考は，「特
集・綴方指導研究」号である第 8 号・第 9 号を中心に三つの時期に区分し，
①・第 1 期「国語創造」誌—第 1 号から第 7 号まで—所収の「書くこと（作
文・綴り方）」教育論，②・第 2 期「国語創造」誌—第 8 号・第 9 号—所
収の「書くこと（作文・綴り方）」教育論，③・第 3 期「国語創造」誌—第
10 号から第 13 号まで—所収の「書くこと（作文・綴り方）」教育論，とす
ることができる。この時期区分は，「昭和二十二年度（試案）学習指導要
領　国語科編」の発表された時期—1947（昭和 22）年 12 月 20 日—を「②・
確立期」として，戦後当初の「書くこと（作文・綴り方）」教育の展開を，
①・模索期，②・確立期，③・展開期，とした場合とほぼ同じ時期区分に
なる。

　以下，この時期区分にしたがって，「国語創造」誌所収の論考について
考察を加える。

　①　第 1 期「国語創造」誌—模索期：第 1 号から第 7 号まで—
　　　　　　　　　　　所収の「書くこと（作文・綴り方）」教育論

　創刊第 1 号は，寒川道夫による巻頭の「明るい灯火を」と巻末の「編集
後記」の他に，「講座」として「国語の心理」（波多野完治）と「新しい国
語教育のために」（石森延男）の 2 編の論文，「座談」として，沖山光，久
米井束ら 4 氏による「新しい読本教材を検討する」と，吉田瑞穂，栃木正
雄，寒川道夫ら 6 氏による「児童文合評」が掲載され，それに提言，論文，
実践記録，創作，書評などを加え，長短 19 編の論考によって構成されて
いる。

　　これらのうち，「書くこと（作文・綴り方）」を取り上げたのは，「座談」

5

第1章　戦後作文・綴り方教育の胎動

に区分された「児童文合評」のみである。

　いま，この「児童文合評」に掲載されている評者の言葉を取り出すと，それは，次のようなものである。

　　　高野　5年生としては豊富な語彙を自由に駆使してゐる点から見て，相当
　　　　　　頭のよい子供らしい。……
　　　栃木　簡潔な文章だがきびきびとして作者の生活態度もうかゞはれる。
　　　　　　……
　　　吉田　かういふ文は立派に整った様であって，従来こんなのを優等生型の
　　　　　　文といってゐた。……
　　　寒川　私は恐ろしい自己喪失の文だと思ふ。
　　　宮川　然り。然り之などは前の一年生の文に比べるとずっと低い作です。
　　　　　　……(8)

　取り上げられているのは，5年生の女児が学童疎開を振り返って記述した「忘れられぬ鳴子峡の生活」と題する文章である。この文章を巡る「児童文合評」で言及されているのは，「生活になれてきた頃，やがて鳴子峡に秋はおとづれた。紅葉した木の葉が川に流れて行くやうすは絵のように美しい。」等の，概念語（概念的な表現）に対してである。このような，概念語（概念的な表現）による，いわゆる美文調に対する肯定的な評価として，ここでは，引用した「豊富な語彙」「簡潔な文章」等の他に，「非常になめらかな感じのする文」「清新な書振り」等の言葉がある。それに対して，否定的な評価として，「優等生型の文」「自己喪失の文」「低い作」の他に「空虚な響を持ち，概念的」「観念的になり終ってゐます。」等がある。

　いずれにせよ，戦後の「書くこと（作文・綴り方）」教育を支える教師たちの間に，多様な文章観や評価観があったことが伺え，興味深い。もちろん，戦前の「綴方生活」誌 (9) や「北方教育」誌 (10) を支える文章観や評価観では，このような概念語の多用や美文調の表現は，生活の事実を踏まえない，あるいは生活者としての認識や実感を伴わないものとして否定され排斥された。しかし，そのような，リアリズムを基底とする「書くこと（作文・綴り方）」教育観は，全体主義の戦時体制の下では厳しく批判され，

6

第1節 「国語創造」誌の創刊

また否定された。しかし，その考え方は，戦後に「概念くだき」として取り上げられ，戦後の「書くこと（作文・綴り方）」教育を象徴する重要な考え方の一つとなった。このような「概念くだき」につながる考え方が，敗戦（終戦）1年後に刊行された「国語創造」誌第1号所収の「児童文合評」に，すでにはっきりとした形で表れているのである。

　次に，第1期「国語創造」誌所収の「書くこと（作文・綴り方）」教育論の二つ目の特質として，「国語読本」を用いた読みの学習を「書くこと（作文・綴り方）」に発展させるべきだとする，後の「読み書き関連学習」にもつながるとも理解できる考え方があげられる。

　このような考え方は，第1期「国語創造」誌所収の論考の随所に見出される。

　いま，「国語創造」誌第7号所収の論考の中からその幾つかを取り出すと，それは，次のようなものである。

「国語学習指導について二つ三つ」石森延男
　　…文章を書くことは，すでに，「書き方」と手をつないでいるし，想をねることは，読み方で学んでいるし，発表の仕方は，話し方でしばしばこころみていることである。国語学習の総和ともみるべきものが，この作文の上にあらわれることが多いのであるから単独にきりはなすことはむずかしい。(11)

「一，二年生の教室」沖山光
　　従来の読解中心のものであれば，読解そのもので終るわけであるが新教科書は，示された教材をいつも，表現の対象として理解する所に，新しい性格が語られている。この教材もめいめいが，短い文の表現を試みるところまで学習が発展することを要求している。(12)

「五，六年生の教室」大槻一夫
　　従前の教科書は読むこと理会すること解釈すること一本槍であった。今回の教科書は理会するとともに表現する本である。更にくわしく言えば読む本であると同時に書く本綴る本であり話す本であるのである。(13)

　このような考え方の背景には，様々な理由や影響関係が考えられる。わが国の戦前の国語教育は，「読み方」と「書き方」をはっきりと区別する

7

第1章　戦後作文・綴り方教育の胎動

「方」即ち言語技能を中心として考えられていた。それが，戦後の，先にも取り上げた「連合国軍最高司令部」（ＧＨＱ）の意向を踏まえた「新教育方針」や「新教育指針」，直接的な形での「第1次米国教育使節団報告書」等によって，経験主義・プラグマティズムの教育観が輸入され，従来の「読み方」や「書き方」ではなく，新しい「読みかた」や「書きかた」，やがて「聞くこと」「話すこと」「読むこと」「書くこと」ととらえる，「かた」から「こと」へと移行した。それは，より本質的には「読む」活動と「書く」活動とを区別しない，一つの総和としての経験（言語経験・生活経験）を重視しようとするものであった。このような考え方は，ある意味で，戦前に興隆した生活綴り方（ないしは生活主義の綴り方）とも共通する。だからこそ，「国語学習の総和ともみるべきものが，この作文の上にあらわれる」とする考え方では，「書くこと（作文・綴り方）」と児童の生活現実や生活事実，置かれている状況との関わりを重視する。のち，「書くこと（作文・綴り方）」の実践者たちが，安易な「ごっこ遊び」的な疑似経験重視に落ち込んだ経験主義教育の隘路を強く否定するのも，このような考え方が前提にあったのである。

　いま，第1期「国語創造」誌所収の論考のうち，「読み書き関連学習」とも理解できる考え方を一つのまとまりとして述べたのが，第6号所収の「表現指導から見た新読本」（吉田瑞穂）である。ここでは，国語読本を用いた「書くこと（作文・綴り方）」指導が，次のような柱立てによって取り上げられている。

　　（一）生活を育てるもの。
　　（二）表現指導へ密接に連関するもの。
　　（三）取材への直接的な示唆を与えるもの。[14]

　まず，「書くこと（作文・綴り方）」の基礎としての「（一）生活を育てるもの」を，「物の見方考え方の根本をなすもの」，言い換えれば，表現意欲や表現の基礎となる思考力や認識力を「国語読本」の読みによって培うべきであるとする。さらに，それらを踏まえて，「（二）表現指導へ密接に連関するもの」としての「a感覚をみがくこと，b連想のとらえ方，c具象

8

と省略法，d 新しい表現形式」，すなわち，表現の技術・方法や形式の具体的なあり方を，「国語読本」を一つの具体例として学ばせる。

　表現内容を形作るための思考力や認識力を培う指導，表現の仕方を身につけさせるための表現の技術・方法の指導をふまえ，最後に「(三) 取材への直接的な示唆を与えるもの」で，国語読本の学習によって，「彼等が自己の生活の中に『ぼくにも書くことがあるぞ』と喜び勇むようなもの」を与える，動機づけ，意欲づけの指導を行う。

　戦後の新しい国語科において，それまでの「綴り方」は「作文」となり，「話しかた」「読みかた」「書きかた」と併置されることになった。そのような中で，「国語科」として各領域ごとの関連をどうとらえるか，新しい「国語科」の枠の中での有効な指導をどう位置づけていくか，当時の教師たちの戸惑いは想像に難くない。そのような問いに対して出されたのが，各領域を関連させ，相乗的な学習成果を期待する「読み書き関連学習」とも名付けられる指導方法だったのである。それはまた，当時盛んに言われた，新しい指導方法としての経験主義，プラグマティズム，あるいは喧伝されたコア・カリキュラム等とも相通じる側面を持つものであった。しかし，ここで取り上げた石森延男，沖山光，大槻一夫，吉田端穂の各氏は，いずれも，それらを学んだ上で，ここに引用した論考を書いたわけではない。いずれも，自らの実践や研鑽によって，このような考えに至ったのである。だからこそ，これらの論考は，周到で豊かな提言として，説得力を持つものとなっていると評価することができる。

　②　第2期「国語創造」誌―確立期：第8号・第9号―
　　　　　　　　　　　所収の「書くこと（作文・綴り方）」教育論
「国語創造」誌の第8号，第9号は，ともに「特集　綴方指導研究号」として刊行されたものである。第8号は「書くこと（作文・綴り方）」を取り上げた11編の論考に加え，後に『大関松三郎詩集　山芋』(15) に収められる大関松三郎の詩「みみず」「年貢」の2編を収めたページと「文集・研究誌の紹介」のページ，第9号は，同じく「書くこと（作文・綴り方）」

9

第1章　戦後作文・綴り方教育の胎動

を取り上げた7編の論考と第8号同様の大関松三郎の詩「ゆめ」「虫けら」の2編を収めたページによって，それぞれ構成されている。

　この第2期「国語創造」誌においても，「読む」ことと「書くこと（作文・綴り方）」の関連は，「読本は子供の生活を組織し，それをことばとしてひき出すだてとして考えねばならない。」(16)，「そこで綴方復興を論ずるものにとって，国語はやがて綴り方であると考えることも可能である」(17)と述べられている。このとらえ方は，第1期「国語創造」誌とも共通する。ここでも，子どもの読み書く活動を言語活動という視点から共通し重なり合うものとし，「書くために読む」「読むために書く」ものととらえているのである。このような考え方を第1期「国語創造」誌から継承しながら，第2期「国語創造」誌では，新たに二つの視点・領域が加えられている。第一に「村」の風土性・地域性と関わる「書くこと（作文・綴り方）」指導と，第二に，戦前に「童謡」から出発し，後「生活詩」「生活行動詩」として盛んに取り上げられた「児童詩」教育の復活・復興である。

　いま，第一の「村」の風土性・地域性と関わる「書くこと（作文・綴り方）」指導を取り上げた論考の題目と執筆者の名前を取り出すと，それは次の5編になる。

　　　第8号　村の作文指導　6年　　　（東井義雄）
　　　　　　　村の作文指導　5年　　　（大石喜代治）
　　　第9号　「家の生活」前後　　　　（戸塚　栄）
　　　　　　　新しい作文教育のために　（吉田友治）
　　　　　　　村の子の綴る生活報告　　（小山玄夫）

　上の5編の論考のうち「村の作文指導　6年」で，東井義雄は，作文指導を「村」のものとしてとらえざるを得ない理由を，次のように述べている。

　　　　私がこんなことをいいたくなる程，せまく沈鬱な谷の中に私の学校はある。そして，谷の性格は，そのまゝ子供の性格である。……暗い教室の底に沈んだような子等の表情を見ること程，私にとって気のもめることはなかった。(18)

10

第1節 「国語創造」誌の創刊

　山間部にある「村」の子どもたちの生活は，必ずしも開放的で民主的な，恵まれた環境とはとらえられない。その生活は，多く，閉鎖的・因習的で停滞したものとされている。このような，「村」を克服し変革するべきものとするとらえ方は，この5編の論考に共通する。「村」という言葉は，教師にとって肯定的で好意的な意味あいを持ってはいない。それが，当時の農山村が置かれている一般的な環境であり状況でもあった。

　例えば，第9号所収の「新しい作文教育のために」（吉田友治）でも，「絶えまない労働の明け暮れを送らねばならない」農山村には「虚礼にすぎない服従と，営々たる労働のために，卑屈な消極性，堂々と自己の所信を他人の前に披瀝することを避ける精神が養われて来たもののようである。」[19] と述べられている。

　当時の「村」が共通して持っていた封建的で排他的な雰囲気，自己の思いや考えを積極的に正直に表現することを許容しない風土は，当然，「書くこと（作文・綴り方）」教育の持つ方向性とは相反するものであった。子ども達が自らの思いや考えを，思った通り考えたとおりに表現し主張することは，それまでの「村」の生活や慣習を否定的にとらえ破壊するものと受け止められるからである。そのような中で行われる「書くこと（作文・綴り方）」は，「村」そのものを民主的で開放的な方向へと変革するものであった。そこでの「書くこと（作文・綴り方）」教育は，したがって，狭い意味での国語科という一教科，一領域にとどまるものではなく，教育の全体，子ども達の生活のすべてに関わる教育の営みそのものとしてとらえられた。

　このような考え方に立ち，東井義雄は「私は子等の魂をゆり動かす一つの手だてとして丹念に日記を書いた。それは日記というよりは，子らに呼びかける手紙というべきであるかもしれない」という「呼びかける日記」，子ども達が教室の四方の壁面に自分の学習結果を自由に掲示する「発表の壁」，さらに「各学年の研究を中心に図画・日記・詩等が掲載」された「文集」に取り組む実践を報告している。

　ここでは，まず，「村」の保護者同様に自己を表現しようとしない，言

11

第1章　戦後作文・綴り方教育の胎動

い換えれば，自らを書き表わそうとしない子ども達に，教師の側から，一人ひとりの個性や生活の特性に即した言葉を「日記」として語りかける。子ども達の日記に教師が「評語」を書き込むのではなく，一人ひとりの子どもに向けた教師の「日記」に子どもが返事を書き，それを徐々に子ども自身の「日記」へと変えていくのである。次に，その「日記」に表れた子どもの興味・関心を「研究」の形へと導き，それを，自由研究の発表の形で教室の壁面に掲示する。さらに，その「研究」がいくつかまとまった段階で文集にし，一冊にまとめる。「書くこと（作文・綴り方）」の視点からは，書くことによって教師と交流し，また自己表現をさせる。それを教室で公開し，また文集によって形を与え，賞揚し保存するのである。

　このような実践は，一人ひとりの子どもと関わる細やかで周到な取り組みであるが，だからこそ，その実践が着実な成果を上げ，子ども達一人ひとりと学級・学校全体の確かな変革を導くことができたのである。

　実践を取り上げた後で，東井義雄は，次のように述べている。

　　赴任六ヶ月，私の為し得たことは子らの魂に窓をあけることにとどまっている。しかし，東西南北，四方上下の窓を広々とあけひろげた時，谷間の学校にも美しい光がさしこみはじめた気がする。(20)

　東井義雄にとって，子ども達が優れた文章を書くことは，子ども達の思考や認識を閉鎖性や封建性から解放し，文字通り「子らの魂に窓をあける」ことであった。したがって，優れた文章を書かせる指導は，優れた生き方の指導につながり，村の閉鎖性・封建性・地域性・風土性…からの解放を意味したのである。村の現実と切り離しがたくつながっている子ども達の思考や認識―生き方―に「書くこと（作文・綴り方）」によって直接関わり指導の手を加える。ここに，「村」の作文指導の特質を指摘することができる。

　次に第2期「国語創造」誌に見られる二つの「書くこと（作文・綴り方）」指導のうち，第二としてあげることのできる「児童詩」教育の復活・復興である。

　第2期「国語創造」誌の第8号・第9号には，「児童詩」指導を取り上

12

げた，佐藤茂の，次のような連載論考が掲載されている。

　　第8号　児童詩の出発―私の児童詩教室 (1) ―
　　第9号　はき出す散文詩へ―私の児童詩教室 (2) ―

　この論考は「国語創造」誌で唯一の連載論考である。佐藤茂は，4年生の1学期に，童謡，観念詩，観照詩，写生詩，生活詩，生活行動詩等，様々な性格の児童詩を示し，どの詩に親しみを感じ自分も書いてみたいと思うかを調査したとのことである。その結果，童謡が過半の子ども達に好まれることを見出し，それに対する自らの指導の方向を次のように述べている。

　　　考えた。童謡にさよならさせることだ。私だって決して童謡そのものを否定しやしない。童謡が子供の世界を明かるくし，楽しくする価値もみとめる。今の荒れた世相の中でもみくちゃになって呼吸している子供たちにはとくに必要だ。そしてあまりにも童謡のない現実がさびしい。が，それは歌う童謡としてだ。大人が子供に与える童謡としてだ。子供自身の詩，四十三人が鉛筆で書く詩としては童謡はいらない。子供は形にとらわれやすい。調子本意で，生活感情のたかまりのない表現におちこんでしまう。何よりもいけないのは，真実の眼がないことだ。(21)

　佐藤茂は，歌としての童謡の存在意義，果たす役割は積極的に認め肯定する。しかし，それはあくまでも大人が子ども達に与えるものであり，子ども自身に書かせるべきものではないとする。子ども達に童謡を書かせることは，表現内容を見出す眼や思考・認識以前に，形式や音律・リズムに拘泥させる姿勢を作ってしまうと考えるからである。また，それは，何よりも「詩」を書くことで大切にするべき生活事実を見据える姿勢を損なわせることにもつながる。このような考えから，先ず「童謡からさよならする」ことを重点とし，その指導を開始する。それは，考え得た方法である①短文から，②教科書の詩から，③よい詩のサンプルを与えて，④自然発声をひろいあげて，⑤いくつかの詩をならべてその中からよい詩わるい詩を選び出させていく，の五つの中から⑤を選んで行ったとのことである。このような，いくつかの児童詩を鑑賞し話し合わせることによって，子ども達の考えを，期待通り，童謡よりも生活詩や生活行動詩を「よい詩」「好

13

第1章　戦後作文・綴り方教育の胎動

きな詩」とする方向に導くことができた。しかし，いざ書かせてみると，鑑賞し話し合った結果とは異なり，童謡のような，あるいは観念的な性格の強い詩が多く作られたとのことである。

　このことについて，佐藤茂は，次のように述べている。

　　…それは，一口にいえば「詩らしい詩」にしてしまったことだ。「詩らしい詩」と「詩」とは大へんなちがいで，童謡を否定した理由も「童謡らしい童謡」の危険性にあったはずだ。だのに，「そのまま」といい，「口からとびだすように」といいながら，結局は「さあ詩をつくるのだ。」という特別の姿勢で詩というかっこでくくった特別の見方で詩を書かせてしまったことだ。それが作品を公式化してしまったのではないかとくやんでいる。(22)

　詩は，例えそれが子どもの書くものであっても，個性的な，その子どもらしい見方や考え方が表現されていなければならない。定型やリズム等の形式を持っていることや，細かく改行されていること，特異で風変わりな事柄が書かれていること等が優れた詩の条件ではない。あくまでも形式や外観ではない。大切なのは，内在する思考・認識や表現が持つリズムであり，発見である。それは，目的としてではなく，結果として持っている内在律とも言える。佐藤茂は，そのことを問題とし，形式や外観を優先された作品を「詩」ではなく「詩らしい詩」と言い，「公式化」と表現するのである。

　佐藤茂は，このような「失敗」の経験から，詩の形式については一切言及せず「観念的なお説教はやめて，出来るだけ多くの作品をプリントして，『ここがはき出している。』『ほら，手や足もはたらかせているね。』と，作品という事実でわからせていった。」という指導を積み重ねていく。その結果，次のような散文詩が生まれたとのことである。

　　夕ごはんをたいていた。もうどんぐりの木の葉がくろく見える。まどから西の方を見ると，星が一つ光っている。まだしずんでしまわない夕日にてらされて，雲がまわりだけ灰色に光っている。気がついたら，こんろの火がきえそうだ。たきぎをどんどんくべる。ごんごん，赤くもえる。

　　また見ると，雲はもう私のまむこうにきている。光りながら，ほしのそば

14

第1節 「国語創造」誌の創刊

をゆっくり動いていく。(中村三千子)(23)

戦前・戦後を通した児童詩教育の長い歴史の中で，このような散文詩は多くはない。短く改行することによって切り取った表現を形象化し，言葉の選択によって説明的な言葉や表現を排除したからである。改行によって生み出された余白部分が優れた余情の表現となり，そこに詩的世界が形成される。その意味で子ども達に散文詩を書かせることは容易ではない。散文の形を取りながら，「作文」ではなく「詩」として焦点化させるためには，ある意味で高次な表現への努力が求められるからである。

ただ，ここでの指導が，「作品という事実でわからせていった」ものである点に注目したい。「詩とは何か」という抽象的で概念的な説明が，時として，佐藤茂の言う「詩らしい詩」「定式化」を生み出すからである。詩とはどういうものか，詩とは何かを，理屈を越えた児童の感性に適した作品そのものによって，実感として理解し納得させるのである。

この「国語創造」誌の第8号・第9号所収の児童詩指導を取り上げた論考では，すべて，ここで取り上げた佐藤茂の論考同様，説明を越えて多くの詩作品を読み味わう，実感指導とでもいえる方法がとられている。「国語創造」誌の第9号所収の論考「児童詩の歩み」(横山克己)(24) では，小学校3年生に対する指導が，①詩を多く読む，②感想をきく，③鑑賞と批評，④詩作が始まる，⑤添削，の順に行われており，その過程は，上の佐藤茂の指導とほぼ同じである。ここでも，指導の目的にかなった詩作品を，模倣の対象としてではなく，そこに表現されている作者の詩的な思考や認識を読むことによって，実感としてとらえさせようとしているのである。

③　第3期「国語創造」誌—展開期：第10号から第13号まで—

所収の「書くこと（作文・綴り方）」教育論

第3期の「国語創造」誌は，第10号が「児童演劇研究号」，第11号が「学校新聞研究」号，第13号が「特集　国語学習の作業化」号とされているため，「書くこと（作文）」指導を取り上げた論考は少ない。ただ，第12号と第13号には児童作品（詩，作文，日記，シナリオ）を掲載するページ

15

第1章　戦後作文・綴り方教育の胎動

が設けられており，第3期「国語創造」誌の特質ということができる。

　また，第11号と第12号には，第8号，第9号に続いて，大関松三郎の詩「僕らの村」と「馬」がそれぞれ掲載されている。このことから，後に『大関松三郎詩集　山芋』に収められた詩作品23編のうち，「みみず」「年貢」「ゆめ」「虫けら」「僕らの村」「馬」の6編が「国語創造」誌に初収であることが分かる。

　いま，第3期「国語創造」誌に掲載されている「書くこと（作文・綴り方）」を取り上げた論考の題目と筆者の名前を取り出すと，それは，下の3編である。

　　第11号　ささやかな実践のひとつ―児童詩のあゆみ―　（近藤益雄）
　　第12号　児童詩の芽を育てた記録　　　　　　　　　（あずさ・なるみ）
　　第13号　作文における効果判定のものさし　　　　　　（佐藤　茂）

　第11号所収の「ささやかな実践のひとつ―児童詩のあゆみ―」は，中学校の教師である近藤益雄が，小学校の5年生を対象に「誌の形を子供におしえるのではなくて詩がその本質としてもっているおどろきのこころ，あたらしいものを発見しようとする心がまえをおしえたい。」として行った1時間の授業の記録である。

　指導の過程は，おおよそ，次のようなものである。[25]

　　一，そろそろ春がきたことについての話しあい―約二十分
　　二，作品の鑑賞―約二十分
　　三，詩をつくらせる―約二十分

　鑑賞に用いられているのは，「春さき」と題する四年生の男子児童の「畠に行く道／お母さんと正月の話をしながら通る道／赤い木の芽／かぜにゆられて水にうつった」という作品である。この詩は，鑑賞作品として完璧なものではない。「畠に行く道」をなぜ母親と何のために歩いているのか，また「正月の話」とはどういう思いからのどういう話なのか，その生活の姿や様子が十分に表現し尽くされてはいない。そのような意味で，詩らしい象徴性や形象性，さらには生活実感や生活認識等が十分に表現されてはおらず，生活詩というよりも，自然観照詩に近い作品と言える。しかし，

16

近藤益雄は，この作品を用いた指導によって，作品としての完成度以前に，まず，「正月の話」や道の辺の「赤い木の芽」が春を表すものであることに気づかせ，この詩をきっかけに，教室の子ども達にも，自分が驚きを持って発見しとらえた「春」を発表させようとするのである。このような指導は，決して目新しく新奇なものではない。しかし，周到で丁寧な児童詩教育の方法の一つということができる。

　第3期「国語創造」誌の第12号所収の論考「児童詩の芽を育てた記録」（あずさ・なるみ）(26) では，1年生の子ども達の生活の中でのつぶやきを口頭詩ととらえて書きとめ，それを学級全員のものとして共有させていく指導が取り上げられている。また，第13号所収の論考「作文における効果判定のものさし」（佐藤　茂）(27) は，先の第8号，第9号所収の児童詩教育を取り上げた連載論考とは全く異なる視点からの，「書くこと（作文・綴り方）」における評価の在り方を指導効果の判定という視点から取り上げたものである。

　いま，この論考「作文における効果判定のものさし」で取り上げられている評価項目のみを取り出すと，それは次のようになっている。

　　1. 作文のものさし
　　　　①基本的能力　②記述上の約束　③用語　④取材の方向
　　　　⑤ものの見方　⑥態度　⑦詩　⑧表現活動の興味の方向
　　2. 日記のものさし
　　　　①態度　②生活　③表現能力

この項目は，5年生の児童を対象としたものとのことであるが，①②…の各項目のそれぞれに，さらにaからeまでの5つの下位項目がつけられている。いま「1. 作文のものさし」に見る限り，文字，表記・表現，用字・用語，取材，表現姿勢・構え，詩，意欲，興味・関心と，多様な事柄が取り上げられており，詳細で周到なものと言うことができる。1949（昭和24）年の時点で，これほど詳細な「書くこと（作文・綴り方）」の評価が考えられていたことは注目される。しかし，先の児童詩の入門期指導と同様に，それまでの「国語創造」誌に取り上げられていない事柄であり，また，

第1章　戦後作文・綴り方教育の胎動

「国語創造」誌の刊行が第13号で停止されたこともあり，その後の理論的・実践的な展開や深まり，あるいは具体的な実践の姿は分からない。

3. おわりに

　「国語創造」誌が刊行された1946（昭和21）年から1949（昭和24）年の時代を考えるとき，物資の極端な不足と高騰，社会的な混乱と混迷の最中に，このような形の国語教育の専門誌が刊行されたことは希有のことと言わざるを得ない。それだけに，この背後には，戦前・戦中に満を持していた良心的な教師が数多くいたこと，仲間意識と連帯の中で，新しい時代の国語教育を作り上げようとする熱い思いがあったことを感じざるを得ない。

　「国語創造」誌は，広い意味での国語教育の専門誌であり，「書くこと（作文・綴り方）」教育の専門誌ではない。それだけに，いわゆる作文・綴り方人を網羅する結集も，その理論・実践の十分な深まりも果たせなかったことと考えられる。しかし，すでに考察した通り，戦前に豊かな集積をみせた綴り方や児童詩の成果を見事に踏まえながら，新しい「書くこと」「作文」への対応も視野に入れた見事な展開を見せている。それは，主に，児童詩の指導と，国語科の指導の全てを「書くこと（作文・綴り方）」に集約させるとともに，「書くこと」と「読むこと」とを一元的にとらえようとする，いわゆる「関連学習」とを中心としたものであった。もちろん，それは，戦後に綴り方を模索した結果ではあるが，同時に，戦後の新しい「書くこと（作文・綴り方）」の姿を指し示すものでもあった。

　その豊かで多様な内容とともに，「国語創造」誌が戦後の国語教育および「書くこと（作文・綴り方）」教育の復興・興隆のうえで果たしたこのような役割を，高く評価することができる。

〈注〉

(1)「国語創造」誌　第5号「編集余録」64ページ
(2)「国語創造」誌　第7号「編集後記」64ページ
(3)「国語創造」誌　第13号「次号予告」17ページ

(4)「国語創造」誌　第2号　8ページ

(5)「国語創造」誌　第3号　65ページ

(6)「国語創造」誌　第7号　64ページ

(7)「国語創造」誌　第13号　13ページ

(8)「国語創造」誌　第1号　40ページ〜44ページ

(9) 1929〈昭和4〉年10月1日〜

(10) 1930〈昭和5〉年2月20日〜

(11)「国語創造」誌　第7号　13ページ

(12)「国語創造」誌　第7号　24ページ

(13)「国語創造」誌　第7号　33ページ

(14)「国語創造」誌　第6号　24ページ〜30ページ

(15) 寒川道夫編『大関松三郎詩集　山芋』(1951〈昭和26〉年2月10日刊)

(16)「国語創造」誌　第8号　2ページ

(17)「国語創造」誌　第8号　5ページ

(18)「国語創造」誌　第8号　8ページ

(19)「国語創造」誌　第9号　12ページ〜13ページ

(20)「国語創造」誌　第8号　37ページ

(21)「国語創造」誌　第8号　31ページ

(22)「国語創造」誌　第8号　33ページ

(23)「国語創造」誌　第9号　34ページ〜35ページ

(24)「国語創造」誌　第9号　36ページ〜42ページ

(25)「国語創造」誌　第11号

(26)「国語創造」誌　第12号　30ページ〜35ページ

(27)「国語創造」誌　第13号　34ページ〜38ページ

〈謝辞〉

　私が初めて「国語創造」誌に触れ，その存在を知ったのは，東井義雄先生の手を通してであった。その後，稲村謙一先生，八木（渋谷）清視先生，小西健二郎先生，水野徳三郎先生，萩原節男先生の手元にあったものを拝見したが，完全な形ではなかった。そのような中に，1999（平成11）年5月に梶村光郎先生のご尽力で完全な形の復刻版が刊行された。本稿も，この復刻版がなければなし得なかったことである。ここに記して「国語創造」誌の各号を見せてくださった先生方，および，梶村光郎先生のご尽力・学恩に心からの謝意を表したい。

第1章　戦後作文・綴り方教育の胎動

第2節　作文・綴り方教育誌の地方的展開
―『綴方実践への道』―

1. 『綴方実践への道』の目次・構成と，「推奨のことば」にみる
　飯田廣太郎の作文・綴り方教育（論）

　『綴方実践への道』（1947〈昭和22〉年2月15日　北海道・ことばと文化の会編　自由建設社刊　B5判　全149ページ）は，冒頭の「推奨のことば」の他，長短10篇の実践記録・論考によって構成されている。いま，それぞれの題目と執筆者の所属・氏名，所収ページを取り出すと，それは，次のようになる。

	推奨のことば		飯田廣太郎　3
1	綴方教育の回顧と反省	札幌市幌北国民学校	山田貞一　7
2	綴方教育と児童文化	札幌市幌南国民学校	本間留次郎　19
3	綴方の生活指導	札幌市幌南国民学校	安藤鉄夫　33
4	綴方教室の経営	札幌市北光国民学校	山崎　弘　43
5	与へる文話の研究	札幌市桑園国民学校	三浦　一　55
6	表現技術の指導	札幌市幌北国民学校	山田貞一　71
7	鑑賞批評指導の理論と実践		
		札幌第一師範附属国民学校	佐藤一郎　83
8	問題となる作品の処理	札幌市苗穂国民学校	源　政一　105
9	童謡童詩指導の実際	札幌市桑園国民学校	後藤正治　119
10	話し方聴き方の新研究	札幌市桑園国民学校	三浦　一　133

　上の目次・構成から，この『綴方実践への道』は，冒頭に置かれた飯田廣太郎 (1) の「推奨のことば」の他に長短10編の論考によって構成されていることが分かる。ただ，これらの論考のうち「1　綴方教育の回顧と反省」と「6　表現技術の指導」は，同じ山田貞一，「5　与へる文話の研究」と「10　話し方聴き方の新研究」は，同じ三浦一の手になるものである。そのことから，この『綴方実践への道』の執筆者は，「推奨のことば」の

第2節　作文・綴り方教育誌の地方的展開

執筆者である飯田廣太郎を除くと6校・8名となり，現在の札幌市内の公立小学校206校，教員約4500名（2014〈平成26〉年末）を考えると，必ずしも多くはない。

　しかし，北海道では，1940（昭和15）年11月から翌1941（昭和16）年4月にかけて，札幌，旭川，釧路を中心に，「北海道綴方教育連盟」に属する約50名の教師が治安維持法違反容疑で逮捕された，いわゆる「北海道綴方教育連盟事件」が起こっている。管見の範囲で，この『綴方実践への道』の執筆者の名前の中に，その折の逮捕者は見られない。しかし，当時は，まだ，その事件の記憶が生々しく残っていたことが推測される。その点を考慮すれば，この『綴方実践への道』は，「北海道綴方教育連盟」の関係者というよりは，飯田廣太郎が指導していた研究会である「読本夜話会」「国語夜話会」等の会員が中心となり，指導者・飯田廣太郎の呼びかけによって，刊行されたものであることが推測される。

　いま，上に掲げた目次・構成のうち，飯田廣太郎の「推奨のことば」の中から，その作文・綴り方教育観を端的に示す部分を取り出すと，それは，次のようなものである。

　　なる程，子供たちは，色々なことを見たり，聞いたりしてゐる。だが，それはそのままで，綴り方にはなり得ない。（生活綴り方から，綴り方生活への展開が必要な所以である。）

　　更に，「そのまま」とはどんなことなのか，「くわしく」とはどんなことなのか，その意義すら必ずしも明確にはなつては居らず，加へて，「そのまま」「くわしく」といふことが，直ちに表現を規制する決定的な条件にはならないことを考へて見る時，綴り方表現の一線に浮浪してゐる子供たちを救ひ，綴り方生活の成長を期するためには，指導者は，もつと真剣に子供たちの表現生活の内部に沈潜し，もつと具体的な指導の計画を組織し，そしてもつと力強い実践に，希望と愛と熱をもつて，前進しなくてはならないと思ふ。[2]

　ここには，飯田廣太郎の作文・綴り方教育観，さらには，作文・綴り方指導の方法論を支える考え方が，端的に示されている。飯田廣太郎の目指す作文・綴り方教育は，生活指導のための綴り方や生活問題解決のための

21

第1章　戦後作文・綴り方教育の胎動

綴り方ではない。あくまでも，綴り方のための生活，表現活動のための生活を問題にする。概念的・観念的ではない，生活の中での経験や思考・認識を自らの課題や問題として書く・綴ることのできる主体としての児童を育てようとする。このような基本的な考えを，飯田廣太郎は，端的に「生活綴り方から綴り方生活へ」と表現する。言い換えれば，生活を表現することよりも，表現のある生活を，さらには，表現活動を日々の暮らしの中に位置づけ生活者を目指すべきだと述べる。このような考え方は，また，戦後の国語（科）教育で大きく取り上げられた「言語生活の向上」という考え方にもつながるものである。

　作文・綴り方指導において，なぜ「そのまま（ありのまま）」「くわしく」書くことを目指さなければならないのか。それは，「良い作文」や「長く詳しい作品」を書かせるためではない。あくまでも，「良い生活」「綴り方のある生活」のための指導である。言い換えれば，あるべき表現主体を育てることである。それが，飯田廣太郎の「生活綴り方から綴り方生活へ」という端的な言葉の意味でもあると理解できる。ここに，飯田廣太郎の目指す，新しい意味としての「綴り方」「綴り方生活」指導の特質を見ることができる。

2.　『綴方実践への道』所収論考に見る作文・綴り方教育（論）

　『綴方実践への道』に収められている 10 編の論考は，いずれも 10 ページから 15 ページ程度の比較的短いものであるが，それぞれの論考を，筆者が強調している点を中心に整理・類別すると，それは，大きく次のようにとらえられる。

　　①・戦前の作文・綴り方教育を振り返り，
　　　　戦後の新たなあり方を提言するもの　………1，2，4，7，8
　　②・戦後の作文・綴り方教育で中心となるべき
　　　　新たな視点や観点を積極的に提言するもの ……3
　　③・戦前の作文・綴り方教育の持つ長所を再評価し，
　　　　それを新たな視点から継承しようとするもの　　……5，6

④・その他　　　　　　　　　　　　　　　　　……9，10

　上のように類別すると，①の「戦前の作文・綴り方教育を振り返り，戦後の新たなあり方を提言するもの」に類別される論稿が多く，過半を占めていることが分かる。これは，この『綴方実践への道』への寄稿者の多くが，戦前に，様々な考えや立場から積極的に作文・綴り方教育（実践）に取り組み，戦後の再出発に大きな期待と熱意を持って臨もうとしていたことによると思われる。

　まず，①の「戦前の作文・綴り方教育を振り返り，戦後の新たなあり方を提言するもの」に類別される論考の中から，戦後の作文・綴り方教育の在り方・方向を「総論」とでも言える立場から述べている1の「綴方教育の回顧と反省」を取り上げたい。

　ここで山田貞一は，「何ものをも圧する教科」であった作文・綴り方が「何故かうも衰退したのであろうか。」と述べ，その理由を次の4項にあげている。

　　・リアリズム綴方への反感
　　・綴方教師への弾圧
　　・国民学校綴方教師用書の誕生
　　・戦争による取材の偏向 (3)

　この四つの項目のうち，「綴方教師への弾圧」は，先にあげた「北海道綴方教育連盟事件」を指しており，「戦争による取材の偏向」は，いわゆる「戦時綴り方」「慰問文綴り方」「銃後の綴り方」等を指していると考えられる。ただ，作文・綴り方の「衰退」の理由として，これらの「綴方教師への弾圧」「戦争による取材の偏向」とともに，「リアリズム綴方への反感」が挙げられている点は注目される。戦前のある時期，厳しく貧しい生活を余儀なくされた児童・生徒に，作文・綴り方を書くことによって，置かれている生活の現実に取り組ませ，主体を回復させようとする，綴り方教育（綴り方による教育）があった。国語科の枠を超えた，いわゆる生活主義綴り方（生活綴り方）である。そこで大切にされたのは，作文（綴り方）

第1章　戦後作文・綴り方教育の胎動

の表現と表裏一体の関係にある生活のありようであり，それによって支えられる主体的・積極的な姿勢・生き方であった。そこでは，児童の作文（綴り方）は，常に，その背後にある生き方や社会と関わる姿勢の表われとしてとらえられる。もちろん，学習の主体としての児童を育てる視点から，「戦時綴り方」「慰問文綴り方」等は「戦争による取材の偏り」として否定される。しかし，それと同時に，生活の現実に厳しく立ち向かうことを求める「リアリズム綴り方」の重視も，また，作文（綴り方）の衰退を招いたとする。山田貞一のあげる綴り方の衰退の四つの理由のうちの，「リアリズム綴方への反感」と，他の三つの「綴方教師への弾圧」「国民学校綴方教師用書の誕生」「戦争による取材の偏向」とは，互いに矛盾するように見える。戦前の「綴り方教師への弾圧」や「戦争による取材の偏向」は，「国民学校綴方教師用書の誕生」にともなった「戦時綴り方」や「慰問文綴り方」に対してではなく，生活の現実や矛盾を厳しく見つめさせようとする「リアリズム綴方」に対したものであったからである。

　このような，戦前・戦中の「戦時綴り方」「慰問文綴り方」や「国民学校綴方教師用書」を用いた指導ではなく，また「リアリズム綴り方」でもない，戦後のあるべき綴り方を，山田貞一は，次のように述べている。

　　　　時は一変した。日本は敗戦の姿で，今や虚脱している。
　　　　児童は教科書もなく，経済生活の貧困に学習意欲も薄れ，つかみどころのないまゝに過ごしているが，然し，どこからか見つけ出す古い雑誌等を引っ張り合って，読んでいる。（中略—引用者）
　　　　この困迷した時局に，綴方の使命は何であらう。私は結論的に―せめて読む楽しみが薄ければ，表現，発表するの楽しみを与へてやりたい―と叫びたい。
　　　　児童は黙って居られぬ性を持つてゐる。表現したい活動をいつも抱いてゐる。この性を巧みに助長し，こゝに文化志向の途をひらいて行くことに努めねばなるまい。(4)

　山田貞一は，終戦（敗戦）直後の，経済的にも，また精神的にも虚脱し退廃した児童に，どのようなものであれ，ただ「表現，発表するの楽しみを与えてや」るための作文・綴り方指導を提言する。ここで目指す作文・

24

綴り方は，生活や現実を厳しくリアルに見つめる，あるいは，あるべき明日の姿を確実に展望しようとするものでなくてもよい。もちろん，優れた文章や巧みな表現である必要もない。児童の現実に即した，「表現，発表する楽しみ」を十分に味わわせることのできる作文・綴り方，あるいは，「黙って居られぬ性」を開放する喜びを経験させる作文・綴り方を目指すべきであるとする。作品としての完成度や上手・下手ではなく，ただ一点，何物にもとらわれない自己解放や自己表現の充実感・満足感を味わわせ，そこから「文化志向の途をひらいて行く」ことを求めるのである。

　それまでの戦時体制による全体主義的な行き方からの全面的な転換である。ここでは，作文（綴り方）指導は，上手・下手ではなく，一人ひとりがどれだけ自分らしく，正直な，ありのままの自己を表現しているかが目指される。このような考え方を前提とするとき，児童の文章の内容としての生活や行動，あるいは思考・認識と，それらを表現する形式としての言語力・文章力とのかかわりが問題となる。いわゆる形式としての文章表現と内容としての認識・行動の問題である。この形式と内容，あるいは表現と認識・行動との関係は，これまでの作文・綴り方教育の中で様々に論じられてきたが，この『綴方実践への道』では，とくに，4の「綴方教室の経営」，および，8の「問題となる作品の処理」に，同様の考え方に基づく，次のようなとらえ方がみられる。

　　　綴方教室の解放，それは，学級社会の全員が自由に自己の思想を発表し，又他の思想を十分に理解しうる力を与へられることから始まる。…（中略―引用者）…新しい綴方教室，それは，解放された教室であり，解放された教室は解放された学校にのみ営まれる。(5)
　　　問題は表現された作品そのものよりも，その作品を生んだ生活態度なり，生活環境なり生活意識なりが，如何なる所にあつて，作品に如何に作用したかといふ所にあるのであつて，指導の重点も，主としてそこに向けられなければならない。(6)

　ここでは，作文（綴り方）指導を，狭い意味での国語科の表現技能，あるいは言語能力の範囲だけにとどめず，その根底にある思考・認識（思い方，考え方，感じ方）の指導をも含めた，生活指導の中に位置づける。こ

第1章 戦後作文・綴り方教育の胎動

のようなとらえ方は，ある意味で，戦前・戦中の全体的・画一的な教育体
制から解放された教師の，理想主義的な姿勢の表われとして理解すること
ができる。

　次に，②の「戦後の作文・綴り方教育で中心となるべき新たな視点や観
点を積極的に提言するもの」に類別される3の論考「綴方の生活指導」で
ある。

　ここで安藤鉄夫は，いわゆる「生活指導」と「綴り方の生活指導」とを
区別するべきであるとして，次のように述べている。

　　……その文の内容をなす生活事実の特異性を感得せしめんとするはたら
　　きが余りにも強くはたらき，かうした指導態度のもとに育てられてきた児
　　童はいつの間にか，鑑賞材料の作品に対して，その創作の態度なり，表現
　　の妙味なりを，理解，感得するといふよりも，文の内容をなす作者の生活
　　行為なり，生活態度を憧憬，模倣することに意を向けやすくなつてしまふ。
　　児童の文を観る態度が，かうした傾向にあることは，文の鑑賞指導上非常
　　な危険を招く原因となるから十分注意しなければならない。(7)

　ここに見られる安藤鉄夫の考え方は，新しく，また示唆に富む。

　わが国の戦後の作文・綴り方（教育）を代表・象徴するものとされるこ
との多い『山びこ学校』(8) は，そこに表現された生徒の生き方・生活の姿
よりも，それらに取り組む取材力，表現・描写力，文章力，その活動を支
える主体的な言語力……が高く評価されるべきである。しかし，それらの
「表現」よりも，表現された「内容」としての生活・生き方が感動の対象
としてもてはやされた。それは，教育実践記録の読み方として誤ったもの
と言わざるを得ない。

　このような，戦後の作文・綴り方教育が生み出した『山びこ学校』への
評価の誤りを，『山びこ学校』刊行の4年前に，安藤鉄夫は，すでに指摘
しているのである。

　最後に，③の「戦前の作文・綴り方教育の持つ長所を再評価し，それを
新たな視点から継承しようとするもの」の中から，5の三浦一の「与へる

26

文話の研究」を取り上げたい。

三浦一は、「初等科二年に与へたい文話要項」として、文話を与える留意点を、

1・材の範囲を拡大してやる。

2・少しづつ内面的な観方にまで向はせる。

3・「日記」「童詩」「手紙」の初歩的なものを取り入れる。

の３点として示した後に、「こもり」と題した２年生の児童の文章を取り上げ、その後に、次のような「文話」の例を示している。

　　◎「皆もおもりをしたことがあるでせう。おもりは中々めんどうですが、これを読むとよくおもりをしたことがわかりますね。妹をお世話してゐるお姉さんらしいところ、妹のかはいいところがわかりますね。ねえさん、おかあさん、ヨシ子のことばに「　　」をつけていますね」(9)

この例から、「文話」を用いた指導とは、学級の全員の児童を対象に、特定の児童の文章を例として取り上げながら、具体的な形で語りかけ、指導することであることが分かる。学級の児童が共通して持つ課題や問題を、あるいは、時には本人も気づいていない長所や短所を、具体的な学級の児童の文章を例に、学級の全員に対する一斉指導として話しかけ気づかせようとする。

ともすれば個別の赤ペンあるいは膝下指導になりがちな作文指導を乗り越えるための、一つの方法であろう。

この三浦一の「与へる文話の研究」では、上に取り上げた「初等科二年に与へたい文話要項」を含め、１年から６年までの各学年ごとの児童の作文と文話の例、及び解説が取り上げられている。いま、上の「初等科２年に与へたい文話要項」の発展として、「初等科４年に与へたい文話要項」と「初等科６年に与へたい文話要項」を取り出すと、それは、それぞれ、次のようなものである。

初等科４年に与へたい文話要項

1. 多方面に暗示を与へ、価値のある題材を用意させる。

2. 文の中心点を定め、それによつて文を統一するようにさせる。

第1章 戦後作文・綴り方教育の胎動

3. 長文を作らせ，十分綴る力を伸ばすと同時に表現上の工夫をさせる。[10]
初等科6年に与へたい文話要項
1. 社会的事象に対する感想評論方面を知らせる。
2. 物の観方を一層内省的に考へさせる。
3. 真実の表現をたつとばせ，生活観照の態度を深める。[11]

　上のように取り上げると，学年が上がるにつれて，“取材範囲の拡大→多方面化への暗示→社会的事象”“文種の拡大→価値のある題材→真実の表現”“内面的な観方→綴る力・文を統一→真実の表現”「日記」「児童詩」「手紙」→長文→感想評論方面”と，様々な観点からの発達段階，指導の系統・発展がとらえられていることが分かる。このような視点及び指導の観点によって，教師は，毎回の指導の言葉内容を具体的にとらえることができる。また児童にとっても，ただ書くのではなく，書く際の課題や留意点，注意点をはっきりとさせて書くことができる。

　このような立場・観点から行われる「文話」は，児童に対する，書く前の取材・構成・記述……の指導であり，書いた後の，児童の作文に対する教師の評価であり励ましであるとも言える。

3. おわりに

　我が国の教育，わけても国語（科）教育は，戦後，大きく転換したと言われる。それは，国語（科）教育を支える方法・制度・思想・原理：原則の全てが第2次世界大戦の終結に伴う社会体制の変化（変容）によって，制度的にも内容的にも，大きく変化（変容）したからである。そのような変化（変容）の姿と戦後の到達点の具体的なありようとを，各地域の教師の典型的な実践記録や回想から，あるいは時々の学校文集・学級文集等に収められた児童の文章からとらえようとしてきた。その作業の中で本稿に取り上げた『綴方実践への道』に出会うことができた。冒頭にも述べたが，昭和22年2月に北海道・札幌市で刊行された本書『綴方実践への道』との出会いは大きな驚きであった。しかし，出会い以上に，その内容の新鮮さへの感動を禁じえなかった。戦前の豊かな遺産を継承した新たな作文・

28

綴り方教育への理解・実践の姿が，この『綴方実践への道』に見い出されたからである。戦後の作文・綴り方教育理論・実践の成立・展開への理想的な姿が，ここに，すでに，様々な形で豊かに示されているからである。

〈注〉

(1) 飯田廣太郎（いいだ・ひろたろう　1894-1954）札幌師範学校卒業。「読本夜話会」「国語夜話会」を組織し，北海道内の国語教育研究に大きく寄与した。北邦教育協会から『飯田廣太郎記念著作集（全6輯）』が刊行されている。

(2) 飯田廣太郎「推奨のことば」『綴方実践への道』3ページ〜4ページ

(3) 山田貞一「綴方教育の回顧と反省」　同　　上　8ページ

(4) 同　　上　14ページ〜15ページ

(5) 山崎　弘「綴方教室の経営」　同　　上　47ページ〜48ページ

(6) 源　政一「問題となる作品の処理」　同　　上　112ページ

(7) 安藤鉄夫「綴方の生活指導」　同　　上　42ページ

(8) 無着成恭『山びこ学校』1951年3月5日　青銅社

(9) 三浦　一「与へる文話の研究」『綴方実践への道』61ページ〜62ページ

(10) 同　　上　65ページ

(11) 同　　上　68ページ〜69ページ

〈参考文献〉

1. 高田富与『綴方連盟事件』1958年6月15日　私刊

2. 相川敏治・増谷謙也著『北方の生活綴方』1971年7月30日　百合出版

3. 佐藤将寛『オホーツクの嵐に耐えて』1974年7月20日　オホーツク作文の会

4. 国分一太郎『小学校教師たちの有罪　回想・生活綴り方事件』1984年9月30日　みすず書房

5. 平澤是曠『弾圧　北海道綴方教育連盟事件』1990年1月31日　北海道新聞社

6. 北海道作文教育協議会『北国の子供とともに』2005年7月　道作50年史編集委員会

第1章　戦後作文・綴り方教育の胎動

第3節　昭和22年度・昭和26年度「学習指導要領」と戦後作文・綴り方教育の再出発

1.「学習指導要領」前史（1）
—「小学校令」（「国民学校令」）と「書くこと（作文・綴り方）」—

　わが国の近代における公教育，わけても，草創期における初等教育の制度・内容は，第1次，第2次，第3次の「小学校令」，および「国民学校令」の四つの勅令—第4次「小学校令」は，一般に「国民学校令」と称されており，その通例に従って，以下「第4次小学校令」を「国民学校令」と表記する—と，それらに基づく法令（勅令・省令・規則等）によって定められている。

　それらの法令の中から，尋常小学校における「書くこと（作文・綴り方）」に関わる条項を中心に取り出すと，それは，それぞれ，次のようなものである。

　　◎・第1次「小学校令」（1886〈明19〉4.10）→「小学校ノ学科及其程度」（1886〈明19〉5.25）

　　　　第二条　尋常小学校ノ学科ハ修身読書作文習字算術地理歴史理科図画
　　　　　　　　唱歌体操裁縫女児トス土地ノ状況ニ因テハ図画唱歌ノ一科若ク
　　　　　　　　ハ二科ヲ加フルコトヲ得

　　　　第十条　各学科ノ程度左ノ如シ
　　　　　　　読書　尋常小学科ニ於テハ仮名仮名ノ単語短句簡易ナル漢字交
　　　　　　　　　　リノ短句及地理歴史理科ノ事項ヲ交ヘタル漢字交リ文高等
　　　　　　　　　　小学校ニ於テハ稍之ヨリ高キ漢字交リ文
　　　　　　　作文　尋常小学科ニ於テハ仮名ノ単語短句簡易ナル漢字交リノ
　　　　　　　　　　短句漢字交リ文口上書類及日用書類高等小学科ニ於テハ漢
　　　　　　　　　　字交リ文及日用書類
　　　　　　　習字　尋常小学科ニ於テハ仮名日用文字口上書類及日用書類行
　　　　　　　　　　書高等小学科ニ於テハ日用文字及日用書類楷書行書草書

第3節　昭和22年度・昭和26年度「学習指導要領」と戦後作文・綴り方教育の再出発

◎・第2次「小学校令」(1890〈明23〉10.7) →「小学校教則大綱」(1891〈明24〉11.17)

　　第三条　読書及作文ハ普通ノ言語並日常須知ノ文字，文句，文章ノ読ミ方，綴リ方及意義ヲ知ラシメ適当ナル言語及字句ヲ用ヒテ正確ニ思想ヲ表彰スルノ能ヲ養ヒ兼ネテ智徳ヲ啓発スルヲ以テ要旨トス（中略―引用者）

　　　　読書作文ヲ授クル際単語，短句，短文等ヲ書取ラシメ若クハ改作セシメテ仮名及語句ノ用法ニ熟セシムベシ（中略―引用者）

　　　　作文ハ読書又ハ其他ノ教科目ニ於イテ授ケタル事項，児童ノ日常見聞セル事項及処生ニ必須ナル事項ヲ記述セシメ行文平易ニシテ旨趣明瞭ナラシメンコトヲ要ス

　　　　言語ハ他ノ教科目ノ教授ニ於テモ常ニ注意シテ練習セシメンコトヲ要ス

　　第四条　習字ハ通常ノ文字ノ書キ方ヲ知ラシメ運筆ニ習熟セシムルヲ以テ要旨トス

◎・第3次「小学校令」(1900〈明33〉8.20) →「小学校令施行規則」(1900〈明33〉8.21)

　　第三条　読ミ方，書キ方，綴リ方ハ各々其ノ主トスル所ニ依リ教授時間ヲ区別スルコトヲ得ルモ特ニ注意シテ相連絡セシメンコトヲ要ス

　　　　文章ノ綴リ方ハ読ミ方又ハ他ノ教科目ニ於テ授ケタル事項児童ノ日常見聞セル事項及処世ニ必須ナル事項ヲ記述セシメ其ノ行文ハ平易ニシテ旨趣明瞭ナランコトヲ要ス

◎・国民学校令(1941〈昭16〉3.1) →「国民学校令施行規則」(1941〈昭16〉3.14)

　　第四条　国民科国語ハ日常ノ国語ヲ習得セシメ其ノ理会力ト発表力トヲ養ヒ国民的思考感動ヲ通ジテ国民精神ヲ涵養スルモノトス

　　　　国語ニ於テハ読ミ方綴リ方書キ方話シ方ヲ課スベシ（中略―引用者）

　　　　綴リ方ニ於テハ児童ノ生活ヲ中心トシテ事物現象ノ見方考ヘ方ニ付適正ナル指導ヲ為シ平明ニ表現スルノ能ヲ得シムルト共ニ創造力ヲ養フベシ

　　　　書キ方ニ於テハ文字ヲ明確端正ニ書ク力ヲ養フベシ

31

第1章　戦後作文・綴り方教育の胎動

　いま，上の第1次「小学校令」から「国民学校令」までに用いられている用語を，現在の国語科の領域に当てはめると，それぞれ，次のようになる。

　　◎・第1次「小学校令」　読・書・作文・習字
　　◎・第2次「小学校令」　読・書・作文・習字
　　◎・第3次「小学校令」　読ミ方・書キ方・綴リ方
　　◎・「国民学校令」　　　読ミ方・綴リ方・書キ方・話シ方

　上のうち，第1次，第2次「小学校令」における「読」「書」の「書」は，「作文」「習字」と並列されていること，第1次「小学校令」において，「仮名」「仮名ノ単語，短句」「簡易ナル漢字交リノ短句」「地理歴史理科ノ事項ヲ交ヘタル漢字交リ文」とあり，第2次「小学校令」においても，ほぼ同様の述語があることから，「仮名」「単語」「短句」「漢字マジリノ短句」「文」を，ひとまとまりのものとして視写または聴写することを指すものと考えられる。これを現在の国語科の領域に当てはめると，第1次，第2次「小学校令」における「作文」は，後の「書くこと（作文・綴り方）」の指導と，文字，語彙，語句，文の習得のための硬筆の指導に類するものとを併せ持つものと考えられる。

　また，「書くこと（作文・綴り方）」指導の中で取り上げるべき内容として，第1次「小学校令」では「口上書類」「日用書類」，第2次「小学校令」では「読書又ハ其他ノ教科目ニ於イテ授ケタル事項，児童ノ日常見聞セル事項及処生ニ必須ナル事項」，第3次「小学校令」では「読ミ方又ハ他ノ教科目ニ於テ授ケタル事項児童ノ日常見聞セル事項及処世ニ必須ナル事項」，「国民学校令」では「児童ノ生活ヲ中心トシテ事物現象ノ見方考ヘ方」を，「平易」「平明」に指導することとされている。したがって，必ずしも，範文模倣的な考え方は，それほど前面に出されてはいないことが理解される。

　もちろん，何をもって「日用」「日常」，あるいは「国民精神」とするかは論議の余地がある。しかし，ここに引用した文言に見る限り，「教育令」および「国民学校令」における「書くこと（作文・綴り方）」は，何を書か

第3節　昭和22年度・昭和26年度「学習指導要領」と戦後作文・綴り方教育の再出発

せるかの「何」に傾斜したものではない。あくまでも児童の「日用」「日常」
に根差した，言い換えれば，「生活」から遊離しないことに留意した「書
くこと（作文・綴り方）」が目指されていた。また，とくに，「国民学校令」
において「綴り方」の意義・目的が，上に挙げた「日常」とともに，「生活」
「見方」「考へ方」「創造力」等の言葉を用いて述べられている点にも着目
したい。

　言うまでもなく，「国民学校令」以降，「国民精神ヲ涵養スル」ことが大
きく前面に出たことは，歴史の事実である。それは，現在では，当時の国
語科が持っていた負の側面と言える。しかし，他方で，「書くこと（作文・
綴り方）」指導の目標を，狭い意味での文章表現技能の指導だけに限定せ
ず，より広く，他教科との密接なつながりや「生活」「見方」「考へ方」，
さらには「創造力」の指導とも切り離すことのできないものととらえてい
たことも，事実である。その点は，技能主義を越えようとする，戦前のわ
が国の国語科「書くこと（作文・綴り方）」教育の持つ，優れた側面と評価
することができる。

2.「学習指導要領」前史（2）
―『合衆国教育使節団報告書』と「書くこと（作文・綴り方）」―

　ここで言う『合衆国教育使節団報告書』[1]とは，1945年8月15日の
終戦後，連合国軍総司令部（GHQ）からの要請でアメリカ合衆国から来
日（1946.3.5/6）した「教育使節団」が作成・提出（1946.3.30）した報告書
である。

　この「戦後教育改革における最重要文献の一つ」[2]ともされる『合衆
国教育使節団報告書』は，次のように構成されている。

　　　遣日合衆国教育使節団団員　・・・・・・・・・・　3
　　　まえがき　・・・・・・・・・・・・・・　13
　　　序　論　・・・・・・・・・・・・・・・　17
　　　一　日本の教育の目的と内容　・・・・・　26
　　　二　国語の改革　・・・・・・・・・・・　53

第1章　戦後作文・綴り方教育の胎動

　　三　国民学校及び中等学校の教育行政　・・・・　60
　　四　授業と教員養成　・・・・・・・・・・・　74
　　五　成人教育　・・・・・・・・・・・・・・　96
　　六　高等教育　・・・・・・・・・・・・・・　101
　　　　報告書の概要　・・・・・・・・・・・・　117

　上の目次・構成のうち「一　日本の教育の目的と内容」は，日本の教育の全体像とも言える事柄に関するものであるが，次のような見出しによって取り上げられている。

　　教育の諸目的／教科課程／教科書／修身と倫理／歴史及び地理／衛生教育　　と体育／職業教育／結論⑶

　ここには，国語科および国語に関係する項目は見られない。大きく取り上げられているのは，広い意味での，社会，生活，道徳に関する事柄である。

　国語科（教育）に関する項目は，この「一　日本の教育の目的と内容」ではなく「二　国語の改革」で取り上げられ，そこでは，次のように述べられている。

　　　漢字の読み書きに充当された法外な時間数に依って得られた結果は失望　　すべきものである。国民学校を卒へても，生徒たちは恐らく民主主義的公　　民たるに必須な言語能力を欠いてゐるであらう。彼等は日々の新聞や通俗　　雑誌のやうな有りふれたものを読むのも骨が折れるやうである。一般に，　　彼等は時事問題や現代思想を取り扱った書籍を理解することができない。　　（中略―引用者）我々使節団の判断では，仮名よりもローマ字の方が有利で　　ある。のみならず，ローマ字は民主的公民の資格と国際的相互理解の育成　　に相当に役立つであらう。⑷

　漢字と仮名を用いた（国語科）教育ではなく，ローマ字を新たな文字として用いた（国語科）教育が提言されている。この『合衆国教育使節団報告書』において，国語（科），および国語（科）教育に言及されているのは，この「二　国語の改革」の項だけである。そのことから，「合衆国教育使節団」の目には，国語（科）教育のあり方，方法論よりも，その課題として，

34

第3節　昭和22年度・昭和26年度「学習指導要領」と戦後作文・綴り方教育の再出発

「漢字の読み書きに充当された法外な時間数」の非能率さ，漢字の外見の
難解さ，音訓の複雑さ等が大きな問題として見られたことは想像に難くな
い。

　この『合衆国教育使節団報告書』がどの程度の強制力を持つものであっ
たのかは不明である。しかし，使節団の来日から報告書の提出までが20
日余りであることを考えると，一方で，それほど大きな影響力を持つもの
ではなかったとも推測される。他方，戦後当初の時期に連合国軍総司令部
（ＧＨＱ）の要請によって来日した委員によって提言された「報告書」で
あることから，一定の影響力を持つものであったとも考えられる。しか
し，その後の国語科において，一部にローマ字の指導が取り入れられたも
のの，「仮名よりもローマ字の方が有利である」との考え方に立つ国字の
ローマ字化（漢字，仮名の廃止）が行われることはなかった。

　「合衆国教育使節団」による国字のローマ字化の要請について，「漢字の
読み書きに充当された法外な時間数に依って得られた結果は失望すべきも
のである。」のかどうか，全国的な調査が行われた。いわゆる「日本人の
読み書き能力調査」（1948.8.8-26.16,000 名を対象）である。

　この調査の結果は，ローマ字化を必要としないほどの高さを示すもので
あったとされる。それは，次の，異なる二つの資料に，それぞれ，次のよ
うに記されていることからも理解される。

　　　ＣＩＥでのこの「読み書き能力」調査の解釈については，日本人の識字
　　率の高さを示したとする見方が圧倒的であった。ペルゼルがローマ字論者
　　であったのは事実であるが，彼は，むしろ「実際テストの結果は，現行表
　　記法による識字率が非常に高いことを示しており」と識字率の高さを認め
　　ていた。占領文書は抜本的な日本語改革の必要性を認めなかった。(5)
　　　柴田　第一ホテルの個室は狭いんですね。やっと体が通れるぐらいの，
　　空いた空間がある。そこのベッドに腰を掛けて，並んで話をした。ペルゼ
　　ルいわく「この報告書を書き直してくれ」というわけです。私は，直ちに
　　拒否しました。リテラシー・テストの定義はそちらでなすったんでしょう。
　　その定義に従って，こうしてみんなと相談してやったんだから，学者とし
　　て直すわけにはいきません。「ああ，そうですか。」で終わりました。ペル

35

第1章　戦後作文・綴り方教育の胎動

ゼルはアメリカへすぐ帰りましたが，最後はそれだった。(6)

上に引用した二つの資料のいずれにも，「ペルゼル」の名前が出で来る。この「ペルゼル」は，ＧＨＱ（連合国軍最高司令官総司令部）の１部門であるＣＩＥ（民間情報教育局）の「世論社会調査課長」とのことであり，必ずしも教育あるいは言語（国語）の専門家ではなかったことが分かる。その点を考慮すれば，阿辻哲次の次のことばを，そのまま首肯することができる。

　　漢字の読み書きができない人がわずか二・一％にとどまったという結果には，ちょっとできすぎという感じがしないわけでもないが，集計の結果はもともと試験の出題内容によっても大きく変化する。だが先に見たように，読み書き能力テストに出題された問題を見るかぎり，すべてが簡単な漢字ばかりとも思えない。アメリカでは大学を卒業したインテリでも漢字が読めない。それは当たり前のことだが，しかしだからといって，子どものころから漢字を使った文章を読み書きしてきた日本人が，一般的な漢字を読めなかったはずはなかったのである。(7)

すべての単語の綴字を知らなければならない英語等の音素文字（アルファベット）と，表音文字（平仮名・片仮名）と表意文字（漢字）による日本語では，基本的な文字の性格や成り立ちが異なる。したがって，一見複雑で数の多い日本語の文字が，必ずしも，常に難しいとは限らない。したがって，『合衆国教育使節団報告書』に示された「日本語のローマ字化」は，そのまま日本語の実際にあてはまるものではなく，また，「仮名よりもローマ字の方が有利である。のみならず，ローマ字は民主的公民の資格と国際的相互理解の育成に相当に役立つであらう」という提言は，日本語を母語あるいは生活語とする日本人には，到底，そのまま首肯できるものではなかった。

しかし，このような動きは，その後の，日本人自身による漢字や仮名の標準字体の改訂，当用漢字，教育漢字，仮名遣い等の制定等，新たな国語・国字への動きを導くものとなった。その意味で，『合衆国教育使節団報告書』中の「二　国語の改革」における提言は，戦後の国語（科）教育に一

第3節　昭和22年度・昭和26年度「学習指導要領」と戦後作文・綴り方教育の再出発

つの方向と動きを求める原動力となったものともいうことができる。

3.「昭和22年度学習指導要領・国語科編」と「書くこと（作文・綴り方）」

「昭和22年度学習指導要領・国語科編」は、「第一章　まえがき」と「第五章　文法の学習指導（小学校・中学校）」の他は、「第二章　小学校一，二，三学年の国語科学習指導」「第三章　小学校四，五，六学年の国語科学習指導」「第四章　中学校国語科学習指導」の三つの章から構成されている。これらのうち，「小学校一，二，三学年」を取り上げた第二章と「小学校四，五，六学年」を取り上げた第三章では，ともに，「第一節　話しかた」「第二節　作文」「第三節　読みかた」「第四節　書き方」までは同じ構成になっており，「小学校四，五，六学年」では，それに「第五節　辞書の利用について」と「第六節　学校新聞について」の二つの「節」が加えられている。この構成から，小学校一，二，三年生と，小学校四，五，六年生とは，ともに，国語科の内容が「話しかた」「作文」「読みかた」「書きかた」の四つの領域と考えられていたことが分かる。

しかし，その「第一章　まえがき」には，次のような言葉がある。

　　国語科学習指導の範囲は，次のようにわけられる。
　　　一　国語科としての指導
　　　　（一）話すこと（聞くことをふくむ）
　　　　（二）つづること（作文）
　　　　（三）読むこと（文学を含む）
　　　　（四）書くこと（習字を含む）
　　　　（五）文法
　　　上の五つの部門のうち，どの一つといえども，他と関係なくとり扱われるべきものではない。(8)

ここから明らかなように，この「昭和22年度学習指導要領・国語科編」では，まだ，「つづること」「作文」「書くこと」「習字」の，それぞれの違いを明確に意識し区別することはなかった。むしろ，戦前・戦中の国語科が「きゅうくつな読解と，形式にとらわれた作文に終始したきらいがある。今後は，言葉を広い社会的手段として用いるような，要求と能力をやしな

37

第 1 章　戦後作文・綴り方教育の胎動

うことにつとめなければならない。」⑼ いう，戦後教育への理想を求める
強い思いが，このような国語科の「範囲」（領域）を区分する言葉を生み
出したものと考えられる。しかし，このような「まえがき」の言葉と「昭
和 22 年度学習指導要領・国語科編」の目次・構成との間には違いがみら
れる。

　いま「昭和 22 年度学習指導要領」の「章」「節」の言葉だけを取り出す
と，それは，次のようになっている。

　　　第一章　まえがき
　　　　第一節　国語科学習指導の範囲
　　　　第二節　国語科学習指導の目標
　　　第二章　小学校一, 二, 三学年の国語科学習指導
　　　　第一節　話しかた
　　　　第二節　作文
　　　　第三節　読みかた
　　　　第四節　書きかた
　　　第三章　小学校四, 五, 六学年の国語科学習指導
　　　　第一節　話しかた
　　　　第二節　作文
　　　　第三節　読みかた
　　　　第四節　書きかた
　　　　第五節　辞書の利用について
　　　　第六節　学校新聞について
　　　第四章　中学校国語科学習指導
　　　　第一節　まえがき
　　　　第二節　話しかた
　　　　第三節　作文
　　　　第四節　読みかた
　　　　第五節　書きかた（習字をふくむ）
　　　　第六節　文学
　　　第五章　文法の学習指導（小学校・中学校）

　上の「昭和 22 年度学習指導要領・国語科編」の「まえがき」にある「国

第3節　昭和22年度・昭和26年度「学習指導要領」と戦後作文・綴り方教育の再出発

語科学習指導の範囲は，次のようにわけられる。」として示された指導領域の区分は，「話すこと（聞くことをふくむ），つづること（作文），読むこと（文学を含む），書くこと（習字を含む），文法」であるが，「昭和22年度学習指導要領・国語科編」の目次・構成，および本文では「話しかた，作文，読みかた，書きかた」となっている。この「まえがき」と「目次・構成」との言葉の違いに，ある種の混乱ないしは不徹底さを感じるが，倉澤栄吉は，この「かた（方）」と「こと」の違いに大きな意味を見出し，次のように述べている。

　　戦後の国語教育は読み方，書き方，話し方，聞き方，を，読むこと，書くこと，話すこと，聞くことというふうにいい変えて「方」を「こと」に切替えることによって，その新しい第一歩をふみ出しました。この「方からことへ」の変革は，「技術主義より経験主義へ」という方向だと理解されている。これは正しいみかたであるとはいい切れないが，当っている点もある。すなわち，方よりことを重視するというのは，主として，精読の仕方や朗読の仕方の方法だけを修得させるのではなくして，読みの経験，話の経験を多く与えて，読書人とし談話人として言語社会に適応させようとするのである。これは新しい教育の考え方としてまちがってはいない。(10)

　ここで倉澤栄吉は，ただ「技術主義」よりも「経験主義」を，あるいは，「技術主義」から「経験主義」への転換を言うのではない。「技術を尊重し技術をふまえた経験主義」，あるいは，「経験による技術の習得・学習を目指す技術主義」を言うのである。言い方を変えれば，「書き方」を踏まえた，「書き方」にとどまらない「書くこと」の指導と言える。もちろん，「昭和22年度（試案）学習指導要領」が，このような倉澤栄吉の提言の持つ意味を自覚して作成されたものではない。しかし，結果として，「書き方」から「書くこと」への方向性を持つからこそ，「かた（方）」と「こと」を混用する記述が生まれたものと推測できる。

　いま，この「昭和22年度学習指導要領・国語科編」の「第二章　小学校一，二，三学年の国語科学習指導」の「第二節　作文」に掲げられている五つの項目の見出しを取り出すと，それは，次のようになっている。

第1章　戦後作文・綴り方教育の胎動

　　　一　この学年における指導上の一般的注意（10項目）
　　　二　前期発達段階における表現上の一般的特性（9項目）
　　　三　後期発達段階における表現上の一般的特性（9項目）
　　　四　前期発達段階における学習指導（二年の中期まで）（38項目）
　　　五　後期発達段階における学習指導（二年後期から三年まで）（15項目）(11)

　この「一」から「五」までの項目の立て方から，小学校1, 2, 3学年を，2学年の2, 3学期を境に「前期発達段階」と「後期発達段階」の二つに分けてとらえていることが分かる。

　いま，これらの中から，「二　前期発達段階における表現上の一般的特性」と「五　後期発達段階における学習指導（二年後期から三年まで）」の，それぞれの冒頭の2項目ずつを取り出すと，それは，それぞれ，次のようなものである。

　　　二　前期発達段階における表現上の一般的特性
　　　（一）ものの見かた，考えかた，感じかたが自己中心的で，直覚的・情緒
　　　　　的に動くものであるから，ものを正しくとらえて書くことがむずか
　　　　　しい。児童の書くことには，現実と空想があまりはなれていないこ
　　　　　とがある。
　　　（二）自分のしたことでも，順序立てて書くことさえむずかしく，きれぎ
　　　　　れな表現になりやすい。(12)
　　　五　後期発達段階における学習指導（二年後期から三年まで）
　　　（一）この段階の終りまでにつぎの目標が達せられるようにする。
　　　　　1，文字による表現の必要と価値を，生活の中でいっそう広く理解す
　　　　　　る。
　　　　　2，必要に応じて，実際生活役にたつ簡単な文章を，書くことができ
　　　　　　るようにする。(13)

　ここに記された内容からも明らかなように，その記述は具体的で詳細である。また，ここに取り上げられている事柄は，現在の視点から見ても，決して古いものではない。むしろ，学習者の実態を踏まえた指導を行おうとする極めて優れたものと評価することができる。また，ここには，文字通り，先の倉澤栄吉の言葉にあった「方からことへ」の変革を踏まえた，「書くこと（作文・綴り方）」教育の大きな視点が示されており，これらを

40

第 3 節　昭和 22 年度・昭和 26 年度「学習指導要領」と戦後作文・綴り方教育の再出発

基に，現代の「書くこと（作文・綴り方）」を問い直すことも，また可能ではないかと考える。

4.「昭和 26 年度学習指導要領・国語科編」と「書くこと（作文・綴り方）」

　石森延男は，戦後の国語教科書の編集，学習指導要領の編纂を回顧し，次のように述べている。

　　　わたしは，アメリカのコース・オブ・スタディを見る前に，われわれなりに作りあげた「学習指導要領国語科編」を作って提出した。ただしこれは見事，不許可になり，新しく勉強しなおすように注意された。雨の降る日であった。ハークネスさんが，わざわざヴァージニヤ州の「国語科のコース・オブ・スタディ」をわたしの手許に持ってきてくれた。

　　　これを読んではじめて，コース・オブ・スタディなるものの輪郭がわかった。（中略―引用者）それから六ヵ月ほどかかり，二十二年十一月に完成し，いわゆる「二十二年度試案」という名によって刊行され，翌二十三年二月，全国八ヵ所において，この作成の意図や趣旨を伝達することになった。(14)

　やや長い引用になったが，当時の「学習指導要領」編纂の背景をみることのできる文章である。

　ただ，「それから六ヵ月ほどかかり」とあるところから，石森延男らが，具体的に「昭和 22 年度学習指導要領・国語科編」にどの程度かかわって作業を行ったのか，疑問が残る。ただ，「二十二年度試案を刊行してから学習実際に即した調査資料にもとづき，さらに補うべきものの必要も生じ，追加すべき資料もできたので，二十四年から，その改訂にかかることになった。」(15) とあるところから，石森延男が，「昭和 22 年度学習指導要領・国語科編」だけではなく，続いて「昭和 26 年度学習指導要領・国語科編」にも深くかかわっていたことが分かる。

　この「昭和 26 年度学習指導要領・国語科編」での「書くこと（作文）」の取り上げ方について，石森延男は，次のように述べている。

　　　こんど作文の書く範囲がひろくなったという。文学的文作品はいうまでもなく，日記の類から手紙の類，さらに，学校新聞，学級新聞，壁新聞の

41

第 1 章　戦後作文・綴り方教育の胎動

　類から，紙しばい，漫画，掲示，記録，説明，──などみんな作文の中にと
りこまれたという。
　そのとおりである。
　けれども，このほかにも，いろいろな種類がある。いや生まれてくる。
どんな種類の形があらわれてきたとしても，さしつかえはない。みんな作
文学習の実である。できあがった形なのである。(16)

　ここには，戦前の「綴り方（作文）」とは，明らかに異なる考え方がう
かがえる。児童の主体的な書く活動「書くこと（作文）」から生み出され
てきたものは，たとえそれがひとまとまりの文章の形をとっていなくて
も，そこには「作文学習の実＝できあがった形」があるとする。戦後の国
語教育の大きな変革を担ってきた石森延男らしいとらえ方ということがで
きる。また，それは，「昭和 26 年度学習指導要領・国語科編」を特色付け
る「能力表」を支える考え方であり，同時に，戦後の，昭和 22 年，昭和
26 年の二つの「学習指導要領」の一翼を支えてきた，包括的な「書くこ
と（作文・つづり方）」という理解にもつながるものである。

　先に取り上げた「昭和 22 年度学習指導要領・国語科編」が小学校と中
学校を合わせて全 166 ページであるのに対し，「昭和 26 年度小学校学習指
導要領・国語科編」は，小学校だけを取り上げたものであるにもかかわら
ず，全 391 ページと大部である。同じ小学校国語科を取り上げた部分だけ
を比べると，95 ページと 391 と，約 1 対 4 の割合になる。これは，そのペー
ジ数を比べると，「昭和 26 年度学習指導要領・国語科編」は，「昭和 22 年
度学習指導要領・国語科編」の，3 倍強のページ数と言える。

　いま，この「昭和 26 年度学習指導要領・国語科編」前半の「章」「節」
だけを取り出すと，それは，次のようになっている。

　　はしがき
　　まえがき
　　　第一節　この本はどういう目的で書かれたのか，またどう使用したらよ
　　　　　　　いか
　　　第二節　国語の教育課程はどんな方向に進んでいるか
　　第一章　国語科の目標

42

第3節　昭和22年度・昭和26年度「学習指導要領」と戦後作文・綴り方教育の再出発

　　第一節　教育の一般目標は何か
　　第二節　小学校教育の主目標は何か
　　第三節　国語科学習指導の一般目標は何か
　　第四節　小学校における国語科学習指導の目標は何か
　第二章　国語科の内容
　　第一節　おもな言語経験にどんなものがあるか
　　　　　　一　聞くことの経験
　　　　　　二　話すことの経験
　　　　　　三　読むことの経験
　　　　　　四　書くことの経験
　　第二節　言語経験の具体的な機会にはどんなものがあるか
　　第三節　言語経験を計画的に与えていくにはどうしたらよいか
　第三章　国語学習指導の計画
　　第一節　国語科学習指導の計画はどのようにたてたらよいか
　　第二節　国語能力表とは何か
　　第三節　国語能力表
　　第四節　幼稚園における言葉の指導はどう進めたらよいか
　　第五節　第一学年の国語科学習指導はどう進めたらよいか
　　第六節　第二学年の国語科学習指導はどう進めたらよいか
　　第七節　第三学年の国語科学習指導はどう進めたらよいか
　　第八節　第四学年の国語科学習指導はどう進めたらよいか

（以下，5章28節略―引用者）

　ここに「見出し」を取り出した第三章第八節の末尾までで163ページあ
り，全体の三分の一弱になる。また，先に取り上げた「昭和22年度学習
指導要領・国語科編」に比して，この「昭和26年度学習指導要領・国語
科編」が，大部なものであるとともに，目次の言葉を比べても，その項目
や用語が，「どんなものがあるか」「どうしたらよいか」「どう進めたらよ
いか」等，極めて具体的で詳細な表現になっていることが分かる。ある意
味で，法規としての性格よりも，教師に対する指導書，参考書としての性
格を強く持たせようとしたものとも考えられる。
　このような具体的で詳細な記述の典型的な形が，第三章第三節の「国語
能力表」である。(17)

43

第1章　戦後作文・綴り方教育の胎動

　この「国語能力表」は，「国語の様々な能力を，児童の発達段階に応じて，学年別に，一つの表として，組織，配列したものである。」⁽¹⁸⁾ とされており，

　　1. 国語能力表とは，どういうものか。(5項目)
　　2. 国語能力表は，どんな性質をもっているか。(5項目)
　　3. 国語能力表は，どのように利用したらよいか。(3項目)

の説明の後に，

　　一, 聞くことの能力 (41項目)
　　二, 話すことの能力 (68項目)
　　三, 読むことの能力 (83項目)
　　四, 書くことの能力〈作文〉(55項目)
　　五, 書くことの能力〈書き方〉(48項目)

の各領域毎に配当された「能力」が，学年ごとに，配当学年も含めて取り上げられている。

　いま，この「能力表」の「四　書くことの能力 (作文)」から，1年生に配当されている項目 (5項目)，4年生に配当されている項目 (9項目)，6年生に配当されている項目 (6項目) を，指導を継続するべき学年として指示されている「継続学年」とともに取り出すと，それは，次のようなものである。

1年　　能　　　力	継続学年
1　文字で書くことに興味がわいてくる。	1－2
2　簡単な口頭作文ができる。	1－2
3　自分で描いた絵に，簡単な説明をつけることかできる。	1－2
4　家庭への伝言など，簡単なメモを書くことができる。	1－2
5　自分の行動や身辺のできごとなどについて，簡単な文をかくことができる。	1－2 ⁽¹⁹⁾
4年	
1　読んだ本について，その荒筋や感想が書ける。	3－5
2　いろいろな行事についての標語や宣伝・広告の文が書ける。	3－5
3　見学，調査などの簡単な報告の文が書ける。	3－4

44

第 3 節　昭和 22 年度・昭和 26 年度「学習指導要領」と戦後作文・綴り方教育の再出発

4　ゲームの解説や作業計画などについて，説明の文を書くことができる。

$\quad$3 － 5

5　児童詩をつくることができる。

$\quad$3 － 6

6　物語や脚本を書くことができる。

$\quad$3 － 6

7　多角的に取材して，まとまりのある生活日記を書く
　ことができる。

$\quad$3 － 6

8　文の組み立てを考えて，段落のはっきりした文を書く
　ことができる。

$\quad$3 － 5

9　敬体と常体との使い分けをすることができる。$\quad$4 － 5 [20]

6 年

1　映画・演劇・放送などについて，感想や意見を書く
　ことができる。

$\quad$5 －

2　自分の意見を効果的に発言するために，原稿を書く
　ことができる。

$\quad$5 －

3　自分の生活を反省し，文を書くことによって思索す
　ることができる。

$\quad$5 － 6

4　読んだ本について紹介，鑑賞，批評の文を書くことができる。5 －

5　学校の内外の諸活動に必要なきまりを書くことができる。$\quad$5 － 6

6　学校新聞を編集することができる。[21]

　この「能力表」に示された項目は，ただ学習者の能力のありようをとらえるだけのものではない。どのような事柄を，どこまで指導するべきか，指導の範囲，幅，内容，活動とともに，「書くこと（作文）」指導として行うべき具体的な観点，方法，目標までを示すものであり，今もなお，新鮮な価値と意味を持つものと言える。作文指導が，いわゆる技能主義，活動主義，行事・出来事主義に陥りやすいのは，この「昭和 26 年度学習指導要領・国語科編」の当時だけではない。今もなお，日常の平凡な生活の中での事柄をただ時間の順に羅列して書くだけの生活作文，あるいは，日常の生活とは異なる行事や出来事，あるいは特異な事件を，「珍しさ」「驚き」を中心に表現する事柄・出来事作文が，圧倒的に多い。そのような中にあって，昭和 26 (1951) 年に，すでに，これだけの「国語能力表」が示されたことは注目に値する。この「国語能力表」は，単なる「能力表」では

第1章 戦後作文・綴り方教育の胎動

ない。教師にとっては,「指導事項表」「指導能力表」であり,同時に,「取材指導観点表」,「構成(構想)指導表」,また,「指導事項表」でもある。ここに示されている多様な観点や項目の持つ意義や価値に,改めて目を向けたいものである。

5. おわりに

　我が国の小学校「国語科」教育の内容は,第1次「小学校令」から「国民学校令」までの間に,「読・書・作文・習字」から「読ミ方・綴リ方・書キ方・話シ方」へと変化した。つまり,「書くこと(作文・綴り)」に関する内容は,大きく,「口上書類」や「日用書類」の読み書きから「事物現象ノ見方考へ方ニ付適正ナル指導」をするものへと,また,日常生活の必要を満たすものから「国民精神ヲ涵養スルモノ」へと展開した。

　戦後の「昭和22年度学習指導要領・国語科編」では,「国語科」で指導するべき事柄として,「話すこと」「つづること」「読むこと」「書くこと」「文法」の五つの柱が示されている。しかし,その直接の指導項目は,「話しかた」「作文」「読みかた」「書きかた」とされており,「つづること」と「作文」の二つの言葉が混用されている。

　「昭和26年度学習指導要領・国語科編」では,「国語科」の指導事項として,「聞くこと」「話すこと」「読むこと」「書くこと(作文)」「書くこと(書き方)」があげられている。いわゆる「かた」から「こと」への転換である。ただ,「書くこと(作文・綴り方)」の立場からは,戦前の第3次「小学校令」で初めて用いられた「綴リ方」という用語が,この「昭和26年度学習指導要領・国語科編」以降,「国語科」の指導領域・指導内容を表わす言葉として用いられなくなり,「書くこと(作文)」に統一された。それまで,広く文章表現指導と生活指導とを含み持つものとされてきた「書くこと(作文・綴り方)」から「綴り方」が削られ,「書くこと(作文)」として定着することになった。これが,後,「作文」=「国語科作文」=「表現指導」と「綴り方」=「生活綴り方」=「生活指導」と理解され,「作文か綴り方か」を巡る混乱や論争にも発展した。それは,また,あるべき「書くこ

46

第3節　昭和22年度・昭和26年度「学習指導要領」と戦後作文・綴り方教育の再出発

と・作文・綴り方」の意義や機能を再検討・再評価する大きな契機にもなったと理解される。

（付記）　本稿において，とくに断ったものの他は，すべて，「昭和二十二年度（試案）学習指導要領国語科編」を「昭和22年度学習指導要領・国語科編」，「昭和二十六年（一九五一）改訂版　小学校学習指導要領　国語科編（試案）」を「昭和26年度学習指導要領・国語科編」と略記した。

〈注〉

(1) 合衆国教育使節団編『合衆国教育使節団報告書』（1946年5月31日　国民教育社）

(2) 伊ケ崎暁生他編『戦後教育の原典2　米国教育使節団報告書』（1975年4月）上の(1)と(2)の文献は，同一の文書の翻訳の時期の異なるものであるが，以下の引用(3)(4)では，より原典に近いものと考え(1)の文献を用いた。

(3) 同　　上　26ページ〜52ページ

(4) 同　　上　55ページ〜57ページ

(5) 『国語施策百年史』文化庁（2006年1月20日　ぎょうせい刊）369ページ

(6) 『国語施策百年の歩み』文化庁（2003年3月31日　文化庁）15ページ

(7) 阿辻哲次『戦後日本漢字史』（2010年11月25日　新潮社）51ページ

(8) 「昭和22年度学習指導要領」1ページ〜2ページ

(9) 同　　上　3ページ

(10) 倉澤栄吉「作文教育とともに10年」「作文と教育」誌（1955年8月）36ページ

(11) 「昭和22年度学習指導要領」21ページ〜32ページ

(12) 同　　上　22ページ

(13) 同　　上　28ページ

(14) 石森延男「国語教育の回顧と展望」（『国語教育講座　第11巻　国語教育問題史』刀江書院国語教育講座第5巻　1951年9月5日）　79ページ〜80ページ

(15) 同　　上　107ページ

(16) 石森延男「Rさんに―これからのさくぶんについて」『季刊　作文教育』第一集　国語文化学会・八木橋雄次郎（1948年10月25日）31ページ

(17) 「昭和26年度学習指導要領」41ページ〜67ページ

(18) 同　　上　42ページ

(19) 同　　上　60ページ

第1章　戦後作文・綴り方教育の胎動

（20）同　　上　62ページ
（21）同　　上　63ページ～64ページ

第4節　同人誌「つづりかた通信」と戦後生活綴り方教育
　　　　復興の一側面

1.「つづりかた通信」誌刊行の背景

　国分一太郎は，終戦（敗戦）直後―おもに1945（昭和20）年から1950（昭和25）年ごろまで―の作文・綴り方，および，それに関わる教師たちの動向を，「第一に，苦しい戦時中を生きながらえてきた人たちは，戦後そのエネルギーの大部を日本の民主化運動にささげはじめた。生活綴方運動家の戦後教員組合運動への参加はじつに積極的であった。」「第二に，生活綴方運動家たちは，戦前の生活綴方運動にかけた夢と期待の実現，その現実化を，いわゆる新教育の考え方による戦後教育改革にみた。そして，新教育の進行過程にまっしぐらに突入していった。」とした上で，さらに，次のように述べている。

　　　…そして24年（昭和24〈1949〉年―引用者注）ごろからは，教師たち
　　の間にも自主的教育確立の声があがってきた。無批判に受けいれてきた新
　　教育への反省，なかんずくカリキュラムばやりや社会科学習の地につかな
　　い点から発する欠陥が，おたがいの間での批判の対象となった。また生活
　　経験学習や心理学主義のもたらす教育方法上の浅薄さが反省のタネになり
　　だした。(1)

　戦前の作文・綴り方は，書くことによる思考や認識の深化・拡充，自己の解放と生活課題への取り組み，認識から行動への過程を経る問題解決の方法等が見出され，独自の価値を追求する優れた教育方法として実践されてきた。しかし，戦後当初は，戦前の作文・綴り方が目指した教育の理想を，いわゆる新教育の中に見出し，与えられたものとしての民主主義，なかでも教員組合運動の中に実現しようとした。さらには，コア・カリキュラムや生活単元学習等の経験主義に立つ教育，あるいは新設された社会科の実践の中に，その理想を見出そうとした。だからこそ，国分一太郎も，

第1章　戦後作文・綴り方教育の胎動

「1948 年〈昭和 23〉ごろまでのわたしは，思想的立場はちがうにしろ，と
にかく言語活動主義の国語教育に心をかたむけていた。……一方作文教育
の面では，生活綴方の復興など考えようとはしなかった。」[2] のである。

　そのような中にも，後の作文・綴り方（生活綴り方）の源流の一つとも
なる動きが生まれた。それが，ここで取り上げる，無着成恭らを中心とし
た「つづりかた通信」誌の刊行である。

　同誌は，戦後数多く発行された児童向けの雑誌「赤とんぼ」「子どもの
広場」（ともに 1946〈昭和 21〉年 4 月創刊）「銀河」（1946〈昭和 21〉年 10 月
創刊）等の投稿欄等で知り合った戦後派の若い教師たち—戦中・戦後に教
師になったという意味で—の作文・綴り方を中心とした理論・実践の交流
を目指す同人誌として刊行された。

　本稿では，このような「つづりかた通信」誌の刊行経過，目的，構成，
内容，特質，意義等について考察し，我が国における戦後作文・綴り方教
育史研究の一環とする。

2.「つづりかた通信」誌刊行の目的および経過

　「つづりかた通信」誌創刊の背景について，無着成恭は，同誌の“創刊
宣言”とも言える第 1 号（1950〈昭和 25〉年 6 月）冒頭の論考「こんなも
のを何故作る気になったか？」で，次のように述べている。

　　「少年少女の広場」もついに姿を消した。「赤トンボ」や「銀河」がつぶ
　れてからすでにひさしい。「良心的な」と云われるものが，どういうわけか
　つぎつぎに姿を消して行く。

　　…私たち教師は，あたえられる文化をうけいれようとしているだけで，
　私たちの手で文化を作ってみようという気がいに欠けていたのが「良心的
　な」ものがつぶれて行く大きな原因でなかったのか。

　　…それで，まず私たちの手で，私たちの教育理論を発見するために，一
　つ同人雑誌のようなものを作ってみようか，と考えられてきた。

　　…ところが，いよいよ作ろうというとき，東京の栗栖良夫先生から手紙
　がきて，「綴方運動を発行する」ことがわかった。それで「それじゃ，私た
　ちもそれで全力を出そうじゃないか。」ということになり，私たちの同人雑

50

第4節　同人誌「つづりかた通信」と戦後生活綴り方教育復興の一側面

誌の件は，そのまま立ち消えになってしまった。

　ところが，栗栖良夫先生や石田宇三郎先生，国分一太郎先生たちがほん
そう努力していてくださるという話だけれども，「綴方運動」はまだ姿をみ
せない。それで考えついたのがこれだ。(3)

　ここで交流の場として名前のあげられている「少年少女の広場」「赤とん
ぼ」等は，教師を対象とした，教育の理論や実践を掲載し紹介する雑誌
ではない。あくまでも，児童・生徒を対象とした学習雑誌であり，その一
部のページに，作文・綴り方作品が掲載されるものであった。教師たち
は，その作文・綴り方のページに取り上げられている作品（児童・生徒の
文章）に添えられた学校名や指導者としての教師の名前をもとに知り合
い，文通や文集の交換を行う等，つながりを深めていた。そのような「少
年少女の広場」や「赤とんぼ」等で始まった交流の場を自らの手で作るこ
とを目指して，「つづりかた通信」誌は創刊されたのである。

　なお，この「つづりかた通信」誌創刊の際に無着成恭が呼びかけたのは，
大沢芳美（山形），水野徳三郎（岐阜），八木（渋谷）清視（兵庫），大江田
貢（熊本）の4名とのことである (4) が，「つづりかた通信」誌の同人は，
第1号の「会員名簿」では8名，第2号では19名と徐々に増加し，後，
栗栖良夫を中心とした「日本綴方の会」の機関誌「作文研究」―のち「日
本作文の会」の機関誌「作文と教育」となる―の創刊の際には，その会員
130名のうち80名が「つづりかた通信」誌の同人であったとのことであ
る。(5)

　この点からも，この「つづりかた通信」誌が果たした一つの役割を見る
ことが出来る。

　「つづりかた通信」誌各号は，孔版印刷，B5判二つ折り袋とじの体裁で，
1950（昭和25）年6月から10月までの間に刊行され，誌齢4号を数える。
いま，各号の刊行された月，および持ち回りの刊行者名，総ページ数をあ
げると，それは，次のようになる。

　　第1号（6月）無着成恭　　　　　　　19ページ

　　第2号（8月）無着成恭・鈴木千里　　17ページ

51

第1章　戦後作文・綴り方教育の胎動

　　　　第3号（9月）八木清視・黒坂勝巳　　　30ページ
　　　　第4号（10月）大沢芳美　　　　　　　　20ページ

　上の「つづりかた通信」誌各号の刊行者のうち，鈴木千里，大沢芳美は，いずれも山形県の教師であり，無着成恭と同様に，須藤克三の薫陶によって作文・綴り方教育に取り組んだ教師である。また，黒坂勝巳と八木清視は，ともに同じ兵庫県の同じ学校の教師であり，近接する学校の東井義雄を通して作文・綴り方と出会っている。また，この5人を初めとする同人は，「つづりかた通信」誌第2号所収の「同志名簿」によれば，上の「日本綴方の会」の動向を知らせる栗栖良夫を除き，いずれも1925（大正14）年から1927（昭和2）年に生まれた，「つづりかた通信」刊行当時は，まだ20代前半の，年若い教師たちであった。

　なお，この「つづりかた通信」誌が1950（昭和25）年10月の第4号までで刊行を停止しているのは，同年11月に日本綴方の会の機関誌「作文研究」が創刊された（この「日本綴方の会」の機関誌「作文研究」が『綴方運動』はまだ姿をみせない，それで…」と言われていた「綴方運動」を指す。）ことによる。「作文研究」の創刊によって，「つづりかた通信」誌の果たす役割は終わったものとされ，その刊行も停止されたのである。以後「つづりかた通信」誌の同人は「日本綴方の会」の同人となり，その機関誌「作文研究」（「作文と教育」誌）で大きな役割を果たすことになる。

3.「つづりかた通信」誌の構成と内容

　いま，「つづりかた通信」誌各号の目次・構成を取り出すと，それは，次のようになる。（各号の見出しの冒頭の①②等の数字は，引用者が付けたものである。また各目次項目末の（　）は執筆者名，［　］は引用者による注，〈　〉はページ数を示している。）

　　◎第1号〈全19ページ〉
　　①一，こんなものを何故作る気になったか？　　（無着成恭）〈1〉
　　　二，この「つづり方通信」でなにをするか？
　　　三，通信のいじのために

第4節　同人誌「つづりかた通信」と戦後生活綴り方教育復興の一側面

②提案二つ　認定講習の合理化　　　　　　　（無着成恭）　〈3〉

③中学卒業生のつづり方　　　　　　　　　　（無着成恭）

④私たちは何故つづり方をだいじにするか　　（無着成恭）　〈4〉

⑤文集のあとがきをめぐる［22冊の文集の「あとがき」の抜粋］

　　　　　　　　　　　　　　　　　　　　（無着成恭）　〈9〉

⑥会員名簿［8名の会員名簿］　　　　　　　　　　　　　〈17〉

⑦綴方運動　　　　　　　　　　　　　　　　（無着成恭）　〈17〉

⑧提案二つ　全国の綴方教師よ結集せよ！！（八木清視）　〈18〉

⑨生活綴方の遺産を守るために　　　　　　　（無着成恭）　〈19〉

⑩ぺんだこ〈あとがき〉　　　　　　　　　　（無着成恭）　〈19〉

◎第2号〈全17ページ〉

①提案・出版無盡について　　　　　　　　　（渡辺政太郎）〈1〉

②児童の作品ものせろ　　　　　　　　　　　（浦山省吾）　〈2〉

③提案一つ・つけたり二ツ　　　　　　　　　（無着成恭）

④私たちは何故つゞり方を大切にするか　　　（水野徳三郎）〈3〉

⑤綴方理論・作文への一考察　　　　　　　　（加藤千秋）　〈9〉

⑥　　　　　　・二ツの作文観　　　　　　　（久保田仁）

⑦　　　　　　・綴方通信に寄せて　　　　　（吉原　正）　〈10〉

⑧「日本綴方の会」発足　　　　　　　　　　（栗栖良夫）　〈12〉

⑨同士を語る　　　　　　　　　　　　　　　（八木清視）　〈13〉

⑩綴方と作文　　　　　　　　　　　　　　　（阿奈尾梅郎）〈15〉

⑪会員名簿［11名の会員名簿］　　　　　　　　　　　　　〈16〉

⑫私は次のような本を持っています。ご利用してください。　〈17〉

◎第3号〈全30ページ〉

①八木清視兄への手紙　　　　　　　　　　　（無着成恭）　〈1〉

②入会のごあいさつ　　　　　　　　　　　　（黒坂勝巳）　〈7〉

③無着兄へ寄せる　　　　　　　　　　　　　（八木清視）　〈9〉

④再び八木兄への手紙　　　　　　　　　　　（無着成恭）　〈17〉

⑤無着兄よありがとう　　　　　　　　　　　（八木清視）　〈19〉

⑥会員だより［会員11名からの近況報告］　　　　　　　〈21〉

⑦全国実践家の同人雑誌刊行　　　　　　　　（来栖良夫）　〈23〉

⑧てってい的な共同批判を　　　　　　　　　（宮田博之）　〈24〉

⑨つづりかた通信をよみて　　　　　　　　　（水野徳三郎）〈25〉

53

第1章　戦後作文・綴り方教育の胎動

　　　⑩私の作文指導　　　　　　　　　　　　（黒坂勝巳）　〈29〉
　　◎第4号〈全20ページ〉
　　　①ふたたび出版無盡について　　　　　　（渡辺政太郎）〈1〉
　　　②出版無盡のこと　　　　　　　　　　　（無着成恭）　〈2〉
　　　③生活第一　　　　　　　　　　　　　　（土井　清）　〈3〉
　　　④二学期のはじめにあたり　　　　　　　（八木清視）　〈6〉
　　　⑤二つの作文観　　　　　　　　　　　　（久保田仁）　〈8〉
　　　⑥色々な子ども　　　　　　　　　　　　（徳永正定）　〈9〉
　　　⑦水野兄へ　　　　　　　　　　　　　　（無着成恭）　〈11〉
　　　⑧八木清視兄に　　　　　　　　　　　　（大沢芳美）
　　　⑨通信五つ［無着成恭への五通の手紙］　　　　　　　 〈13〉
　　　⑩いいわけ5ツ，意見2ツ　　　　　　　（無着成恭）　〈17〉
　　　⑪生活語を育てる　　　　　　　　　　　（吉原　正）　〈18〉

　上の目次・構成の言葉からも，各項目の内容と，この「つづりかた通信」誌が持っていた性格・特質のおおよそを理解することができる。

　いま，掲載されている項目の中で，「会員名簿」「あとがき（ペンだこ）」「編集後記」を除くと，最も多いのは「通信・連絡・書簡（手紙・葉書）」の形をとるものであり，それは，この「つづりかた通信」誌が，同人を結びつける，文字通りの通信誌としての性格を持っていたことによると思われる。

　そのような中にあって，第1号所収の，無着成恭の「私たちは何故つづり方をだいじにするか」，および，第2号所収の水野徳三郎の「私たちは何故つゞり方を大切にするか」は，比較的長文（無着成恭のものは5ページ，水野徳三郎のものは6ページ）の論考であり，それぞれの立場に基づく“作文・綴り方教育原論”とも言えるものである。これらは，いずれも，この当時（1950〈昭和25〉年当時）のまとまった作文・綴り方教育論として，注目される。

　また，第3号の①から⑤までには，無着成恭と八木清視との間に交わされた4編の往復書簡が掲載されている。この往復書簡は，八木清視から届けられた文集（学級文集・文芸部の文集等）について，無着成恭がいくつか

第4節 同人誌「つづりかた通信」と戦後生活綴り方教育復興の一側面

の疑問を①の「八木清視兄への手紙」で書き送り，それに対して八木清視
が③の「無着兄へ寄せる」で回答・反論したことに始まる。ここでは，戦
後の作文・綴り方の中で繰り返し論議されてきた「表現か内容か」の問題
が取り上げられており，戦後の最も早い時期の"作文・綴り方論争"とし
て注目される。

　なお，この往復書簡は，後，若干の加筆・修正の上，「日本綴方の会」
の「作文研究」誌の第2号（1951〈昭和26〉年2月1日刊）に「特集・作
文教育の開拓」として再録されている。[6]

4.「つづりかた通信」誌所収論考の考察

　ここでは，上に取り上げた，無着成恭の「私たちは何故つづり方をだい
じにするか」，水野徳三郎の「私たちは何故つゞり方を大切にするか」，さ
らに，八木清視と無着成恭との間で交わされた4編の往復書簡を中心に，
「つづりかた通信」誌所収論考について考察を加える。

　まず第一に，「つづりかた通信」誌第1号（1950〈昭和25〉年6月）所収の，
無着成恭「私たちは何故つづり方をだいじにするか」である。

　この論考は，次のように構成されている。

　　まえがき
　1. 私は綴方を知らなかった
　2. 女教師の記録など
　3. 教育雑誌を知らなかった
　4. 北方への道

1948（昭和23）年3月に師範学校を卒業して教職についた無着成恭は，
当初から作文・綴り方についての十分な知識を持っていたわけではない。
むしろ「つづり方はイモン文だとさえ思っていた」とのことである。教職
につきながら満たされなかった思いを「先輩の須藤克三という先生に話し
たら，『つづり方でもかかせてみろ。』と云われた。だから書かせてみた。
しかし，どれもこれも似たようなつづり方ばかりで，見るのがいやになっ
てしまった。」[7] というのが無着成恭の作文・綴り方との出会い（1948〈昭

55

第1章　戦後作文・綴り方教育の胎動

和23〉年7月ごろ）であったという。さらに，何気なく手にした（同年8月ごろ）平野婦美子の『女教師の記録』（1940〈昭和15〉年4月18日　西村書店）を「『私のように悩みぬいて，生命がけの教育を実践した人々がおった。』ということが私に限りない力をあたえてくれたのだった。」⁽⁸⁾と受け止め，その後，「9月はいってからのある日，須藤先生に，国分先生や村山俊太郎先生のこと，生活綴方のこと，『教育生活』という雑誌のこと，などを聞いて，すっかりコウフンしてしまったのだった。国分先生にいろいろと質問の手紙を出したのは，十月ごろからだった。」⁽⁹⁾とのことである。

　この記述は，後の『山びこ学校』の「あとがき」の次のような文章とも符合する。

　　　もちろん，それまでも綴方を書かせてきたのでしたが，綴方で勉強するために書かせたものではなく，ただ漫然と綴方を書かせてきたのでした。目的のない綴方指導から，現実の生活について討議し，考え，行動までも押し進める綴方指導へと移っていったのです。生活を勉強するための，ほんものの社会科をするための綴方を書くようになったのです。それは，一九四八年の十二月『いなかの生活』を取扱う頃からです。そして，この本におさめられている綴方はそれ以後，おもに中学二年時代に，みんなで勉強するために書かれた綴方なのです。⁽¹⁰⁾

「つづりかた通信」誌の第1号に収められている論考「私たちは何故つづり方をだいじにするか」は，無着成恭が作文・綴り方と出会い（1948〈昭和23〉年7月ごろ），それを自らの実践の中心に据えることを決意し（1948〈昭和23〉年9月ごろ），実践に取り組み始めて（1948〈昭和23〉年12月ごろ）から1年6か月後，『山びこ学校』に取り上げられた作品の指導（1949〈昭和24〉年4月から1950〈昭和25〉年3月まで）を終えたのち（1950〈昭和25〉年6月）に執筆されたものである。

　無着成恭は，戦前に集積された膨大な作文・綴り方教育（実践・理論）に学んで『山びこ学校』の指導に取り組んだわけではなかった。それは，戦前の作文・綴り方（理論・実践）について次のように述べていることか

56

第4節　同人誌「つづりかた通信」と戦後生活綴り方教育復興の一側面

らも理解することができる。

　　　私がここでいいたかったことは，先輩が残して呉れた偉大な文化遺産を
　　私たちのために正しく受けつがせて欲しいということであった。
　　　だから先輩に対しては必要以上に，経験を語ってもらいたいということ。
　　例えば私が「千葉春雄」という名前を知ったのは，新日本教育創刊号に出
　　た国分一太郎の「最小限度のうったえ」であるし，「北方教育」などという
　　コトバがあるのを知ったのは，カリキュラム二月号の今泉運平氏「現代教
　　育の悲劇」であり，同誌四月号に国分氏が今泉氏に答えた論文などである。
　　そういうことがらが，私たち二十代教師はぜんぜん知らないということを
　　知っていただきたいということであった。(11)

　すでに取り上げたように，無着成恭は「生活を勉強するための，ほんも
のの社会科をするための綴方を書く」ことをめざした実践を行い，『山び
こ学校』に至る優れた生徒作品（文章）を生み出して行った。しかし，そ
の指導がどのような位置にあり，どのような理論的背景や意義・目的等を
持つものかを明らかにしていたわけではなかった。だからこそ，『山びこ
学校』に至る実践を終えた後で，「『ほんものを書け，ありもしないことを
書かないんだ。』としか云えなかった。たったそれだけだった。私自身『ほ
んもの』というものを理論的に知っていたわけではなかった（もちろん今
でもわかったわけではない）しかし，文学青年でなかった私は，ウソとホン
モノをリアルな感覚で見分ける外にしかたがなかった。」(12)と述べるの
である。もちろん「ほんもの」を書かせるために，具体的な表現の技能・
方法の指導が行われたことは確かである。ただ「ほんもの」を書くように
指示をするだけでは，児童・生徒の文章表現力は育たないからである。し
たがって，そのような表現の技能・方法の指導が様々に模索されたことは
想像に難くない。また，「ウソとホンモノをリアルな感覚で見分ける」た
めの文章観や児童・生徒観を確かにすることも必要であったと考えられ
る。これまでに，何をめざして，どのような指導が行われてきたのか，そ
れによって，どのような成果があげられてきたのか，それを知るために，
「先輩が残して呉れた偉大な文化遺産を私たちのために正しく受けつがせ
て欲しい」と述べるのである。

57

第1章　戦後作文・綴り方教育の胎動

　無着成恭は，須藤克三から聞かされるまで，また，平野婦美子の『女教師の記録』読むまで，戦前の作文・綴り方教育について，また，その優れた歴史や集積された膨大な成果について，何も知らなかった。もちろん，「北方教育」という同人雑誌の中で「先輩たちが，意見を交換し合い，綴方の一つ一つの具体的な指導方法の公開，児童観の叩き合い，文学観の研究討議から，必然的に探し求め，行きついたもの」⁽¹³⁾の内容を知らなかった。だからこそ，「私は綴方を知らなかった」し「教育雑誌を知らなかった」と述べる。かつての「北方教育」に代わる「教育雑誌」である「つづりかた通信」を刊行し，「北方教育」に集まった「先輩たち」に負けない努力によって，今，「先輩が残して呉れた偉大な文化遺産」を自らが引き継ぎ，新たな作文・綴り方教育を切り開こうとしたのである。

　第二に，「つづりかた通信」誌第2号（1950〈昭和25〉年8月）所収の，水野徳三郎「私たちは何故つゞり方を大切にするか」である。

　この論考は，次のような五つの柱によって構成されている。

　　1. まえがき
　　2. つゞり方を知ったのは
　　3. 学級経営につゞり方を生かす
　　4. 土の子ども
　　5. むすび

水野徳三郎は，前任者である佐藤茂が職員室に残した文集を通して作文・綴り方教育を知ったとのことである。やがて，感情や意見を外に向かって表現しない児童との接し方に悩み，児童を理解するための一つの手段として作文・綴り方を用いることを思いつく。あくまでも，作文・綴り方によって自らを見つめ考える児童，自己を表現する児童を育てる，さらに，一人ひとりの児童の書いた文章によって教師としての自分が一人ひとりの児童の思いや考えを知ることを目指したのである。

　先に取り上げた無着成恭は，作文・綴り方によって「生活を勉強するための，ほんものの社会科をするための」指導を行おうとした。また，水野徳三郎は，「生きることの切実な問題は山ほどあるのに時たまの作文には

58

第4節　同人誌「つづりかた通信」と戦後生活綴り方教育復興の一側面

花が咲き鳥がうたう」と書く子供たちを「自分の考えを率直にいうところから始まるという民主人」(14) に育てようとした。その意味からは，水野徳三郎も無着成恭も，作文・綴り方に取り組む目的は共通する。ともに，国語科作文指導の中だけにとどまらず，より広く，作文・綴り方によって，生活指導，社会科の指導，さらには，児童理解を図ろうとしたのである。児童の書いた文章が，その思考や認識を正しく反映したものであるためには，言い換えれば，生活指導，社会科の指導等に生きて働くものにするためには，まず何よりも，ありのままに正直に書かれた文章が求められる。また，概念的・観念的にではなく，具体的に詳しく書かれていることも必要である。このようにとらえるならば，書くことを書くことと意識しない，文章表現の技巧や上手・下手を意識しない，手段・方法としての指導によってこそ，逆に，優れた文章が生み出されたとも考えられる。ここに，無着成恭や水野徳三郎が目指した作文・綴り方（教育）があったととらえられる。

　このような，児童を理解するための手段・方法としての作文・綴り方指導を，水野徳三郎は次のように述べている。

　　ガヤガヤと自分勝手なおしゃべりが続くのである。それでも一応話の出来る子どもはまだしも大半の子どもは何を話しかけても仲々自己を語ろうとしない。目で顔で物を言っている子どもたちの心をどうして知ったらいゝであろう。子どもたちの率直なありのままの姿を考えを知るにはいろいろな方法があろうが，私のような人間にはその姿を考えを本物であるかどうか見わけるためには，つづり方が一番手っ取りばやいと気がつき，かつての東京の佐藤先生の組の姿が思い浮かんだ。

　　そこでまず日記から始めた。五十三人の子どもたちを八つのグループにわけ一週間に一度づゝ日記を出させ，それを根気よく見て赤ペンを入れてやった。(15)

　水野徳三郎は，佐藤茂の残した文集にうかがえる日記から文集への指導を自らの実践の中にも取り入れ，一週に一度，自由な話題・題材で書いた日記を提出させ，赤ペンによって一人ひとりの児童との対話を行う。さらに，その児童の文章の中から幾つかを文集に取り上げて学級の中で読み合

第1章　戦後作文・綴り方教育の胎動

い話し合う指導を丹念に行う。もちろん，児童の書く日記は，初めから個性的な満足の出来るものではなかったはずである。むしろ先にあったように「花が咲き鳥がうたう」ものから出発したであろうことは容易に想像ができる。しかし，そのような概念的で安易な日記に対しても，それが作品として劣るからではなく，「子どもたちのこころ」を正直に語るものでも「率直なありのままの姿を考えを」語るものでもないからこそ，赤ペンで語りかけ，文集に取り上げて読み合い話しあう。それによって，児童の思考・認識が深まり個性的な日記が生まれるのを待つ。このような日記から文集への指導によって，児童は様々な問題に気づき，個性的な表現や言葉を選ぶことができるようになったのである。

　このような自らの日記から文集への作文・綴り方指導について，水野徳三郎は，次のようにまとめている。

　　イ．教室で発表しない子どもたちも深い考えをもっている―口で発表することが下手であまり発表しない子も，文字では割にすなおに語っている。―

　　ロ．気らくにしゃべるようになった―作文の批評会で答えたりきいたりするうちに。―

　　ハ．悪口でなく忠告ができるようになった―学級の出来事や放課後の事など作文にかいて，その問題をシンポジュームすることによって。―

　　ニ．いわゆる出来ない子たちが文集制作に強力に参加して学級に於て大切な存在になった。そうしてそれが学習を積極的にさせた―文集の印刷，カットの版画の制作，文集の製本などから。―

　　ホ．深い友情が培われた―友だちの文を読むことによって，友だちを更によく知る。―

　　ヘ．それぞれある程度の人生観をもつようになった。(16)

　作文・綴り方の持つ思考・認識の深化・拡充（イ）（ヘ），自己表現・自己解放（ロ），さらにはお互いの文章を読み合い話し合うことによる相互理解（ハ），仲間づくり・学級づくり（ニ）（ホ）等，日記から文集への指導が持つ様々な意義や機能について，幅広く周到な目配りがなされている。また，ここでは，その言葉（用語）は用いられてはいないものの，後，

60

第4節　同人誌「つづりかた通信」と戦後生活綴り方教育復興の一側面

1955（昭和30）年代以降に大きな話題となる，作文・綴り方による解放から規律への学級集団づくり—生活綴り方的方法による集団づくり—も取り上げられており，注目できる。この（1950〈昭和25〉年）当時，すでに，作文・綴り方の意義や目的について，これだけの幅広く周到なとらえ方がされていたのである

　ここで取り上げた無着成恭も水野徳三郎も，ともに，戦後に作文・綴り方に取り組んだ，いわゆる戦後派の教師である。戦前から継続して作文・綴り方（教育）を行って来た教師ではない。しかし，無着成恭の「私たちは何故つづり方をだいじにするか」，および水野徳三郎の「私たちは何故つづり方を大切にするか」にみられる考え方は，ともに，戦前の作文・綴り方の到達した考え方や方法を見事に継承しているだけではなく，戦後の新しい考え方である生活綴り方的教育方法や学級集団づくり等への萌芽も見出され，優れたものと言える。

　第三に，「つづりかた通信」誌の第3号に掲載された八木清視と無着成恭との往復書簡である。

　いま，この往復書簡の見出しを先の目次・構成の順に取り出すと，それは，次のようになっている。

　　①八木清視兄への手紙　　（無着成恭）
　　③無着兄へ寄せる　　　　（八木清視）
　　④再び八木兄への手紙　　（無着成恭）
　　⑤無着兄よありがとう　　（八木清視）

この4通の往復書簡は，八木清視が同時並行して刊行した7冊の文集—学級文集「ひよこ」，文芸部の機関誌「あこがれ」「なかよし」，個人文集「コスモス」，個人詩集の合冊文集「あぜみち文化」「学びの友」，文芸部作文集「作文生活」—を無着成恭に届けたことに始まる。

　無着成恭は，①の「八木清視兄への手紙」[17]で，「手がしなる程重いこれらの量」に驚くとともに，「貴兄のエネルギーをもっと整理する必要があるのではないか」との疑問を呈する。

　さらに，それらの文集にうかがえる八木清視の実践に，三つの問題があ

61

第1章　戦後作文・綴り方教育の胎動

ることを指摘する。いま，それを箇条書きにまとめると，次のようになる。

(1) 文芸部という「綴方や詩の好きな子どもだけを集めて」書かせることに意味があるか。

(2) 「雑誌に子供の作品がのった事を必ず附記して」おり「作品主義を排げきしておりながら，しらず知らずのうち，自分が作品主義になっているのではないか。」

(3) 「綴方や詩を，文芸とか，芸術とか，また国文学とかの中でやらせようとしている」のではないか。大切なのは「『作品』ではなくて『人生に対する態度』」であり，「詩や綴方は，そのための教育的な手段」と考えるべきではないか。

　上の三つの問題のうち，(1) については，③の「無着兄へ寄せる」(18) で，文芸部とは週２時間のクラブ活動のことであり，ほとんどが八木清視の学級の児童であるとし，また (2) については，一方で「この投稿ということが，どれだけ自分にとっても児童にとっても効果があったか」と述べながらも，他方で，「自分の心の中に巣作っている矛盾に気がつかないおろか者だった。指摘してもらって，なるほどと，自分の馬鹿らしさに驚いてしまった。」と児童の文章がコンクールで入賞することを賞揚することの持つ問題を認めている。

　ただ，無着成恭と八木清視との見解が大きく異なるのは (3) の問題である。

　無着成恭は，あくまでも作文・綴り方は生活指導や教科指導の手段であり，大切なのは文章の背後にある児童・生徒一人ひとりの思考や認識の内容，あるいは，その広さ・深さであるとする。主体としての児童・生徒の成長を抜きにして，表現された結果としての文章だけを，言葉や表現のレベルだけで問題にするべきではない。あくまでも，なぜそのよう文章を書かざるをえなかったのか，それをこそ問題にするべき「人生に対する態度」ととらえるのである。

　このような無着成恭の考え方に対し，八木清視は，次のように述べる。

62

第4節　同人誌「つづりかた通信」と戦後生活綴り方教育復興の一側面

　　兄は"生活綴方"の名に拘泥しすぎるのではないか。生活綴方に性急す
　ぎるのではないか。綴方活動に対する視野が狭く，あまりにも一方的では
　ないだろうか。国語科の一分野としての綴方指導であるという事実にも留
　意する必要はないであろうか。現実を見つめ，そこから出発する事は大事
　である。けれど一方に偏した綴方を行う事により，融通性のない，暗黒な
　る現実面のみをさぐり，明るい少年少女的な夢を失った（中略―引用者）
　人間を作りはしないでしょうか。一時のようにバク露綴方になったり，普
　遍性のない，反社会的なものに極端に走ったり，逆現象として，この世に
　生きる事に絶望するの結果になるような事は考えられはしないだろう
　か。(18)

　八木清視は，作文・綴り方はあくまでも国語科の一領域であり，その範
囲内での表現指導であると考える。したがって，その考え方は，無着成恭
とは逆に，「作品としての詩や綴方」が目的であり，それを根底から支え
る「人生に対する態度」は，ひとり作文・綴り方だけが背負うべきもので
はないととらえる。生活を支える思考・認識の指導や生活の中で生じた問
題を解決するための指導は，あくまでも教科指導・教科外指導の全てが分
担するべきものなのである。

　無着成恭は，「現実そのものよりもより高度なものをのぞむということ
はすでに現実の否定なのだ。だから教育活動というのは，よりよいものに
向かっての現実否定なのだ。」(19)と考える。したがって，作文・綴り方に
よって，現実生活の厳しさや苦しさを凝視し，それを否定的な視点から厳
しく具体的に描写し表現する活動が，現実の社会や生活を変革していく力
となるととらえる。このような考え方を前提とする限り，無着成恭の考え
方は，八木清視が否定する「暗黒なる現実面のみをさぐり，明るい少年少
女的な夢を失った」「バク露綴方」もやむを得ない，場合によっては必要
なものとなる。

　このような無着成恭の考え方に対し，八木清視は，次のように述べる。

　　又，暗黒な生活の中によろこびを感じさせ，農村であれば，農村に生き
　る喜びと誇りを持たせ，生き甲斐を感じさせたい。新しい生活の途を発見
　させてやり，暗い現実も明るい方向へ導いてやらねばいけないという，健

63

第1章 戦後作文・綴り方教育の胎動

全な生活綴方の一般的な姿をえがきたかったのである。(20)

八木清視の勤務する兵庫県の三江小学校は，無着成恭の勤務する山形県の山元中学校と同様に，雪深い農山村の中の学校である。当時の環境は，決して豊かで恵まれた理想的なものではなかった。その意味で，無着成恭と八木清視の考え方の相違は，置かれている環境や状況の違いによるものではない。無着成恭は，農山村の厳しい環境や状況を否定的にとらえ，それらに反発する力を，課題や問題を克服する力にして行こうとする。それに対して，八木清視は，否定的で暗い環境や状況の中にあるからこそ，それらに負けない明るさや強さを身につけさせ，克服して行こうとするのである。

このような両者の違いは作文・綴り方を目的とするか手段・方法とするかの違いであり，より根底的には，「事実，私は，童心主義の洗れいも受けなければ，芸術至上主義の道もとおってこなかった」「私は文章をかくのがだいきらいな人間だった。綴り方はいつも丙だった。文学をしたいとか小説を書きたいなどと一ぺんも思ったことのない男だ」(21) という無着成恭と，「小学校時代より綴方は好きであり，将来国文学の研究を目ざしていた自分が，学問と学校の仕事との矛盾に苦しみ……」(22) という八木清視との基本的な考え方や立場の違いであることも推察される。

ただ，作文や詩を「教育的手段」であると位置づけ，大切なのは「『作品』ではなくて『人生に対する態度』」であるとする無着成恭の指導によって，当時すでに，後に公刊される『山びこ学校』所収の文章が生み出されていたことは注目に値する。

この往復書簡の中で問題になった作文や詩を目的ととらえるか手段ととらえるかの問題は，同時に，児童・生徒の思考や認識の指導，さらには生活の中の問題を解決するための指導を作文・綴り方指導に含めるのかどうかの問題にまで発展する。狭義の考え方では，作文・綴り方指導の内容は文章表現にかかわる技術・能力である。しかし，より広く考えれば，児童・生徒の思考・認識を取り上げる指導は，書く内容として作文・綴り方指導に含まれ，さらに，書くことや書かれたものを用いた生活問題の解決

64

のための指導や生活行動のあり方を問う指導も，作文・綴り方を書く以前の基礎指導となり，また，書いた後の発展指導ともなる。

　このように考えるとき，作文・綴り方指導における目的と手段の問題は，同時に，表現か内容か，技術か態度か，思考・認識か行動か等の問題に発展する。この作文・綴り方教育における二元論的なとらえ方は，戦前にも様々な形で議論され，戦後も，「作文か綴り方か論争」，「『日本作文の会　62年度活動方針（案)』を巡る論争」，「野名・田宮論争」等，様々に形を変えて行われて，いまも完全に解決してはいない。そのような，ある意味で作文・綴り方教育がその本質として持つ問題が，この「つづりかた通信」誌上においても，すでに取り上げられていたのである。

5. おわりに

　「つづりかた通信」誌は，わが国の戦後の作文・綴り方（教育・運動）の復興・興隆のきっかけを作ったとも言える，比較的早い時期に刊行された同人誌である。この「つづりかた通信」誌で中心的役割を果たした無着成恭，八木清視，水野徳三郎が，いずれも戦後になって作文・綴り方に取り組んだ年若い教員であったこと，さらに，それぞれが，戦前の著名な作文・綴り方の理論家・実践家であった須藤克三，佐藤茂，東井義雄にそのきっかけを与えられたと述べていることは，注目に値する。わが国における戦後の作文・綴り方が，戦前とは異なる，若い，いわゆる戦後派の教員によって再出発したことは，すでに言われて来たことである。しかし，その再出発を担った若い教師たちも，そのきっかけは，戦前に作文・綴り方に取り組んだ教師たちとの出会いだったのである。この「つづりかた通信」に集まっていた教師たちの熱意を原動力に，戦後の作文・綴り方（教育）は，「日本綴方の会」の結成と機関誌「作文研究」の刊行（1950〈昭和25〉年11月1日　双龍社)，「第一回作文教育協議会・中津川大会」（1952〈昭和27〉年7月15日）と進むのである。

　この当時，戦前の作文・綴り方の掘り起こしや継承は，まだ十分に行われていない。その意味では手探りの状態であったが，ここに取り上げた理

第1章　戦後作文・綴り方教育の胎動

論・実践等が「つづりかた通信」誌に掲載され共有されていたのである。そのような意味で，我が国の戦後の作文・綴り方（教育）の復興・興隆の先鞭を付けたものとして，この「つづりかた通信」誌が果たした役割を高く評価することができる。

〈注〉

(1)　国分一太郎「生活綴方の十年」「教育」第52号（1955〈昭和30〉年11月）37ページ

(2)　国分一太郎『文学と教育・文学と教師』（1957〈昭和32〉年1月31日　未来社）336ページ

(3)　無着成恭「こんなものを何故作る気になったか？」「つづりかた通信」誌第1号　1ページ

(4)　同　　上

(5)　無着成恭「『作文と教育』創刊まで」「『作文と教育』復刻版　別巻1」（1986〈昭和61〉年6月10日　岩崎書店）83ページ

(6)　「作文研究」第2号（1951〈昭和26〉年2月1日）2ページ〜9ページ＋28ページ

(7)　無着成恭「私たちは何故つづり方をだいじにするか」「つづりかた通信」誌第1号　4ページ

(8)　同　　上　5ページ

(9)　無着成恭「『山びこ学校』がでる前のこと」「作文と教育」（1959〈昭和34〉年1月号）35ページ

(10)　この間の経緯は，拙稿「無着成恭『山びこ学校』の成立とその反響」「岡山大学大学院教育学研究科研究集録」第138号（2008〈平成20〉年5月）67ページ〜74ページに詳述している。

(11)　同（7）7ページ

(12)　同　　上　5ページ

(13)　同　　上　8ページ

(14)　水野徳三郎「私たちは何故つゞり方を大切にするか」「つづりかた通信」誌　第2号　4ページ〜5ページ

(15)　同　　上　5ページ

(16)　同　　上　6ページ〜7ページ

(17)　無着成恭「八木清視兄への手紙」「つづりかた通信」誌　第3号　1ページ〜7ページ

(18)　八木清視「無着兄へ寄せる」「つづりかた通信」誌　第3号　9ページ〜

第4節　同人誌「つづりかた通信」と戦後生活綴り方教育復興の一側面

　　17ページ
(19)　無着成恭「再び八木兄への手紙」「つづりかた通信」誌　第3号　17ペー
　　ジ〜19ページ
(20)　八木清視「無着兄よありがとう」「つづりかた通信」誌　第3号　19ペー
　　ジ〜21ページ
(21)　同（7）8ページ
(22)　同（18）

第2章　新教育運動の中の作文・綴り方教育

第1節　コア・カリキュラム運動と作文・綴り方

1. 戦後作文・綴り方教育とコア・カリキュラム

　わが国の戦後教育は，一方で「合衆国教育使節団報告書」⑴ および「教育基本法」⑵ によって方向づけられ，それらを具体化した「学習指導要領」⑶ を直接の契機として再出発したとされる。そのような中で，アメリカ合衆国のいくつかの教育思潮および教育方法が先進的・理想的なものとしてわが国に紹介され移入された。その中心となったのが，生活主義・経験主義の考えに立つ，統合カリキュラムとしてのコア・カリキュラムである。このコア・カリキュラムにおいて中心（コア＝核）とされたのは，学習者の生活経験であり，戦後の新たな教科である社会科に属する事柄であった。社会科を中心に，従来の教科の枠を解体してカリキュラムを再構成するコア・カリキュラムの考え方は，個々の教師にとって斬新な，また魅力あふれるものと理解された。そのような風潮を背景に，様々な形式や内容を持つ数多くのコア・カリキュラム案が作成され，公にされていった。その考え方は，児童が「生活」の中での経験や思考・認識を正直に，ありのままにとらえ，自らの言葉で表現する「作文・綴り方」と密接に結びつくはずである。

　以上のような理解を前提に，コア・カリキュラム模索期とも言える時期に作成されたコア・カリキュラム案と実践のあり様を検討し，そこでの国語科，わけても作文・綴り方教育が，どのような内容・方法・特質を持つものであったのかを考察する。それによって，戦後の作文・綴り方教育のあり様の一つの姿を明らかにすることができればと考える。

第2章 新教育運動の中の作文・綴り方教育

2. 大学を中心とした研究的立場からのコア・カリキュラム研究と
作文・綴り方

　戦後当初の5年間（1946〈昭和21〉年から1950〈昭和25〉年まで）に刊行された教育書のうち，コア・カリキュラムを取り上げたものは，管見に及んだだけでも92冊を数える。その大部分は各地の師範学校附属小学校によるものであるが，研究者個人の手になるものとして，倉澤剛（中央教育研究所），木宮乾峰（文部省），梅根悟（東京文理科大学）の著作をあげることができる。

　⑦・倉澤剛のコア・カリキュラム研究と作文・綴り方

　倉澤剛のコア・カリキュラム研究は，「わが国のカリキュラム研究は，何といってもかなり遅れている。今はまだアメリカのカリキュラム研究を，ひたすらに学びとるべきだと私は考える」[4] という考えのもとに，アメリカ合衆国の様々な案（コア・カリキュラム・プラン）の翻訳輸入から出発している。

　倉澤剛の最初の著書である『近代カリキュラム』（1948〈昭和23〉年11月5日　誠文堂新光社）は，「序説」でアメリカ合衆国におけるコア・カリキュラム研究・実践の歴史が略述された後，「前篇」としてバージニア案，「後篇」としてカリフォルニア案が紹介され，「結語」としてアメリカ合衆国におけるコア・カリキュラム案の概要が述べられている。また『続近代カリキュラム』（1950〈昭和25〉年2月1日　誠文堂新光社）では，その九つの章の一つ一つが，ニューヨーク市案，サンタバーバラ案，カーン案，ロサンゼルス案，デンバー案，ミシシッピ案，フォートワース案，ユージーン案，ノーリス案の，それぞれの紹介に当てられている。さらに『カリキュラム構成』（1949〈昭和24〉年10月30日　誠文堂新光社）では，これらの『近代カリキュラム』に取り上げられた2例，『続近代カリキュラム』に取り上げられた9例の計11例を改めて紹介しながら，あるべきコア・カリキュラムについて，①カリキュラム構成の基礎，②カリキュラムの一般形態，③カリキュラムの構成法，④カリキュラムの構造，⑤コア・カリ

70

キュラムの構成の五つの観点から，考察と提言が述べられている。倉澤剛によって紹介されたこれらのコア・カリキュラム案11例では，国語（言語）科は，いずれも，コア（中心学習）としての社会科の手段・方法として，コア（中心学習）に対する周辺技能として位置づけられている。

　このような前提に立ちながら，倉澤剛は，アメリカ合衆国のコア・カリキュラム案の例としてバージニア案の「全体計画」を，2本の柱，六つの項目によって，次のように整理して示している。

　　　・一般の要求にこたえる学習
　　　　　①社会的な問題を中心とする学習（理解）
　　　　　②創作的・文化的活動（態度）
　　　　　③技能の練習（技能）
　　　　　④健康と体育（身体）
　　　・個人の欲求にこたえる学習
　　　　　⑤青少年の個人の問題の解決（個性）
　　　　　⑥学校生活の規律をまもる活動（打合）(5)

ここでは，学習の内容を，大きく，社会からの要求に対応する学習と学習者自身の要求に対応する学習の二つに分け，それぞれを，さらに6項目に細分化している。この6項目の中心となるのは，①の「社会的な問題を中心とする学習（理解）」である。直接「一般の要求にこたえる」ことが，そのまま「社会的な問題を中心とする学習」になるからである。

　コア・カリキュラムの中では，「①社会的な問題を中心とする学習（理解）」の中で資料や文献を読む活動が，また「②創作的・文化的活動（態度）」の中で文学の鑑賞をする活動が，「③技能の練習（技能）」で言語技能の練習が，「⑥学校生活の規律をまもる活動（打合）」の中で話す・聞く活動が，それぞれ行われると考えられる。しかし，これらの活動は，いずれも，言語活動そのものを目的として行われるのではない。あくまでも，①の「社会的な問題を中心とする学習（理解）」のための手段や道具として位置づけられるのである。

　このような，内容教科に対する道具教科，中心学習に対する周辺学習という二元論的なとらえ方に立ちながら，倉澤剛は，言語の技能，とくに書

第2章　新教育運動の中の作文・綴り方教育

くことの技能について，次のように述べている。

　　　たとえば，あることを照会して，返事を得るために，まとまった手紙を
　　書くのは，練習帳で反復練習するよりも，手紙の技能をのばすのに，はる
　　かに有益である。旧式の練習（ドリル）は，技能の能率を高めないし，生
　　徒の興味もよばないが，さまざまな技能を必要とする活動に，たえず参加
　　させることは，技能をのばすのに絶対必要である。(6)

　学習者の興味・関心・意欲に基づかない，単なる技能の機械的な反復練
習を否定し，必要性・必然性に基づいた，いわば実の場での指導の有効性
をいうのである。ただ，ここでの例に即して考えるとき，本当の意味で手
紙を書く技能を高めるためには，何かのために手紙を書くという活動の場
よりも，手紙を書くという活動それ自体が目的となる場が必要である。言
い換えれば，手紙を書くことが手段ではなく目的となるような場が設定さ
れなければ，学習者の書く力は育たないのである。

　このような，コア・カリキュラムの持つ一つの限界を示すともいえる考
え方は，国語科が「社会科や理科とは別に独立の教科として，それ自体が
目的であるかのように指導」(7) することに対して，それでは「生活の用
具として実際的な生活の場で，言語を練るという，言語指導の基本原則に
あわない」とする点にも見出すことができる。

　倉澤剛は，教育における言語の位置，国語科教育の意味を軽視してはい
ない。それは「コア・カリキュラムにおける言語指導の場」として，次の
四つを示していることからも理解される。

　　①中心学習（コア）における言語指導
　　②技能の時間における言語の技能面の指導
　　③情操の時間における言語の情操面の指導
　　④他のあらゆる学校活動における言語指導 (8)

　このような国語教育および言語指導のとらえ方は，国語科を周辺学習・
道具（用具）学習として位置づけるという考え方とは，明らかに矛盾する。
①から④の「言語指導」の場は極めて広く，全ての学習場面を包含するこ
とになってしまうからである。ただ，倉澤剛のコア・カリキュラム論の中

72

には，国語科（作文・綴り方）に関するこれ以上の論述はみられない。それは，倉澤剛が取り上げたアメリカ合衆国のコア・カリキュラム案の中に，これ以上の精細な国語科や作文・綴り方に関する論述がなかったこと，さらに，倉澤剛もコア・カリキュラム案の全体的な概念の把握に力点を置いており，より詳細な，あるいは，具体的な論述を意図していなかったこと等によるものと考えられる。

⑰・木宮乾峰のコア・カリキュラム研究と作文・綴り方

　木宮乾峰は，その著書『カリキュラムの編成』（1949〈昭和24〉年3月30日　有朋堂）の冒頭で，わが国においてコア・カリキュラム論議が盛んになった理由を，次のように述べている。

　　　その主張の根拠とするところは，現行の教科別による教育課程においては，社会科と他教科との限界はっきりせず，重複が多くなること，及び，教育の本質から考えて，生活の意味ある経験を組織し「全体としての子ども」の発達を助けるためには，各教科別々の体系をもってしては，困難であるというにある。⁽⁹⁾

　当時の，アメリカ合衆国及びGHQの大きな影響の下で，コア・カリキュラムが，なぜ大きく取り上げられるのか。その理由は，やはり，社会科の導入による各教科間の区分や境界の不明確さとそれによるとまどいや混乱，「生活の意味ある経験を組織」するという生活主義・経験主義の受容が，その根底にあったのである。

　このような立場から，木宮乾峰は，経験単元の特質を教科単元と比較しながら，「次に経験単元は，その統一が学習する者の中にあるものであって，学習者の目的を中心として組織された教育的経験の系列であるといえる。教科内容は，教材そのものゝためではなく，学習する者の必要と目的のために，そして必要を満たし，目的を達成するために選択せられるのである。」⁽¹⁰⁾と述べている。ここでいう経験単元の考え方を徹底し，指導の目標，内容，方法，課程等の全てを「学習者の目的」に集約させたところに，コア・カリキュラムがあるとするのである。

第2章　新教育運動の中の作文・綴り方教育

　このような考え方に沿って，学習の幅（コア・カリキュラムにおけるスコープ）を決定する際の「人間活動を包括するようないくつかの範疇が設けられる必要がある」等の三つの留意点と，発展的序列（コア・カリキュラムにおけるシークエンス）を設定する際の「精神的発達の段階によるもの」等の四つの原理があげられ，先の倉澤剛と同様にアメリカ合衆国での様々なコア・カリキュラム案の事例を引きながら，その一つ一つに対する詳細な説明をしている [11]。ただ，その説明は極めて抽象的なものであり，具体的な指導の姿をとらえることはできない。

　このような学習の幅（コア・カリキュラムにおけるスコープ）や発展的序列（コア・カリキュラムにおけるシークエンス）等についての研究は，いわゆる教科単元においては問題にならない事柄であり，経験単元，わけてもコア・カリキュラムの理想を実現するために重要な，しかし，極めて難しい問題である。学習の幅や発展的序列が学習者の経験や社会的な状況をふまえなければならないものであるだけに，一般化し客観化することには困難が伴う。また逆に，一般化し客観化したときには，学習者個々の個性や置かれている状況から掛け離れたものとならざるをえない。ここに，理想としてのコア・カリキュラム論と現実としてのコア・カリキュラム実践との矛盾し乖離した姿が見えてくる。このような矛盾や乖離を克服しようとするのが，個々の具体的なコア・カリキュラム案（指導案例）である。

　この木宮乾峰の『カリキュラムの編成』には，具体的な指導案例として「わたくし達のからだと病気」「着物の勉強」「住宅」の三つが取り上げられている。それらのうち，「着物の勉強」[12] は，「社会科を中心としながら，各教科間の連関を密接に考えた」とされており，ある意味で典型的なコア・カリキュラム案の事例と考えられる。ここでは，「主な目標」として「一，着物に用いられる材料の性質を理解する。」「二，着物の製造の過程についての知識を得る。」等の6項目が示され，その後に，「他教科との関係」として，国語，算数，理科，音楽，体育，図画工作の各教科に関わる学習活動が取り上げられている。

　それらのうち，国語に関するものは，「話し方」が4項目，「つづり方，

書き方」が２項目,「読み方」が７項目であるが,その中から,「つゞり方,書き方」としてあげられているものを取り出すと,それは,次のようなものである。

　　一,手紙,展覧会の規則,展覧した着物の説明
　　　書,通知や招待状,読んだ書物の内容の報告
　　　書,着物についての物語を書く。
　　二,新しい言葉を帳面に書く。
　　　話し合いや見学のとき覚えた言葉。絵本や物
　　　語り,その他の本に出てくる言葉。(13)

　中心学習として設定されている「着物」の原材料,製造過程,縫製の方法,機能,保存方法等についての学習場面においても,「話し方」「つゞり方,書き方」「読み方」等の国語科にかかわる活動が行われるに違いない。しかし,ここでは,「つゞり方,書き方」に示されているような─上の「つゞり方,書き方」の２項目のうち,「一」が「つゞり方」,「二」が「書き方」の内容を指すものと考えられる─周辺学習の中での「手紙,展覧会の規則,展覧した着物の説明書,通知や招待状……」の活動だけが,具体的な「他教科との関連」として取り上げられているにすぎない。

　このようなコア・カリキュラム案(指導案例)「着物の勉強」が,木宮乾峰のいう「教科内容は,教材そのものゝためではなく,学習する者の必要と目的のために,そして必要を満たし,目的を達成するために選択せられるのである。」となりえるのか,また,ここに取り上げられているような「つゞり方,書き方」の指導の繰り返しが本当の意味での作文・綴り方の力を育てることになるのか,疑問の残る点である。

⑦・梅根悟のコア・カリキュラム研究と作文・綴り方
　梅根悟は,個々の学校あるいは教師が独自のコア・カリキュラム案を作ることの意義を,次のように述べている。

　　カリキュラムの改造ということはわが国の教育界のこれからの大仕事でありますし,それも今までのようにお役所の方たちが作ってそれを全国の

第2章　新教育運動の中の作文・綴り方教育

　教師に天くだり的におしつけるのではなく，みんなで考えて作り上げてゆく仕事であり，まためいめいがその土地，そのあずかっている子供たちに合うように作ってゆくべきものでありますので，「カリキュラムを作る責任者としての教師」の責任はなかなか大きいわけであります。(14)

　ここには，当時，カリキュラム，わけても全く斬新なものであったコア・カリキュラムが，強い支持と情熱によって探究されていたことの一端がうかがえる。コア・カリキュラムが，個々の学校あるいは教師が自らの新しい教育を民主的に作りあげていくことの象徴として，教育の理想の姿として理解されていたのである。

　当時のコア・カリキュラムの中では，生活単元，問題単元，理論単元，系統単元，教科単元，仕事単元，副単元，主単元，見る単元，模倣単元等，様々な用語が用いられていた。梅根悟は，それらの様々な単元の意味と概念，その違い等を説明し整理した後，あるべき単元の構造を同心円として示し，内から外へ向かって「主生活単元」「副生活単元」「問題単元」「系統単元」の4重構造を持つべきであるとしている (15)。これらの四つの単元のうち「主生活単元」と「副生活単元」は，それまで「中心単元（中心学習）」あるいはコア（核），「問題単元」と「系統単元」は，「周辺単元」あるいは「用具学習」といわれてきたものである。梅根悟の，このような同心円を用いた概念の整理は，それまでのコア・カリキュラムのとらえ方を大きく前進させるものであった。それは，必ずしも明確に関係づけられていなかった「中心（コア＝核）学習」と「周辺学習」との関わりが，深いつながりを持つもの，相互に補完しあうものとして，構造的な形で示されたからである。

　ただ，この同心円構造の中で，国語科，わけても作文・綴り方は，外縁である「問題単元」「系統単元」に位置づけられる。

　梅根悟は，作文・綴り方―ここでは「手紙を書く」こと―指導の「問題単元」「系統単元」としての位置づけを，次のように述べている。

　　生活単元の中で手紙を書く仕事が出て来る。ところが手紙の書き方が分からない。そこに手紙はどう書いたらいゝかという問題がおこる。そこで

76

手紙の書き方を一通り研究し学習するということになる。これは問題単元です。

　……たとえば手紙の書き方はどうか，論文の書き方はどうか，というような問題別に国語のことを考えていますと，その内に文法を一通り研究しておく必要があると感じられるようになるでしょう。……これは系統単元あるいは理論単元ともいうべきものであります。(16)

　上のうち，「問題単元」は「主生活単元」「副生活単元」での学習活動を円滑に行うための，いわば用具・道具としての言語活動―手紙を書く―の指導である。それに対して，「系統単元」「理論単元」「問題単元」は，一つの言語活動―手紙を書く―から派生した，より大きな問題―手紙をどう書くか―の解決のための指導である。この単元は，梅根悟のいうコア・カリキュラムの同心円の外周に位置づくとともに，コア・カリキュラムとは別個の，独立した教科指導（国語科の作文・綴り方指導）として取り扱われるものと考えられる。

3. 附属学校を中心とした実践的立場からのコア・カリキュラム研究と　作文・綴り方

㋐・コア・カリキュラム研究と国語能力表

　すでに述べたとおり，戦後当初の時期に刊行された教育書のうち，コア・カリキュラムを取り上げたものは，管見に及んだものだけでも 92 冊を数える。その大部分は各地の師範学校附属小学校によるものであるが，それらの中で注目されるのは，二つの学校―東京第三師範学校附属小学校と兵庫師範女子部附属小学校―の取り組みの中に，後の「昭和二十六年（一九五一）改訂版　小学校学習指導要領　国語科編（試案）」（以下，「26年度指導要領」と表記する―引用者）に掲載されている「国語能力表」につながる研究がみられることである。

　「26 年度指導要領」では，そこに掲載されている「国語能力表」について，その内容・意図が，次のように述べられている。

第2章 新教育運動の中の作文・綴り方教育

　　国語の能力表というのは，国語のさまざまな能力を，児童の発達段階に
　照らして，学年別に，一つの表として，組織・配列したものである。
　　教師がそれぞれの児童に適応した学習指導計画をたてる際には，まず，
　具体的な学習指導目標を考えなれければならない。この具体的な学習指導
　目標を考える場合に，その基準となるのが，この国語能力表である。(17)

　読み方，書き方……と呼び習わされてきた戦前の国語科教育が，戦後，
聞くこと，話すこと，読むこと……と大きく転換した。それは，技術・能
力を中心とした「方」の教育から，経験・活動を中心とした「こと」の教
育へと移行した結果である。そのような戦後の国語科教育において，各領
域・各学年ごとに，どのような活動をさせ，どのような経験を与えなれけ
ればならないか。さらに，具体的な授業の中で，どのような目標を掲げ，
どのような指導をしなければならないか。それを考えるための具体的な目
安と方向を与えようとしたのが，この「26年度指導要領」の「国語能力表」
である。具体的には，「一　聞くことの能力」「二　話すことの能力」「三
　読むことの能力」「四　書くことの能力（作文）」「五　書くことの能力
（書き方）」の大きく五つの領域別に，各学年ごとの指導するべき言語活動・
言語経験と技能が配列されている。

　いま，この「国語能力表」の「四　書くことの能力（作文）」としてあ
げられている項目のうち，第4学年に配当されている九つを取り出すと，
それは次のようなものである。

　　1　読んだ本について，その荒筋や感想が書ける。
　　2　いろいろな行事についての標語や宣伝・広告の文が書ける。
　　3　見学，調査などの簡単な報告の文が書ける。
　　4　ゲームの解説や作業計画などについて，説明の文を書くことができる。
　　5　児童詩をつくることができる。
　　6　物語や脚本を書くことができる。
　　7　多角的に取材して，まとまりのある生活日記を書くことができる。
　　8　文の組立を考えて，段落のはっきりした文を書くことができる。
　　9　敬体と常体との使い分けをすることができる。(18)

ここでは，作文・綴り方指導の中で学習者に与えるべき活動，経験，指

78

第1節　コア・カリキュラム運動と作文・綴り方

導するべき文章の種類（ジャンル），表現技術・能力等，多くの事柄が盛り込まれている。それは，必ずしも「国語能力表」という言葉から考えられる狭義の「国語能力」だけではない。また，学年を追うことによって，活動・経験等の系統や段階の概要がとらえられるような配慮もなされている。それだけに，この「国語能力表」は，コア・カリキュラムにおける用具教科・道具教科としての指導の場で，さらには，国語科単元学習の指導計画や指導目標を立てる場で，大切にされ活用されたものと考えられる。

⑦・東京第三師範学校附属小学校のコア・カリキュラム研究と作文・綴り方
　「26年度指導要領」の「国語能力表」の基になったと考えられる研究の第1として，東京第三師範学校附属小学校におけるコア・カリキュラム研究，いわゆる「大泉プラン」の取り組みをあげることができる。
　この「大泉プラン」では，その全体像とそれを支える基本的な考え方が，述べられている。

　　　児童の生活経験を主題とした切実な問題がいくつもある。児童は自主的にこうした問題と取っ組み，解決することによって経験を広め，自己を形成していく。こうした学習活動を含む一連の教科を内容教科と名づける。ところで，内容教科の学習には，言語・数量形・造形・描画等々の基礎的な技能が伴わねばならない。基礎技能の裏づけなくしては，内容教科の学習も停止してしまう。基礎技能は，いわば内容教科の学習を進める動力であり，歯車である。これら一群の技能を用具教科と名づける。(19)

　ここでは，従来の国語，算数，理科，社会等といった教科の区別を排除し，指導内容としての教科を，大きく「生活経験を主題とした」「内容教科」と，そのために必要な「基礎技能」を培う「用具教科」の二つに分けている。このような，教科領域を内容教科と用具教科とに2分する考え方は，当時のコア・カリキュラム案における一般的なものであった。ただ，この「大泉プラン」では，「内容教科」と「用具教科」とに「中心教科」「周辺教科」等の軽重をつけず，相補いあう対等の関係としてとらえていることが注目される。それは，「基礎技能の裏づけなくしては，内容教科の学習

79

第2章　新教育運動の中の作文・綴り方教育

も停止してしまう。基礎技能は，いわば，内容教科の学習を進める動力であり，歯車である。」と，基礎技能の重要性とその指導の必要性を積極的に評価していることからも明らかである。小学校の教育実践の場では，例えば社会見学を取り上げた指導の中で「いろいろな形式の手紙や日記をかく」ことを取り上げる場合，ただ「手紙を書きなさい」「日記を書こう」等と活動や経験の指示を与えても，学習者は手紙や日記を書き始めることはできない。また，手紙や日記を書く活動や経験を繰り返し与えても，それだけでは，より良い手紙や日記を書くようにはなりにくい。適切で豊かな内容を持つ手紙や日記を書かせるためには，一方で数多くの書く活動や経験を与えるとともに，一方で優れた書く技術・能力を育てることが必要である。学習活動における活動・経験と技術・能力との関係を理解するからこそ，「大泉プラン」では，「内容教科」と「用具教科」を，相補いあう関係，車の両輪の関係ととらえるのである。

このような「用具教科」としての国語科の指導内容が，「大泉プラン」における「国語能力表」として示されている。その内容は，「聞く能力」「読む能力」「話す能力」「文を綴る能力（書写を含む）」「語法の能力」「参考書を利用する能力」の六つの領域にわたっている。

それらのうち，「文を綴る能力（書写を含む）」に取り上げられた44の項目のうちの冒頭に記されている五つを取り出すと，それは，次のようになっている。

　　○・話したことを絵や文で表わす
　　○・話をするようにすらすらとわかりやすくはっきり書く
　　○・見聞したことをくわしく生き生きと書く
　　○・要点を短くまとめて書く
　　○・面接・見学・旅行などの報告書をかく (20)

これらの項目から，書くことに関わる技術や能力が，具体的な活動・経験として取り上げられていることが分かる。また，指導するべき学年や重点事項が，それぞれの項目ごとに「−」「＝」といった複線の線の数によって示されており，指導の段階や系統も含めて，分かりやすくするための周

80

第1節　コア・カリキュラム運動と作文・綴り方

到な配慮ということができる。

　このような詳細で具体的な能力表によって，それぞれの「内容教科」の指導の際に用いられる「用具教科」としての国語科の活動が，学年などを配慮して，片寄ることなく，周到に取り上げることが目指されているのである。

　「26年度指導要領」では，「国語の能力表というのは，国語のさまざまな能力を，学習者の発達段階に照らして，学年別に，一つの表として，組織・配列したものである。」とされていた。この「大泉プラン」における「国語能力表」も，「学年別」ではないものの，ほぼ同じ目的・目標のために，ほぼ同じ内容・形式で作成されたものであった。

　「26年度指導要領」にはコア・カリキュラムという用語はみられず，また，その考え方に基づく実践事例も見られない。あくまでも生活経験に基づく単元学習である。また，東京第三師範学校附属小学校の，いわゆる「大泉プラン」は，優れたコア・カリキュラムの実験研究であるが，そこにはコア・カリキュラムという用語は見られない。用いられている言葉は，生活カリキュラムである。しかし，「26年度指導要領」が目指した単元学習と「大泉プラン」が目指した生活カリキュラム，あるいはコア・カリキュラムとの間に大きな差異はない。共通するのは，学習者の生活経験からカリキュラムを構成しようとする立場であり，その考え方は，戦後教育の方法を支える揺るぎのないものであった。このような共通の基盤が，「学習を進める動力であり，歯車である」国語科の中に，「国語能力表」を必要としたのである。

⑦・兵庫師範女子部附属小学校のコア・カリキュラム研究と作文・綴り方
　次に，「26年度指導要領」の「国語能力表」の基になった研究の第2としてあげられる，兵庫師範女子部附属小学校の，いわゆる「明石プラン」である。

　この「明石プラン」では，その基本的な考え方が，次のように述べられている。

第2章　新教育運動の中の作文・綴り方教育

　　　児童の社会生活に於ける基本問題・生活問題解決の学習を中心学習とし
　　て，中核的立場に置き，中心学習を豊かにするであろう，情操・技術・健
　　康を基礎学習として，中心学習と内的に有機的に統合し総合融合して生活
　　学習一本とし，民主的社会に積極的に参加する望ましい生活学習が展開さ
　　れるのである。(21)

　生活学習としてのコア・カリキュラムを「中心学習」と「基礎学習」の
二つに分け，「中心学習を豊かにする」ための「基礎学習」として，「情操」
の中に音楽，美術とならぶ文学，「技術」の中に数量とならぶ言語の形で，
「国語」(＝言語)に関する指導の場が設定されている。このような，全体
構造の中に内容項目を配列する構成は，先の倉澤剛の『近代カリキュラム』
の中で紹介されたバージニア案とほぼ同じであり，この「明石プラン」の
作成に際してバージニア案が参考にされたことがうかがえる。

　また，この「明石プラン」における「国語」(＝言語)の「能力表」の
作成経過が，能力表を「輔導の重点表」とする立場から，次のように述べ
られている。

　　　現代の社会生活に於ては，言語についてどんな事を要求しているかを考
　　え，なお，文部省より示されている国語についての指導要領を参しゃくし
　　て，言語についての輔導の重点について示した表を作成して，輔導の重点
　　を明かにした。(22)

　ここでいう「指導要領」とは，「昭和二十二年度(試案)学習指導要領
国語科編」(以下「22年度指導要領」と表記する─引用者)のことである。
この「22年度指導要領」では，国語科学習指導の目標，内容，範囲，指
導例等が，小学校の各学年を，第1・2・3学年と第4・5・6学年との二つ
に分けて，具体的に，また詳細に述べられている。そのような「22年度
指導要領」の内容から言語活動や言語能力についての記述を取り出し，社
会が要求する言語に関する事柄や自らの教育実践の中でとらえた学習者の
言語のあり様に加えて，「能力表」を作成したとするのである。

　この「明石プラン」における「能力表」は，聞く，話す……等の領域に
よる区分はされず，一つの「能力表(言語)」として示されている。そこ

に取り上げられている項目は全部で85を数えるが，作文・綴り方に関するものは19項目を数える。

いま，その19項目のうちの五つを，示されている順に取り出すと，それは，次のようなものである。

　　○・読んだ材料で文章を書く

　　○・読んだことがらを口又は書いてまとめる

　　○・いろいろな日誌を正しく書く

　　○・感想をくわしく表現する

　　○・まとまりのある表現をする(23)

この「明石プラン」の「能力表」においても，それぞれの項目ごとに指導するべき学年や重点が□の大きさで示されており，指導の段階，系統，重点等への配慮がみられる。また，取り上げられている事柄は，各項目ごとの内容から，先の「大泉プラン」とほぼ同じ観点に立つものといえる。この「明石プラン」においても，抽象的にとらえられた作文・綴り方の技能としてではなく，あくまでも具体的な，実際の指導の場での作文・綴り方の活動や経験として，取り上げられ配列されているのである。

コア・カリキュラムによる指導は「コア（＝核）」としての「生活単元」や「中心教科」を柱として展開される。そのため，「周辺単元」や「用具教科」として位置づけられる国語科に関わる指導がなおざりにされがちであった。それは，言い換えれば，「生活単元」や「中心教科」の学習を支え円滑に進めるための，基礎的な学力としての国語力の低下につながる問題である。

学習の中で用いられる，聞く，話す……能力が適切に育てられ，また有効に機能しなければ，コア・カリキュラムの単元計画も円滑に進めることが難しい。そのような実践的な配慮から，大学を中心とした研究的立場ではあまり問題にされることのなかった「周辺単元」「用具教科」である国語科に関する事柄が，先の「大泉プラン」同様，この「明石プラン」においても，「能力表」という形で大きく取り上げられているのである。

これらの「能力表」は，後の「26年度指導要領」における「能力表」

第2章　新教育運動の中の作文・綴り方教育

と同様に，作文・綴り方教育の内容，指導の場，与えるべき経験，指導の段階等を具体的な形で示したものとして，大きな意義を持つ。この「能力表」によって，いつ，何を，どう指導すればよいのかが明らかにされたからである。しかし，この「能力表」では，指導の目標であり結果である作文・綴り方の能力そのものの系統は示されていない。さらに，作文・綴り方指導の場と方法は，多様に，また豊かな活動や経験として示されてはいる。しかし，その活動や経験の相互の関連や段階，系統等への配慮もまた，十分なものとはいえない。

　このことは，生活学習やコア・カリキュラムが持っていた大きな課題であり問題点であった。ここでの「能力表」のように，基礎学力や効率的な技能指導が課題とされればされるほど，その指導事項の段階性や系統性への配慮がないことが浮かび上がったのである。それが，次に取り上げる新教育と学力低下の問題である。

4. 新教育・学力低下を問題にする立場からのコア・カリキュラム批判と作文・綴り方

　戦後の生活学習やコア・カリキュラムの考え方は，いわゆる新教育として紹介され移入された当初から，様々な形で批判された。その第1は，生活教育やコア・カリキュラムの根底にある経験主義を問題にするものであった。

　当時，コア・カリキュラムを批判するとともに，経験主義の問題点を鋭く指摘した一人に，矢川徳光がいる。矢川徳光は，当時の経験主義に立つ教育論は，「資本主義社会の渡世術」を教える「適応教育」であり，それを唱道する人たちは「人民の敵である」とする。

　このような考え方を前提に，矢川徳光は，経験主義に立つ教育観の限界を，次のように述べている。

　　　それ（経験主義—引用者注）は，子供たちに計画させること，子供たちに活動させることを，二つの特徴としているものだからだ。教師は進行係であり，相談役であればいいのである。それが教師の本職であって，基礎

84

第1節　コア・カリキュラム運動と作文・綴り方

知識の教授は教師の「兼業」（梅根氏）だと，いうのである。そこで，子供を適当に活動させておけばいいのであって，教師は指導者であってはならないのである。何事かを子供に教え込むことなどケシカラン，とコア論者たちは考えている。だが，まさに，そのことによって，彼らは，宗教家のようにたくみに，はいまわる経験主義をしみこませているのである。(24)

　何かを学ばせようとして学習者に与える経験は，確かに，教師が肯定し選択したものである。肯定的な価値を見出さないで経験を与えることはない。その意味で，経験主義が現状を肯定することから出発するとの理解は，間違いではない。しかし，その肯定は，学習活動を，抽象的で観念的なところからではなく，具体的な事実から出発させるためのものである。そのために，事実に基づく経験を肯定するのである。さらに，どのような知識も，学習者の経験に基づく必要感と求めに応じて教えられるべきである。そうでなければ，教授された基礎知識や技能も，生きて働くものにならないし，本当の意味での学力とはならないからである。もっとも，だからといって，ただ活動だけを繰り返し，経験だけを繰り返すだけであってはならない。それでは，文字通りの，「はいまわる経験主義」になってしまうからである。

　精選され系統化された知識・技能とそれを求め必要とする生活経験，この二つのうちの，軽視されがちであった生活経験を重視し尊重しようとするのが，戦後の新しい生活主義でありコア・カリキュラムであったはずである。さらに，決して生活経験や活動だけ，コア・カリキュラムだけで教育の全てを行おうとするものではなかったはずである。経験を支える知識・技能を用具教科や周辺教科等と固定的に位置づけるところに，問題があったのである。活動・経験を支える知識・技能という視点と，知識・技能を支える活動・経験という視点，その二つのどちらも欠くことはできない。経験主義に立つ生活学習やコア・カリキュラムの考え方と知識・技能主義に立つ基礎知識や教授を重視する考え方，この両者は，止揚され統合されなければならなかったのである。

　国語科の作文・綴り方教育においても，何を書くか，どう書くかという

第 2 章　新教育運動の中の作文・綴り方教育

二つの意識，すなわち，内容と形式の双方への配慮が，常に求められる。いま「明石プラン」の「能力表」に掲げられた項目の一つである「読んだ材料で文章を書く」ことを指導するにしても，「書く」ための形式を用いる技能と，「読んだ」内容に対する興味・関心等が，その指導の中で育まれなければならない。もし興味・関心を欠いた技能の指導だけが行われれば，それは形式的な範文模倣に終わることになる。また，技能の指導を欠いた興味・関心を高めるための指導だけが繰り返されれば，それは，まさしく，「はいまわる経験主義」に終わってしまう。

　このような事柄は，国語科，あるいは作文・綴り方の指導が常に持つ，教科の特性の問題であり課題であった。したがって，戦後の読むこと，書くこと……という経験や活動を重視する「こと」の指導を，戦前の読み方，書き方……という技能を重視する「方」の指導と比較するとき，ある意味での学力低下は当然のこととして起こってきたのである。

　次に，いわゆる新教育が批判された第二は，生活教育でいう生活の概念を問題にするものであった。

　生活教育の推進者の一人であった小島忠治は，生活教育と国語科との関係について，次のように述べている。

　　　私は，生活経験を再構成していく生活カリキュラムの立場に立ち，国語そのものを主とした学習ではなく，生活することによって国語を学習させる。すなわち，生活カリキュラムでの教育計画のなかにおいて国語を学習させるいきかたをとるものである。それは，国語学習の生活化ではなく，生活の国語学習化である。(25)

　ここでは，カリキュラムの中に学習者の生活経験を再構成し，そのカリキュラムとしての生活経験の中で，国語科を話題にし指導していこうとするのである。このような考え方に立つ限り，学習者の地域や家庭での日常普通の生活と学校での生活の間に区別はない。全てが一元的な一つの生活であり経験となる。したがって，当然，教科としての国語科の指導も，生活経験の延長の上に，生活の中の出来事として設定される。生活から離れた技能を教授することはありえない。しかし，生活経験の中に「手紙を書

86

く」「日記を書く」等の活動はあっても，基礎学力の活動—作文・綴り方における文章構成技能や取材・構想……の技能の指導等—はない。生活を重視する余り，生活を支える基礎技能の系統的で効率的な指導を行うことはなくなるのである。

　このような問題を持つ生活教育論に疑問を呈したのが，戦前からの生活主義教育論とも言える立場に立つ人々であった。

　その一人であった今井誉次郎は，教育における生活のとらえ方について，次のように述べている。

　　　それは学校に於ける数時間の中に，単元学習的な生活の場を構成して演出するのではなくて，一日二十四時間の全生活をそのまま生活の場とすべきです。学校において意図的仮想的に構成された生活の場ではなくて，ありのままに作られていない生活を，生活の場とすべきです。
　　　そして，一日二十四時間を生活の場とする場合には，その中で，「学校は何をするところか」ということがはっきりしてきます。その場合，学校は，最も能率的に一定の知識を記憶し，あるいは一定の技術を反復して習得するところであってよいはずです。(26)

戦後の生活教育論における生活は，あくまでも，教師によって，教室の中に再構成された仮構としての生活である。それは，ある意味で，現実から切り取られ学習の場として作られた，非現実的な生活ともいえる。今井誉次郎は，そのような仮構としての生活ではなく，現実の家庭や社会における事実としての生活そのものを見つめさせるべきであるとする。現実の生活の場で見出される課題や問題を解決するための知識や技能を，学校という日常と切り離された場だからこそ，意図的・計画的に取り立てて指導することが必要だと考えるのである。

　教室の中に仮構としての生活を再構築する戦後の生活教育が，本当の意味での生活教育になり得ていたのか。活動や経験だけに終始しがちな指導が学力低下をまねいていたのではないか。新教育の中での生活の位置と意味を問い，経験主義に徹するがために学力低下を招来したのではないか。

　様々な課題や批判が噴出する中で，コア・カリキュラム論と生活教育実践は，徐々に後退していかざるを得なかったのである。

第2章　新教育運動の中の作文・綴り方教育

5.　おわりに

　戦後初期のコア・カリキュラム模索期における作文・綴り方教育について，教育・国語教育との関わりも視野に入れながら，考察を加えてきた。それは，次のように評価し位置づけることのできるものであった。

　第一に，極端な形の経験主義や生活主義，さらには，その考え方に基づくコア・カリキュラムを取り入れようとしたために，それが，現実の教育の現場や実践事実の中に具体的に根を下ろすものになりにくかったこと。第二に，しかし，教育における経験や活動と技能とのあり方について，大きな問題を提起することができたこと。第三に，現在も高く評価される，後の「26年度指導要領」の「能力表」につながる視点を生み出したこと。第四に，社会科と国語科とをつなぐ，戦前の生活綴り方（生活主義綴り方）を見直し再評価する契機となったこと。第五に，作文・綴り方の場と機会を数多く，また幅広く見出し，後の教科作文や学習作文にもつながる方向を見出したこと。

　戦後の限られた時期に取り上げられた生活主義とコア・カリキュラムである。しかし，その理論・実践の試みは，わが国の戦後教育，わけても国語科教育，作文・綴り方教育に画期的とも言える大きな影響を与えたのである。

〈注〉

(1) 1946〈昭和21〉年5月31日　国民教育社
(2) 1947〈昭和22〉年3月31日
(3) 1947〈昭和22〉年3月20日　日本書籍
(4) 倉澤剛『続近代カリキュラム』4ページ
(5) 倉澤剛「アメリカにおけるコア・カリキュラムの発展」山崎喜与作編『コア・カリキュラムの研究』（1948〈昭和23〉年12月20日　社会科教育研究社）39ページ〜40ページ
(6) 倉澤剛『カリキュラム構成』281ページ
(7)(8)　同　　上　299ページ
(9) 木宮乾峰『カリキュラムの編成』4ページ〜5ページ
(10) 同　　　上　150ページ〜151ページ
(11) 同　　　上　121ページ〜146ページ

第1節　コア・カリキュラム運動と作文・綴り方

(12) 同　　上　190 ページ～ 205 ページ

(13) 同　　上　200 ページ

(14) 梅根悟『コア・カリキュラム』(1949〈昭和 24〉年 4 月 25 日　光文社)1 ページ

(15) 同　　上　28 ページ～ 29 ページ

(16) 同　　上　205 ページ～ 206 ページ

(17) 「26 年度指導要領」42 ページ

(18) 同　　上　62 ページ

(19) 文部省教科書局実験学校連盟『生活カリキュラム構成の方法』「第三編」(1949〈昭和 24〉年 8 月 20 日　六三書院) 300 ページ

(20) 同　　上　314 ページ

(21) 兵庫師範女子部附属小学校『小学校のコア・カリキュラム―明石附小プラン―』(1949〈昭和 24〉年 3 月 10 日　誠文堂新光社) 6 ページ

(22) 同　　上　34 ページ

(23) 同　　上　33 ページ

(24) 矢川徳光「コアカリキュラム論の土台」日本民主主義教育教協会『コア・カリキュラム論批判』(1950〈昭和 25〉年 3 月 1 日　明るい学校社) 18 ページ

(25) 小島忠治『生活カリキュラムと国語学習』(1949〈昭和 24〉年 4 月 5 日　教育文化出版社) 146 ページ～ 147 ページ

(26) 今井誉次郎「日本の現状をみつめて」同 (24) 書　32 ページ～ 33 ページ

第2章 新教育運動の中の作文・綴り方教育

第2節 単元学習の草創と作文・綴り方教育

1.「昭和22年度指導要領」にみる単元学習と作文・綴り方

　すでに本書の第1章第3節において考察した通り，戦後の国語科は，戦前の方法・形式を中心とする指導から，経験・活動を中心とする指導へと大きく転換した。このような経験主義（プラグマティズム）に基づく教育観は，戦後の新たな国語科の中心的な考え方であり続け，戦後の国語科（教育）を特色付ける理論および実践方法の一つとして，その底流をなすものとなった。

　いま「昭和22年度学習指導要領」の冒頭「第一章　まえがき」の「第二節　国語学習指導の目標」を取り出すと，それは，次のように書き出されている。

> 　国語科学習指導の目標は，児童・生徒に対して，聞くこと，話すこと，読むこと，つづることによって，あらゆる環境におけることばのつかいかたに熟達させるような経験を与えることである。
> 　ところが，これまで，国語科学習指導は，せまい教室内の技術として研究せられることが多く，きゅうくつな読解と，形式にとらわれた作文に終始したきらいがある。今後は，ことばを広い社会的手段として用いるような，要求と能力をやしなうことにつとめなければならない。(1)

ここに示された「目標」は，それまでの国民学校における国語科とは異なり，いくつかの大きな特質を持つものであった。その第一は，国語科の内容が，戦後，一貫した形で示される，「聞くこと，話すこと，読むこと，つづること（書くこと）」の4領域とされ，わけても，音声言語による活動である「聞くこと，話すこと」が上位に置かれた点である。これは，国語科の目標が「あらゆる環境におけることばのつかいかたに熟達させるような経験を与えること」であり，「広い社会的手段」としての言語経験の割合が，多いものから順に「聞くこと，話すこと，読むこと，つづること（書くこと）」となることによると考えられる。第二は，国語科の目標が，

90

言語活動を支える技能に「熟達させる」ことではなく，「熟達させるような経験を与えること」とされた点である。これは，「能力をやしなうこと」だけではなく「要求と能力をやしなうこと」とされていることとも共通する。ここでは，国語科の目標を言語の技術や能力だけにとどめるのではなく，様々な場面での経験と要求をも含めようとする。それは，社会的活動そのものの中に言語の技術や能力を位置づけ，社会生活の中に生きて働くものとしての「要求（＝情意）」「経験」としてとらえようとするのであり，「きゅうくつ」で「形式にとらわれた」「せまい教室内での技術」を克服することを，何よりも大切なことと考えたからである。

　これらの２点は，この「22年度指導要領」の大きな特質であるとともに，戦後の国語科教育，わけても作文・綴り方教育に色濃く見られる特質でもあると理解することができる。

　「22年度指導要領」の巻末には，「参考」として「単元を中心とする言語活動の組織」という一項が設けられており，その冒頭には，次のような記述がみられる。

　　　教室における国語科の作業は，単元を中心として，組み立てることもできる。その単元をたてるにあたって，次の二つのことが児童・生徒に適しているかを考えなければならない。
　　　１　話したり，聞いたり，読んだり，書いたりする言語の活動そのもの。
　　　２　話されたり，書かれたりすることがら，題目，内容。
　　　ここに単元というのは，ある題目，内容を提出し，これについての言語活動をいとなむものである。(2)

　ここでは，「単元学習」が，それまでのわが国の国語科教育にはなかった概念として紹介されるとともに，新たな学習指導の方法として取り上げられている。さらに，国語科の用語としての「ここに単元というのは，ある題目，内容を提出し，これについての言語活動をいとなむもの」という定義も行われている。このような記述から，ここでいう「単元」は，のち「活動単元」あるいは「経験単元」と呼びならわされるようになったものを指すと考えられる。それは，「ある題目，内容」を中心としたまとまり

91

第2章　新教育運動の中の作文・綴り方教育

による「国語科の作業」として，言語を用いた活動や経験を行うものとしているからである。

　この「参考　単元を中心とする言語活動の組織」で実践事例として取り上げられている単元の題目（テーマ）は，「民主主義の下では，各人が何を考えるかということは，非常な重大性を持つ」ことを前提として選ばれた「われわれの意見は，他人の意見によって，どんな影響をこうむるか」である。

　この題目（テーマ）は，戦後に新設された新しい教科である社会科にもっとも近いものと言える。しかし，この題目（テーマ）を追究することが国語科の学習活動の手段・方法として，そこで用いる「聞くこと」「話すこと」……等の言語活動を目的・目標とするならば，その作業や活動は，正しく国語科のものとなる。そのようにとらえるからこそ，「この単元は次のような言語活動をふくんでいる。」として16項目にわる言語活動例が示されるのである。いま，この16項目の言語活動例のうち，作文・綴り方に関わる⑩から⑯までの七つを取り出すと，それは，次のようなものである。

　　⑩項目の一覧表をつくること。

　　⑪論説を書くこと。

　　⑫報道記事を書くこと

　　⑬要約を書くこと。

　　⑭劇を書いたり，演出をしたりすること。

　　⑮手紙を書くこと。

　　⑯覚え書きを書くこと。[3]

　ここで取り上げられている作文・綴り方に関わる項目は，いずれも社会的機能としての書く，言い換えれば，伝え会い通じ合うことを目指した書く活動である。書かれたものとしての，ひとまとまりの完成された文章や作品を目指したものではない。ここに，「22年度指導要領」の特質の一つである「ことばを広い社会的手段として用いる」ことにも連なる，単元学習における作文・綴り方（教育）の位置づけを見出すことができる。

第2節　単元学習の草創と作文・綴り方教育

　戦後の作文・綴り方教育を特色づける，自己表現のための文章から様々
な種類の文章へ，作品指導から作文指導へ，結果としての作品から過程と
しての作文へ等の考え方が，すでに，このような形で取り上げられていた
のである。

　このような「22年度指導要領」の行き方に対して，輿水実は，その著
書『国語のコース・オブ・スタディ』で，次のように述べている。

　　実際，社会科の単元というものが，言語の理会，知識，技術，習慣，態度，
　鑑賞の発達に価値のある材料と活動をふくんでいることはたしかです。し
　かしここでは言語は目的と考えられず，手段と考えられています。言語の
　本質は，そうした手段的なもの，機能的なものですから，それで差支えは
　ありませんが，国語科それ自身としては，国語の力をつけることが主目的
　でなければなりません。(4)

　ここで輿水実の言う「社会科の単元」とは，「22年度指導要領」の「参
考　単元を中心とする言語活動の組織」に示された題目（テーマ）である
「われわれの意見は，他人の意見によって，どんな影響をこうむるか」等
を指す。輿水実は，「22年度指導要領」に示された単元学習例等が，社会
科に近いものであると理解し，そこでは，「言語は目的と考えられず，手
段と考えられ」ているとする。しかし，国語科の単元学習では，題目（テー
マ）も目的も手段も，全てが国語（言語）を取り上げたものであることが
必要である。国語（言語）が，「手段的なもの，機能的なもの」であるに
しても，その国語（言語）自体が目的化され目標化されなければ，本当の
意味での国語学習とはならないからである。

　このような輿水実の指摘は，単元学習よりも，むしろ，当時のコア・カ
リキュラムにおける問題点を指摘したものと考えられる。コア・カリキュ
ラムでは，学習の目的や核（コア）となるのは，ほとんどが社会科であり，
国語科ではない。国語科は，算数・数学等とともに，常に周辺教科，また
は道具教科・手段教科と位置づけられたからである。ただ，「22年度指導
要領」に示された「参考」例は，社会科と国語科との関連が，輿水実の言
う目的と手段の関係ではなかったと考えられる。あくまでも，当時の大き

第 2 章　新教育運動の中の作文・綴り方教育

な話題であり関心事であった「民主主義」にかかわる事柄を話題や題材と
することを手段とし，それを巡って行われる聞くこと，話すこと……等の
言語活動が，目的・目標とされていたからである。だからこそ，16 項目
にも及ぶ言語活動例が示されたと理解することができる。もし言語活動が
道具・手段であるなら，その活動例を「22 年度指導要領」の 16 項目のよ
うに示す必要はない。事実，当時のコア・カリキュラムの中には，道具・
手段とされた言語活動の広がりや深まり，あるいは系統や体系を記述した
ものは見られない。「22 年度指導要領」では，社会科に関わる話題や題材
を道具・手段とし，言語活動を目的・目標とするからこそ，逆に，聞くこ
と・話すこと……等の言語活動を意識しない，多様で豊かな国語科の学習
活動が，学習者の興味・関心を前提として取り上げられ指導されたのであ
る。

　このような国語科のあり方が，「22 年度指導要領」で目指された単元学
習であり作文・綴り方指導の姿であった。

2. 飛田多喜雄の単元学習論と作文・綴り方

　飛田多喜雄によって編集・発行された「実践国語」誌の第 1 号（1949〈昭
和 24〉年 4 月 20 日）は，「国語の単元学習」を「主題」（特集のテーマ）と
して刊行されており，このことから 1949（昭和 24）年当時の国語教育界
において，単元学習が大きな関心事とされていたことが分かる。

　いま，この「実践国語」誌第 1 号に掲載されている「国語の単元学習」
に関わる論考を取り出すと，それは，次の 6 編―論文 2 編，実践記録 4 編
―である。

　　　　ことばのはたらく指導計画　……………　西原慶一
　　　　単元学習の基本問題　………………………　飛田　隆
　　　　実践研究　国語学習指導の出発　……………　清水晴男
　　　　　　　　　中学年の単元学習について　………　小島忠治
　　　　　　　　　国語単元学習についての考察　……　上飯坂好實
　　　　　　　　　中学校の単元学習について　………　野島秀義

第2節　単元学習の草創と作文・綴り方教育

　上の論考のうち，二つ目のものである「単元学習の基本問題」で，飛田隆は，「われわれの目ざしているのは，コーア・カリキュラムである」としながら，「単元」を「教材単元」と「経験単元」とに分け，「教材単元」をさらに「児童，生徒の活動を極端に軽んじた」「伝統的単元」と，「児童，生徒の活動を重く見ようとする」「機能的教材単元」とに分けるという考えを示している(5)。また，「実践研究　中学校の単元学習について」で，野島秀義は，単元を「生活単元」と「教材単元」とに分け，「生活単元」が理想ではあるが，その完全な形での実施は「よほど有能の指導者でなければ現在としては不可能に近い」とし，当面のあるべき方向について，次のように述べている。

　　　そこで参考書その他の設備に乏しい現状では，教科書をもとにして，これを生活単元に生かして行くと共に，一方では教師と生徒とで経験を中心にした生活単元を構成して補って行く，これが効果も多く一番妥当な方法ではないかと思われる。(6)

　ここで野島秀義の言う「参考書その他の設備」が具体的に何を指すのかは分からない。しかし，どのような状況であっても，国語科の学習指導のための単元を，教師が，資料や設備を整えた上で児童・生徒の生活や言語活動の実態に即して構成することは，簡単なことではない。ほとんど不可能とも言える。したがって，教科書を中心とした「教材単元」による指導を中心としながら，可能な限り，児童・生徒に寄り添った学習指導を行うこと，さらに，「教材単元」では果たすことのできない言語活動・言語経験を与えていくこと，そのような指導を「効果も多く一番妥当な方法」とするのである。ここに見ることのできる野島秀義のとらえ方は，先の飛田隆の「機能的教材単元」の考え方と一致する。

　その意味から，この2編の論考によって，当時の国語教育の現場で，単元学習がどのように受け止められ実践されようとしていたか，そのおおよそをうかがうことができる。

　1949（昭和24）年当時，「実践国語」誌の編集に携わっていた飛田多喜雄も，単元学習について，飛田隆や野島秀義とほぼ同じ考えを持っていた。

第2章　新教育運動の中の作文・綴り方教育

それは「実践国語」誌第1号の1年後に刊行されたその著書『新しい国語教育の方法』の中で，「教科書を唯一絶対のものとして」「一課一課を時間的に進めて行く十年一日の如き伝統的教材派」を否定し，コア・カリキュラムを「進歩的な方法である」が，「現段階」では「困難性」や「数多くの問題が残されている」(7)　と述べているところに見出すことができる。このような前提に立ちながら，飛田多喜雄は「たとえそれがコア・カリキュラムの立場をとった教育編成であろうとも，あるいは，教科カリキュラムの立場による教育編成であろうとも，国語機能を身につけるという国語実践の確立は，絶対に欠くことのできない条件である」(8)　との原則的な立場に立ち，現実的で実現可能な方法としての単元学習に賛意を示すのである。

　飛田多喜雄は，単元学習に欠かすことのできない「社会的必要と学習者の興味」の調和について，次のように述べている。

　　社会的必要としての課題の多くは教材に含まれているものとし，これを学習者の経験によって系統づけるのである。いってみれば，学習者の要求の中にも論理的な系統を考え，合理的な構造による教材の中にも，心理性を見ようとする調和的な複合形態をとって行くのである。（中略—引用者）……要は，学習者が自らの経験を通して，喜びながら正しく国語を理解し，自由に国語を使用する技能を習得することにあるのだから，経験が教材の中に生き，教材が経験を通して学習者に働きかけるようにするのである。経験が単なる恣意的な偶然的なものであっても価値ある学習活動とはならないし，経験に結集されないような教材は，統一ある学習活動に参与できない。(9)

　単元学習の目標は国語能力の育成にある。国語が生活の中で用いられ経験としてとらえられるものであるとしても，それが単なる手段や道具となってはならない。あくまでも，国語それ自体が目的とならなければならない。したがって，「社会的必要と学習者の興味」は，「社会的存在としての国語を必要とする学習者の興味」という「調和的な複合形態」の一点に求められるとする。それは，言い換えれば，経験を通して，主体的に，客観的で価値ある言語活動をさせるということでもある。

第2節　単元学習の草創と作文・綴り方教育

　単元学習を考えようとするとき，経験と教材の二律背反が常に問題にさ
れるのは，現在においても同じである。その論議は，国語科の中でも，と
くに，作文・綴り方の中で，内容か表現か，あるいは生活か表現かという，
象徴的な形で繰り返される。作文・綴り方においては，常に，何を書くか，
どう書くかという二つの課題を避けて通ることができないからである。そ
のような中にあって，飛田多喜雄は，早く1950（昭和25）年に，すでに，
その問題の解決を，両者の調和の中―経験が教材の中に生き，教材が経験
を通して学習者に働きかける〈＝生活が表現の中に生き，表現が生活を通
して学習者に働きかける〉―に求めようとしているのである。

　ここに見られる飛田多喜雄の考え方は，単元学習の新たな方向と優れた
教育方法としてのあり方を指し示すものと理解することができる。

3.　倉澤栄吉の単元学習論と作文・綴り方

　倉澤栄吉は，その著書『国語単元学習と評価法』の冒頭で，「正しい意
味の単元学習は，わが国の現状において，はたして可能であろうか。」と
して，その不可能な理由を，①資料が乏しすぎる，②児童・生徒の学力が
劣りすぎている，③教師の指導力に自信がない，④児童・生徒の興味や能
力の具体的な調査ができていない，⑤「標準国語力」「国語力の発達の基
準」の具体的な資料が作られていない，の5項目としてあげ(10)ながら，
また逆に，それにもかかわらず単元学習に取り組まなければならない理由
を，「しかし，今までのわが国の国語教育がもっていた二つの欠点―おも
しろくない，非科学的な指導法と指導課程―を救おうとすれば，この方法
にむすびつくのではあるまいか。」(11)とも述べている。倉澤栄吉は，単
元学習を，それが大きな可能性を持つものであるからこそ，安易に考えて
取り組むことを否定する。本当の意味で単元学習を成り立たせるために
は，周到な学習者理解と指導するべき学力の客観的で科学的な把握，その
ための基礎的で幅広い国語力の育成，指導過程・指導内容・指導方法への
細かな心くばりが必要である。それは，一朝一夕に，また容易にできるこ
とではない。万全の準備があってはじめて，児童・生徒の興味や関心をふ

97

第2章　新教育運動の中の作文・綴り方教育

まえた上で豊かな学力を保証する，本当の意味での単元学習が可能となるのである。さらに，倉澤栄吉は，あるべき単元学習を「経験を教材化する営み」と「教材の中に経験を集中する営み」の止揚の中に見出そうとする(12)。このような考え方は，先の飛田多喜雄の「調和的な複合形態」を尊重する立場とも通じるものである。ただ，倉澤栄吉は，単元学習の中核ともなるべき社会的必要や経験が日常生活の中に埋没してしまうことを強く警戒しようとする。

　だからこそ，不十分な形での，本来の姿ではない単元学習を否定し，「国語科全体を単元学習で組織することはかなりむずかしい。ことに経験単元でおし通すことは無理がある。」と述べ，次のような3種類の単元の設定を提唱する。

　　　国語科の学習内容を，
　　　　1. 社会生活の中の言語経験
　　　　2. 言語機能の習得
　　　　3. 文化の獲得
　　　の三つに分けると，
　　　　1. 日常教育課程　—　生活単元
　　　　2. 国語独自の課程　—　教科単元
　　　　3. 他教科内容と関連課程　—　関連単元
　　　の三つが考えられる(13)

　ここに見られる倉澤栄吉の考え方は，機に応じた柔軟なものであり，極めて実際的なものと言える。このような単元学習のとらえ方に立つからこそ，作文・綴り方教育において指導するべき文種を「物語文，叙事，叙景だけを中心とすることなく，羅列，報告式の文や箇条書きの文を大いに尊重するべきである。」(14)と述べる等，その新しいあり方をいち早く指し示すことができたのである。

　もちろん，作文・綴り方教育において，ひとまとまりの文章を作品として書かせ完成させることは大切な指導の一つである。しかし，そのような，作品の指導だけが作文・綴り方教育の全てではない。児童・生徒が生活の中で行う，メモを書く，記録を書く，お礼や報告の手紙を書く等につ

いての指導も，欠かすことができないとする。むしろ，作品を完成させることよりも，生活の中での書く活動の方が，より指導するべき領域と言えるかもしれない。だからこそ，倉澤栄吉は，「物語文，叙事，叙景だけ」ではなく「羅列，報告式の文や箇条書きの文」の指導をより尊重するべきであると言うのである。また，作文・綴り方指導は，文章表現の技術や能力を育てることだけを目指して行うのではない。書かれたものとしての文や文章だけではなく，書くという活動そのものの持つ意味や働きも，大切なことと考える。それは，書くことによって児童・生徒が行う，振り返り，考え，整理し，捉え直し，配列する等の活動に着目し，そこでの思考力・認識力の育成を図ることをも重視しようとするからである。

　倉澤栄吉は，後，「書かれたものとしての作品を作る指導」から「文を作る（作文）活動そのものの指導」への転換を求め，作品指導から作文指導へという提言を行う。そのような提言の根底にある作品主義の克服，生活の中での書くことへの着目，書く活動そのものの尊重等の考えを，すでに，この単元学習草創期の考えの中に見出すことができ，注目される。

4. 「26年度指導要領」にみる単元学習と作文・綴り方

　「26年度指導要領」は，あくまでも「22年度指導要領」の延長上に，その改訂版として刊行されたものである。したがって，「26年度指導要領」の内容は，指導事項が言語活動の類型によって「聞くこと，話すこと，読むこと，書くこと」の4領域に分けて述べられていること，さらに，「これまでの国語教育では，国語文化を習得させ，それを通じて，国語生活を向上させようとねらっていた。これに対し，新しい教育課程の考え方では，社会においてわれわれはどんな言語生活を営むかを考え，その必要に応じることができるような能力をつけようとしている。」[15]との考えを前提とし，生活の中で求められる言語技能の向上を目的とした経験主義の考えに立つこと等，「22年度指導要領」とほぼ共通した側面を持つ。

　しかし，「26年度指導要領」は，また一方で，いくつかの新たな特質を持っている。

第2章　新教育運動の中の作文・綴り方教育

　その第一は，この「指導要領」が教育課程や教科書を作成する際の「一つの基準」であると明確に位置づけられた点である。それまでの，戦前の教育界にはなかった「指導要領」が，どのような位置や性格を持つものなのか，それが「26年度指導要領」になって初めて明示されたのである。

　第二は，「22年度指導要領」では「まえがき」「参考」等の他が「小学校1，2，3学年の国語科学習指導」と「小学校4，5，6学年の国語科学習指導」の二つに分けて述べられていたのに対し，「26年度指導要領」では「まえがき」「国語科の目標」「国語科の内容」の次の「国語科学習指導の計画」が「第〇学年の国語科学習指導はどう進めたらよいか」という各学年ごとの記述を中心に構成されている点である。それだけ具体的で詳細になっているとも言えるが，「22年度指導要領」が小学校と中学校を合わせて166ページであるのに対し，「26年度指導要領」が小学校だけで391ページであることも，この「26年度指導要領」の詳細さを示すものと言える。

　第三は，上にあげた「国語科学習指導の計画」の冒頭に，23ページにも及ぶ「国語能力表」が示されていることである。この「国語能力表」について，「国語のさまざまな能力を，児童の発達段階に照らして，学年別に，一つの表として，組織，配列したものである。」(16)との説明が加えられているが，聞く，話す，読む，書くの各領域ごとに，学年別に示された表は，具体的で細やかなものである。

　いま，この「国語能力表」から「書くことの能力（作文）」の第6学年に関わる項目を取り出すと，それは，次の6項目になっている。

　　（能　　力）　　　　　　　　　　　　　　　　　　（継続学年）
　　1　映画・演劇・放送などについて，感想や
　　　　意見を書くことができる。　　　　　　　　　　5 −
　　2　自分の意見を効果的に発言するために，
　　　　原稿を書くことができる。　　　　　　　　　　5 −
　　3　自分の生活を反省し，文を書くことによっ
　　　　て思索することができる。　　　　　　　　　　5 − 6
　　4　読んだ本について紹介・鑑賞・批評の
　　　　文を書くことができる。　　　　　　　　　　　5 −

5　学校の内外の諸活動に必要なきまりを

　　　書くことができる。　　　　　　　　　　　5－6

　　6　学校新聞を編集することができる。　　　6－ (17)

　上の表のうち，「継続学年」として示されているのは，他の学年との重
複をさけるためのものであり，たとえば「5－」は，第5学年から指導を
開始し，第6学年での重点的な指導を経て中学校まで指導が継続されるべ
きであることを意味している。また「5－6」は，第5学年で指導を開始
し第6学年で重点的な指導を行うことを意味している。

　このような「継続学年」への配慮，さらには「能力」としてあげられて
いる各項目から，この「能力表」を，極めて周到なものであると言うこと
ができる。

　この第6学年にあげられている「書くことの能力」からも，その内容は，
すべて狭い意味での国語科の枠を超えたものであり，他の教科や生活の中
での書く活動が意識されていることが分かる。そのような意味からも，こ
こでの「書くことの能力」の内容は，文字通り，単元学習における作文・
綴り方の能力であり，その経験であったのである。このような性格は，「書
くことの能力」の第6学年の「映画・演劇・放送などについて，感想や意
見を書く。」「学校の内外の諸活動に必要なきまりを書くことができる。」
等だけではなく，第2学年の「簡単な礼状など招待状を書くことができ
る。」，第3学年の「飼育栽培などの長期にわたる記録が書ける。」，第5学
年の「児童会やクラブ活動などのいろいろな会の，簡単な議事論をつくる
ことができる。」等にも見出すことができる。あくまでも生活の中での経
験をふまえ，生活の中での実用性を尊重する立場から，生きた実際の場で
の作文・綴り方が求められたのである。

　第四は，「22年度指導要領」では「参考」として1例が示されているだ
けであった具体的な実践事例が「26年度指導要領」では，各学年ごとに
「国語学習指導の具体的展開例」として示されていることである。

　いま，その「具体的展開例」の題目を取り出すと，それは，次のような
ものである。

第 2 章　新教育運動の中の作文・綴り方教育

　　・うんどうかい（第 1 学年の例）

　　・ことばあつめをしましょう（第 2 学年の例）

　　・童話を読みましょう（第 3 学年の例）

　　・手紙を書きましょう（第 4 学年の例）

　　・辞書を利用しましょう（第 5 学年の例）

　　・学校新聞を編集しましょう（第 6 学年の例）(18)

　上の「具体的展開例」の「うんどうかい」と「ことばあつめをしましょう」は，聞くこと・話すこと・読むこと・書くことの 4 領域のすべてを取り上げたもの，「童話を読みましょう」は，読むこと，「手紙を書きましょう」は，書くこと，「辞書を利用しましょう」は，読むこと，「学校新聞を編集しましょう」は，書くことを，それぞれの中心的な指導事項として取り上げたものである。

　書くことを中心として取り上げたもののうち，第 6 学年の例として示されている「学校新聞を編集しましょう」では，1．この題材をとったわけ，2．目標，3．内容，4．資料，5．学習活動，6．評価の各項目にわたって，それぞれが詳細に記述されている。

　いま，それらの中から「3．内容」の言葉だけを取り出すと，それは次のようになっている。

　　1　新聞について児童の実態を調査する。

　　2　新聞について話し合う。

　　3　新聞についての，関心や興味を深め，学習の動機づけをする。

　　4　新聞について書いた資料を読む。

　　5　学校新聞をつくる計画をたてる。

　　6　学校新聞を作る。

　　7　学校新聞を読む。

　　8　学校新聞の批評会を開く。(19)

　ここで取り上げた各項目の言葉から，学習活動としてどのような事柄が考えられていたのか，そのおおよそを理解することができる。新聞作りへの調査，動機付けから，計画，作成，批評会まで，その指導の過程と内容についての記述は，細部に及ぶ周到なものである。新聞作りの意義や目的

102

に気づかせ，その方法や内容を考え工夫して実際に新聞を作成させる。さらにできあがった新聞を読み話し合う。ここには，聞くこと，話すこと，読むこと，書くことの4領域が，新聞作りを中心に有機的に組織されており，経験単元による書くことの指導事例が見事に展開されている。この単元「学校新聞を編集しましょう」に見る限り，「26年度指導要領」の実践例は，先の「22年度指導要領」の「参考」に示されたそれと比較して，より明確な形で国語科の中に位置づけられ，一段と構造的で組織的なものになっていると言える。

5. おわりに

わが国における戦後の国語科教育，わけても作文・綴り方教育は，書く技術・方法としての「書き方」の指導から，経験・活動としての「書くこと」の指導へと，大きく転換した。このような「かた」から「こと」への転換は，文章表現のための技術・能力よりも，それを支える経験・活動を重視しようとするものであった。言い換えれば，学習者が生活上の問題解決のための手段・方法として行う書く活動を，指導者は目的・目標とし，学習者が目的・目標とする生活上の問題解決を，指導者は手段・方法とするのである。このような学習者の「目的・目標―生活上の問題解決，手段・方法―書く活動」を，指導者の「目的・目標―書く活動，手段・方法―生活上の問題解決」と転換させるのが，「書くこと」の指導であった。このような「書きかた」から「書くこと」への転換が，単元学習における作文・綴り方の内容や特質を如実に物語るものであった。

これまでに考察してきた単元学習における作文・綴り方指導は，学習者の経験・活動を重視し，そこから出発するという意味で，戦前の作文・綴り方指導の一つの到達点である芦田恵之助の随意（自由）選題の考え方と軌を一にする。そのような意味で，戦後に新しく輸入された単元学習の考えに立つ作文・綴り方指導も，正しく，わが国の国語科教育の戦前から戦後への歴史的な歩みを，確実に継承し発展させるものであったと評価することができる。

103

第2章　新教育運動の中の作文・綴り方教育

〈注〉

(1)　「22年度指導要領」3ページ

(2)　同　　上　47ページ

(3)　同　　上　159ページ

(4)　輿水実『国語のコース・オブ・スタディ』（1948〈昭和23〉年6月25日　非凡閣）108ページ〜109ページ

(5)　「実践国語」誌　第1号（1949〈昭和24〉年4月）8ページ

(6)　同　　上　31ページ

(7)　飛田多喜雄『新しい国語教育の方法』（1950〈昭和25〉年5月5日　西荻書店）76ページ〜77ページ

(8)　同　　上　76ページ

(9)　同　　上　78ページ

(10)　倉澤栄吉『国語単元学習と評価法』（1950〈昭和25〉年8月15日　世界社）11ページ〜18ページ

(11)　同　　上　20ページ

(12)　同　　上　47ページ

(13)　倉澤栄吉『国語教育の問題』（1951〈昭和26〉年10月30日　世界社）273ページ〜274ページ

(14)　181ページ

(15)　「26年度指導要領」3ページ

(16)　同　　上　42ページ

(17)　同　　上　63ページ〜64ページ

(18)　同　　上　202ページ〜266ページ

(19)　同　　上　254ページ〜266ページ

第3節 作文・綴り方復興の契機としての『新しい綴方教室』

1. 『新しい綴方教室』の刊行とその反響

戦後の国語科教育，わけても作文・綴り方教育における『新しい綴方教室』（1951〈昭和26〉年2月28日　日本評論社）の位置・意義については，すでに様々に取り上げられ評価されている。いま，それらの中から，代表的なものとして，船山謙次の次の文章をあげることができる。

> 国分氏の『新しい綴方教室』は，……戦前の生活綴方の理論と実践とを総括したといえるもので，戦後の生活綴方教育の理論の礎石ともなった。……生活綴方教育のすべての理論が，この本から直接間接に出発したものとみられる。その意味でも，この本は歴史的文書といわなければならない。[1]

わが国の戦後教育は，敗戦を契機として，アメリカ合衆国から輸入された経験主義（プラグマティズム）の考えに立つ単元学習，わけても戦後の新しい教科である社会科を中心として出発した。それは，戦前の教育とは異質の，全てが斬新な，文字通りの新教育であった。そのような中にあって，国分一太郎の『新しい綴方教室』は，戦前の優れた教育実践・理論の一つである作文・綴り方教育の到達点を，戦後の新しい教育の中で継承し発展させようとするものであり，当時の新教育とはまた逆の意味で，目新しく新鮮なものとして迎えられた。

このような戦後における作文・綴り方との出会いを戦後の作文・綴り方教育を代表する実践記録の一つである『学級革命』（1955〈昭和30〉年9月20日　牧書店）の著者・小西健二郎（1924〈大正13〉年～1995〈平成7〉年）は，次のように述べている。

> その頃，丹波の山奥までも，カリキュラム，シーケンス，スコープと，はいからな言葉が入ってきました。講習会に出たり，社会科の研究会などというものに出て，なるほどと感心して帰って来ても，さて自分のクラス

105

第 2 章　新教育運動の中の作文・綴り方教育

でどうするかということになると，手も足も出ないのでした。

　……こんな日々を送っている時，出張した帰りの汽車の待ち時間に，本屋で何気なく手にしたのが「新しい綴方教室」でした。じぶんなりに，ボンヤリ考えていた教育方法，それをわたくしは綴方教育に見出しました。作文教育関係の本をさがして読みました，おそまきながら，今受持っている子どもとともに勉強していこうと考えました。(2)

　戦後の作文・綴り方教育理論・実践の担い手は，そのほとんどが，戦前から作文・綴り方教育に取り組んで来た教師ではない。大部分が，この小西健二郎のような，いわゆる戦後派の教師たちである。したがってここでの小西健二郎の『新しい綴方教室』との出会い方は，一人，小西健二郎だけのものではない。数多くの教師たちが，当時の「新教育」にはない新しい教育の典型として，『新しい綴方教室』に出会ったのである。

　わが国の固有の風土と環境の中で成立した戦前の作文・綴り方教育が，『新しい綴方教室』によって新たな意義を持つものとして紹介され，戦後の教育の中で，独自の発展・展開を見せたととらえることができる。

　ここでは，このような位置・意義を持つ国分一太郎の『新しい綴方教室』が，どのようにして成立し，どのような内容と特質を持つものであったのか，その成立と背景，さらには，位置・内容・意義・特質等について考察を加える。それによって，わが国における戦後の作文・綴り方教育の成立の経過を明らかにしたいと考える。

2. 『新しい綴方教室』刊行当時の作文・綴り方教育

　『新しい綴方教室』は，雑誌「教育新報」等に 1949（昭和 24）年 8 月から 1 年余にわたって連載された論考をもとにして編集・刊行されたものである。

　その当時の作文・綴り方教育の様子について，国分一太郎は，後，次のように述べている。

　　正直にいえば，戦前生活綴方運動に参加した人たちまでが，社会科や生活科めくものの建設に，大きく力をいれたのだった。そうでなければ教員組合運動の推進に努力した。このようにして，綴方（作文）教育の復活と

第3節　作文・綴り方復興の契機としての『新しい綴方教室』

一般化までには，なおしばらくの時間の経過をまたねばならなかった。
……

　　やがて反省の時がきた。……それは社会科を善意に富むものとして実施
　してきた人びとからも，より積極的な立場から批判する立場の人たちから
　も起ってきた。もっと日本や地域の地についた，そして子どもの生活と心
　理にくいいった教育がしてみたいというところから，生活綴方への回想が
　行われはじめたのである。1949 年（昭和 24 年）のことであった。(3)

　ここでの生活綴り方の復興についてのとらえ方は，先に引用した，小西
健二郎が『新しい綴方教室』との出会いを回想した文章の内容と酷似する。
戦後の作文・綴り方の復興・興隆は，戦前に隆盛を見せた作文・綴り方
が，戦時中の空白期間を経て，ただ再出発をしたことを意味しない。戦後
の作文・綴り方教育は，あくまでも，戦後の経験主義（プラグマティズム）
の考えに立つ，いわゆる戦後新教育に欠落するものを補う形で，新たな形
で出発したのである。

　もちろん，国分一太郎の『新しい綴方教室』とそれにつながる一連の論
考以前にも，戦前の作文・綴り方教育の復興を訴える，いくつかの提言が
なされている。いま，それらの中から，比較的早い時期のものとして，志
垣寛主宰の同人誌「国語創造」(4) 所収の 2 編の論考を取り上げたい。い
ずれも「綴方復興」と題されたものであるが，一つ目は，同誌第 2 号（1947
〈昭和 22〉年 1 月 10 日）所収の近藤益雄の「綴方復興」，二つ目は，同誌第
8 号（1948〈昭和 23〉年 1 月 25 日）所収の志垣寛の「綴方復興」である。

　近藤益雄，志垣寛は，ともに戦前の作文・綴り方と深く関わるとともに，
戦後の作文・綴り方の興隆・隆盛を支えた人物でもある。

　いま，それぞれの論考から基本的な考え方に関わる部分を取り出すと，
それは，それぞれ，次のようなものである。

近藤益雄「綴方復興」

　　子供自身の手で子供自身のために描かれるもの―それがどんなに子供自
　身をあかるくするものであるかを，私共は忘れてはならない。子供たちが
　かういふ生活表現の意欲をもつとき，綴方もまた生々と生れてくるものだ。
　　これで誰にも分るにちがひない。子供の表現意欲をかうまでさかんにす

107

第2章　新教育運動の中の作文・綴り方教育

るといふことは，子供自身の手で，子供自身のために，子供自身の文化を獲得することを意味する。子供に思切って自由を與へよ。これなのだ。(5)

志垣寛「綴方復興」

　綴方復興の第一義は，教育者が人間の権威に目ざむることだ。一人一人の教師が自己の尊厳を自覚することだ。自己の尊厳に目ざめたならば，勇敢に自己を主張すべきである。勿論，その為に自己を培うことが必要であるが。

　……自己の主張に勇にして他を封殺することは許されない。この事は子供たちに最もよく指導されなくてはならぬ事である。……真に新しい教育が栄えて行くならば，綴方は必然に栄えて行くであろう。(6)

　ここに見られる考え方は，いずれも，戦前の作文・綴り方教育の考え方そのものであり，戦後の，いわゆる新教育に対する待望論でもある。まだ，国分一太郎の言うような，新教育に欠落するものを，作文・綴り方の新たな展開によって克服しようとするような視点は見られない。それだけに，当時，まだ，これらの論考が，『新しい綴方教室』のような大きな反響を呼ぶところまでには至らなかったのである。

3.『新しい綴方教室』の成立

　先に述べた通り，『新しい綴方教室』は，雑誌「教育新報」等に連載された論考をもとにして編集・刊行されたものである。

　いま，これらの連載論考が，『新しい綴方教室』刊行の際に各章（「付録」と「あとがき」を除いて，第1話から第20話まで。第21話の「まとめと展望―生活綴方的教育方法」は，増補版刊行の際に付け加えられた。）としてどのように配列・構成されているかを明らかにしたい。

　まず，12回に及ぶ連載論考の題目，掲載誌名，刊号，刊行年月日を表にして示すと，それは，次のようになっている。

第3節 作文・綴り方復興の契機としての『新しい綴方教室』

表1

1.	国分一太郎「綴方の復興と前進のために（1）」	「教育新報」No.5	1949. 8. 30
2.	国分一太郎「綴方の復興と前進のために（2）」	「教育新報」No.6	1949. 9. 15
3.	国分一太郎「綴方の復興と前進のために（3）」	「教育新報」No.7	1949. 9. 30
4.	国分一太郎「綴方の復興と前進のために（4）」	「教育新報」No.8	1949. 10. 30
5.	国分一太郎「綴方の復興と前進のために（5）」	「教育新報」No.9	1950. 2. 15
6.	国分一太郎「綴方の復興と前進のために（6）」	「教育新報」No.10	1950. 4. 30
7.	国分一太郎「綴方の復興と前進のために（7）」	「教育新報」No.11	1950. 5. 15
8.	国分一太郎「綴方の復興と前進のために（8）」	「教育新報」No.12	1950. 5. 30
9.	国分一太郎「綴方の復興と前進のために（9）」	「教育時報」No.1	1950. 8. 30
10.	国分一太郎「綴方の復興と前進のために（10）」	「学力向上研究」No.2	1950. 9. 10
11.	国分一太郎「綴方の復興と前進のために（11）」	「学力向上研究」No.3	1950. 10. 30
12.	国分一太郎「すっきりした文章をかかせるために」	「教師の友」No.1	1950. 12. 1

さらに、これらの12編の連載論考が、『新しい綴方教室』に収録されるのに際して、どのように構成・再編されているかを、連載論考と『新しい綴方教室』の目次構成（第1話から第20話まで）を対照し、一線（矢印）で結んで示すと、それは、次のようになる。

表2

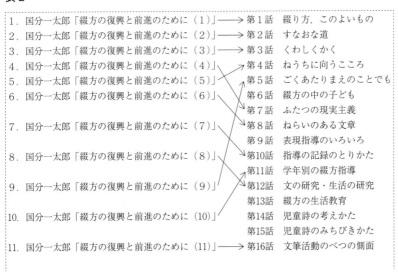

109

第2章　新教育運動の中の作文・綴り方教育

12. 国分一太郎「すっきりした文章をかゝせるために」

- 第17話　だれもが，すらすらとかく
- 第18話　必要に走る子どものペン
- 第19話　子ども学者の新しいペン
- 第20話　子どもたちの文学的活動

　上の一線（矢印）で結んだ連載論考と『新しい綴方教室』の各章とは，同一の文章・内容ではない。いずれも大幅な加筆・削除がされており，その違いは，連載論考をもとにして『新しい綴方教室』が新たに書き下ろされたとも言えるほどである。例えば，『新しい綴方教室』の「第1話　綴り方，このよいもの」の冒頭にある，後，同書を象徴するものとして有名になった「アメバ，アメナテ　カゼバ，カゼナテ……」ではじまる児童の文章は，連載論考には見られない。

　また，連載論考「綴方の復興と前進のために（1）」の構成が，

1. わかいよろこび
2. この真剣なもの
3. てまのかゝるしごと
4. 綴方の復興のために

となっているのに対して，対応する『新しい綴方教室』の「第1話　綴り方，このよいもの」は，

1. こころみに
2. てまのかかるしごと
3. わかいよろこび
4. 綴方の復興のために

と構成されている。

　1から4の各節の順序が入れ替えられるとともに，連載論考の「2. この真剣なもの」が児童の文章等を大幅に加筆して「1. こころみに」と改め，『新しい綴方教室』に収められているのである。

　また，連載論考と『新しい綴方教室』の各章の内容を照らし合わせると，連載論考にはなく『新しい綴方教室』だけに見られるものとして，「第6話　綴方の中の子ども」「第9話　表現指導のいろいろ」「第13話　綴方の生活教育」「第14話　児童詩の考えかた」「第15話　児童詩のみちびき

110

かた」の五つの章をあげることができる。したがって，これらの章は『新しい綴方教室』を構成・編集する際に新たに書き下ろされたものと考えられる。

4. 『新しい綴方教室』の作文・綴り方教育論に対する評価

　『新しい綴方教室』が，無着成恭の『山びこ学校』[7]とともに，戦後の作文・綴り方教育の復興・興隆の契機となったとする評価は，既に定着したものである。しかし，その反面，その限界を指摘する，否定的な色合いの濃いものとして，「……だからこの書には，新しい民主主義の理想を掲げた現代において生活綴方はいかに復興さるべきかという発想ではなく，『ありのまま』という戦前の生活綴方への郷愁が貫いているのである。」[8]，「……アメリカ流の作文教育にたいする抗議としては重要な歴史的意義はあるが，戦後，解放された現場の実践の中から生まれたものでないところに，教条的限界があろう。」[9]等の評価も見られる。

　これらの評価に対しては，詳細な検証を行う必要がある。ただ，現時点で言えることは，国分一太郎が『新しい綴方教室』で述べた「ありのまま」という概念は，「戦前の綴方」への回帰を言うものではない。作文・綴り方が，戦前・戦後を通じてその核心に持つ本質を表わす言葉として，用いられているのである。だからこそ，そこから，戦後の作文・綴り方の新たな方法論であり本質論である「概念くだき」等の考え方が導かれ，さらに，その考え方を拠り所にして，本書から出発した小西健二郎たち―戦後の若い教師たち―によって，戦後独自の，新たな作文・綴り方教育の実践・理論が数多く生み出されていったのである。

5. 『新しい綴方教室』の作文・綴り方教育論

　国分一太郎は，連載論考「綴方の復興と前進のために（1）」の「4. 綴方の復興のために」の中で，戦前の，「赤い鳥」以降の作文・綴り方の歴史を略述する。続いて「わたくしたちは，この伝統をもういちど反省しなければならない。わけて，若い人たちには，大いに学んでもらわなければ

第2章　新教育運動の中の作文・綴り方教育

ならない。いままでのを学習して、それから新しいものを創造してもらい
たい。」(10) と、戦前の作文・綴り方の歴史と伝統とを継承し発展させる必
要を述べた後、作文・綴り方の意義と機能について、次のように説明して
いる。

> いわゆる「新教育」の観念性をうちやぶるためにも、それをブルジョア
> の民主主義にとどまらせないためにも、わたくしたちは、いまこそ、綴方
> 教育の効能を発揮させるときではないか。
>
> なぜ、綴方をそんなに、おもくみるのか。かんたんにいえば、やっぱり
> 綴方は、　①生きた生活からはなれたらもうだめなこと　②生きた子どもの
> 精神の成長をじかにつかみとれること　③子どものコトバのなかから、い
> ちばんリアルで独創的な物の考え方をよみとれること　④あらゆる教科で
> の勉強が、どれほど、かれらの血となり肉となっているかをくみとるのに
> 便利なこと─こういうことだといえるだろう。(11)

　ここで、国分一太郎が、民主主義を標榜し経験主義（プラグマティズム）
を柱とした戦後の「新教育」を、「観念性」を持つもの、「ブルジョアの民
主主義」に傾くものとして、批判的にとらえていることに着目したい。当
時（1949〈昭和24〉年から1951〈昭和26〉年ごろ）の教育界の大勢は、コア・
カリキュラムや単元学習の考え方に基づく自主的な教育課程の編成、新し
い教科である社会科の教科内容の把握と構成、等を中心的な課題としてい
た。それは、「新教育」という言葉が示す通りの、新しく理想的な、取り
組むべき課題・考え方とされていた。そのような趨勢の中で、国分一太郎
は、その「新教育」の限界と問題点とを見抜き、戦前からの、わが国独自
の教育方法である作文・綴り方によって「新教育」の限界を乗り越えると
ともに、それにも勝る教育が可能になるとしたのである。

　したがって、『新しい綴方教室』で述べられている作文・綴り方教育の
全てが、戦後の「新教育」に即したものではない。むしろ、一方で、戦前
のわが国において大きく花開いた作文・綴り方教育の理論・実践の到達点
と成果とを確実に継承しながら、また一方で、その新たな展開の可能性や
方向性を、戦後教育の中に位置づけようとしたのである。

112

①「概念くだき」（くわしく書く・ありのままに書く）の指導

　『新しい綴方教室』（連載論考「綴方の復興と前進のために」）に示された国分一太郎の作文・綴り方教育論を代表するものとして，第一に，「概念くだき」の提言をあげることができる。ここでいう「概念くだき」とは，「あまりにまとまりすぎていて，子どもらしくない文章からの解放のしごと」(12)のことであり，「概念的・抽象的・観念的な見方や考え方を積極的にうちくだいていく」(13)ための方法論である。具体的には，短くまとまった，いわゆる「三行綴方，五行綴方，七行綴方を，ぶちこわして，もっとよけいにかかせる」(14)ことを目指す，「くわしくかかせることの，もっとも有効なコツ」(15)を意味する。

　国分一太郎は，この『新しい綴方教室』の「第2話　すなおな道」で，まず，「秋」と題する概念的な文章の例と「かやをはずしたこと」と題する「じぶんのコトバで，すなおに綴っている。かざってかく意識などは，すこしも感じられない」文章の例とを示している。(16) さらに，具体的な「概念くだき」の指導の方法の一つ目として，同じ「けんか」という題で書かれた二つの文章を並べ，対比することによって読み手である児童に「どちらが概念的・観念的な考え方か？」「どちらが具体的・現実的な考え方か？」と考えさせることができることを述べている。(17) また，「第3話　くわしくかく」では，二つ目の指導の方法として，「じてんしゃのくさり」と題する概念的・観念的な文章に対し，

　（イ）どこをどうくわしくかくのか。

　（ロ）それを，この文のどこにかき入れるとよいのか。

　（ハ）くわしくとは，どんなことか。(18)

を具体的な赤ペンによって詳細に指摘し，それによって，10文で構成されていた「概念的・観念的」な文章が書き直され，26文の「くわしい」文章になったとしている。

　いま，この事例で，国分一太郎が示している10項目の赤ペンのうち，最初の二つを取り出すと，それは，次のようなものである。

　　　まず（1）という番号をつけてある，そのばしょに，赤ペンで─の印を

第2章　新教育運動の中の作文・綴り方教育

つけてやる。そしてその上部に、「きのうのいつごろか」と、小さくかいて
やるのだ。そうすれば、これを受けとった子どもは、――の中に「きのうの
夕方」とか、「きのう学校から帰ってから」とか、「きのうの夕方、すこし
くらくなりかけたころ」とかかき入れる。かき入れて、よみなおしてみて、
「なるほど、これがくわしいということか」となっとくがいく。微笑する。
　(2) のところでは、同じようにして、「だれのくすりか」「どこのいしゃか」
などとかいてやる。もっときくなら、「そのじてん車はどうだったのか」と
もかいてやる。すると、子どもは、いっしんに考える。目をほそめて考え
る。くびをまげて思い出す。記憶をよみがえらせようとこれつとめる。「な
るほど、じてん車のくさりがきれたことをかくのだから、はじめはきれて
いなかったこともかかなければならないわけか」と気づきはじめる。(19)

　もちろん、このような赤ペンによる詳細な指導は、児童の書いた文章を
否定するためでもないし、書き直させることを前提とするものでもない。
また、教師が赤ペンで指摘した事柄の全てを書き直させるわけでもない。
　ただ「ありのまま」に書きなさい、「くわしく」書きなさい、「正直に」
書きなさい等と言葉で指示をしただけでは、児童をとまどわせて終わって
しまうことになる。児童は、どうすることが「ありのままに」「くわしく」
書くことかが分からず、どうすれば「正直に」書けるのかが分からないか
らである。そのような児童に対して、言葉によって指示をするだけではな
く、児童の書いた文章に即して、何をどう考え書くべきかを、当の児童の
書いた文章に即して、可能な限り具体的に指示してやるのである。それに
よって、児童は、自らの文章を書き直すとともに、同時に、「ありのままに」
「くわしく」「正直に」書くとは何をどうすることなのかを具体的に知って
いくのである。
　このような「概念くだき」の指導は、したがって、これまでに言われて
きた、

　　・くわしく書く

　　・ありのままに書く

指導だけではなく、

　　・よく思い出して書く

114

・正直に書く

　・すなおに書く

指導をも，その内容として含み持つものと言うことが出来る。

　「概念くだき」という言葉は，ただ詳細でくわしく長い文章だけを目指
した指導を意味する言葉ではない。より大きく本質的な，書き手としての
児童の個性と主体性を尊重する，「真実をつかみとる目，事物をすなおに
とらえる心を養う」⑳ための，「概念的・抽象的・観念的な見方や考え方
を積極的にうちくだいていく」㉑ものと言える。それは，言い換えれば，
徹底した文章表現力の指導による，狭い意味での文章表現の技術や能力を
超えた，表現主体の育成を目指した指導なのである。

　だからこそ，国分一太郎がここで用いた「概念くだき」という言葉は，
その後，戦後の作文・綴り方教育の本質を表わし象徴する用語として用い
られることになったととらえられる。

②「多角的な文筆活動」（さまざまな表現技術）の指導

　『新しい綴方教室』（連載論考「綴方の復興と前進のために」）に示された国
分一太郎の作文・綴り方教育論を代表するものとして，第二に，「多角的
な文筆活動」についての提言をあげることができる。

　わが国の作文・綴り方教育の歴史の中で，戦前の一時期（1935〈昭和
10〉年ごろ）に，いわゆる「調べる綴り方」「科学的綴り方」が提唱され，
調査記録文・記録報告文の指導が行われた。しかし，それが大きく取り上
げられ話題になることはあっても，作文・綴り方教育の中心になることは
なかった。中心にあったのは，あくまでも，児童が生活の中での出来事や
経験を一人称で記述する，いわゆる生活文（生活記録文）であった。

　そのようなわが国の作文・綴り方教育の歴史と伝統の中にあって，国分
一太郎は，その作文・綴り方教育で行うべき文章表現指導の範疇を，次の
ように述べている。

　　(1) だれにもわかる日本語文章の正しい書き方の初歩を，どの子どもにも，
　　　　身につけてやりたい。

第2章　新教育運動の中の作文・綴り方教育

(2) 生活や学習の必要に応じた，さまざまな型の事務的・実用的文章も，すらすらかくことのできる子どもに育てたい。

(3) どんなに幼稚であろうとも，子ども達の「学問」探究の経過や成果を，ハッキリした，ゴマカシのない文章にする力をもった子どもに育てたい。

(4) 生活の事実，世界（自然および社会）の現実に即して，それを，ありありと，感動をこめてかくことのできるような子どもに育てたい。[22]

上のうち，(1) は，様々な文章を書かせる以前の，平易な文字・語句や簡単な文・文章を書かせるための，基礎的な事柄の指導である。それは，日本語を書くのに必要な知識や技術・能力の指導とも言うことができる。ここでは，最低限度の文章表現の技術・能力として，基礎的な，文字表記の規則，約束ごと等が取り上げられる。また，(4) は，日常の生活の中で出会う身近な事実を，ありのままに正直に，また個性的に書き表わすことを目指した指導である。この指導では，いわゆる生活文（生活記録文）だけではなく，より発展した文学的な文章である物語や小説，詩歌，戯曲等も含まれる。

さらに，注目されるのは，戦前の「調べる綴り方」「科学的綴り方」を越えた，事務的・実用的文章を取り上げる (2)，記録文・報告文を取り上げる (3) についての指摘である。

(2) の事務的・実用的文章について，国分一太郎は，手紙や日記，メモ等だけではなく，他教科の学習において「文章表現を用いさせた方がよいと考えたとき」に書かれる文章も含まれるとしている。[23] また，(3) の記録文・報告文について，それを，研究の論文，評論，レポート等の「知的な文章・科学的な文章」[24] であるとしている。

これらのうち，(2) の事務的・実用的文章の指導について，『新しい綴方教室』の「第18話　必要に走る子どものペン―実務的文章の基礎をかためる」に記されている 19 項目中の 10 項目，(3) の記録文・報告文の指導について，『新しい綴方教室』の「第19話　子ども学者の新しいペン―科学的文章の芽を育てる」に記されている 5 項目の全てを取り出すと，それは，それぞれ，次のようなものである。

116

第3節　作文・綴り方復興の契機としての『新しい綴方教室』

○事務的・実用的文章の指導
1　さまざまの報告書をかかせる。
2　おぼえがき（メモ）。
3　調査書。
4　意見や批判を書かせる。
5　質問書や答弁書をかかせる。
6　日記をかかせる。
7　よんだ本の紹介や感想をかかせる。
8　発表会の原稿をかかせる。
9　議事録のようなものをかかせる。
10　決議文や規約などのつくりかたにもなれさせる。(25)

○記録文・報告文の指導
1　いつでも，どこにでも，あてはまるようなまとまった（概括的な）表現をする。
2　ある事実を，ややくわしくかくときでも，それは，あるひとつのきまり（法則）をわからせるためにかくのである。
3　一語一語にも，あいまいさやゴマカシがあってはならない。つねに，正確で，明快な表現を必要とする。
4　必要なときには，数字や図表や図解なども適当に活用される。
5　描写よりは，説明の方がよけいに用いられる。感情にうったえるよりは，人間の理性にうったえる部分がよけいになる。(26)

　ここで取り上げられている項目は，いずれも，戦前からの生活綴り方（生活作文）の範囲に含まれるものではない。「事務的・実用的文章の指導」にあげられている項目は，生活そのものの指導ではなく，狭い意味での国語科文章表現技能の指導を目的とするものである。それは，やや図式的に表せば，生活を手段とし表現を目指すものであり，生活そのものを指導の対象とするものではない。また，「記録文・報告文の指導」にあげられている項目は，児童の家庭や学校での生活（生活の中での行動や認識）の枠を超え，理科や社会科を中心とした学習活動の中で，科学的で客観的な思考・認識の技能を培おうとするものである。したがって，それは，文章表現力そのものの指導を直接の目的としたものではない。

117

第2章　新教育運動の中の作文・綴り方教育

　このように見てくると，いわゆる生活文（生活記録文）は，先に文章表現指導の範疇としてあげられていた（1）から（4）のうち，（4）に文学的文章とともに含まれるだけであり，（1）（2）（3）には含まれないことになる。このような生活文（生活記録文）の位置づけは，戦後の作文・綴り方教育の課題として，後，「作文・綴り方論争」「1962年度活動方針案をめぐる論争」として，大きく取り上げられることになる。

　いずれにせよ，『新しい綴方教室』では，戦前の作文・綴り方の歴史や伝統を踏まえ発展させながら，新たな行き方として，「多角的な文筆活動」（さまざまな表現技術）の指導が考えられたのである。

6.　おわりに

　すでに見てきた通り，国分一太郎の『新しい綴方教室』（連載論考「綴方の復興と前進のために」）は，その底流に，戦後の新教育としての経験主義（プラグマティズム）への批判を持つものとして公刊された。それは，ある意味で，戦後輸入された経験主義（プラグマティズム）が，理念・観念の域にとどまり，児童の生活経験や置かれている現実を正しくとらえたものとなり得ていなかったことによる。だからこそ，この『新しい綴方教室』（連載論考「綴方の復興と前進のために」）によって，児童の経験を尊重し，その生活から出発する教育が，戦前の教育遺産である作文・綴り方（生活綴り方）と結びついたのである。それは，輸入された，新教育としての経験主義（プラグマティズム）から，日本の伝統的な経験主義（プラグマティズム）への回帰とも理解できる。

　また，この『新しい綴方教室』（連載論考「綴方の復興と前進のために」）にみられる作文・綴り教育は，狭い意味での国語科の範囲にとどまらず，より広く，教育全体にかかわる方向性を持つものである。それは，戦前の作文・綴り方（生活綴り方）にも共通する。しかし，その一方で，国分一太郎は，すでに考察してきた通り，事務的・実用的文章の指導や記録文・報告文の指導にも言及している。これは，戦前の作文・綴り方（生活綴り方）教育にはない立場であり，明らかに，戦後の，作文・綴り方から書く

118

第3節　作文・綴り方復興の契機としての『新しい綴方教室』

ことへの流れ，および単元学習と軌を一にするものといえる。

　一方で，戦前の歴史や遺産を踏まえ，また一方で，戦後の視点を加えた新しい作文・綴り方教育—文字通り，わが国の作文・綴り方（生活綴り方）教育の大きな転換点を導いたものとして，この国分一太郎の『新しい綴方教室』（連載論考「綴方の復興と前進のために」）を評価することができよう。

〈注〉

(1) 船山謙次「戦後生活綴方教育論史（5）」「作文と教育」誌（1961〈昭和36〉年4月号）74ページ

(2) 小西健二郎『学級革命』（1955〈昭和30〉年9月20日　牧書店）24ページ～28ページ

(3) 国分一太郎「何が問題であったか，今もあるか？」「作文と教育」誌（1955〈昭和30〉年8月号）41ページ

(4) 志垣寛，寒川道夫らによって教育新聞社（教新社）から刊行された国語教育誌。1946〈昭和21〉年11月1日から1949〈昭和24〉年1月15日まで刊行され，誌齢13号を数える。

(5) 「国語創造」誌　第2号（1947〈昭和22〉年1月10日）19ページ

(6) 「国語創造」誌　第8号（1948〈昭和23〉年1月25日）4ページ

(7) 無着成恭『山びこ学校』（1951〈昭和26〉年3月5日　青銅社）

(8) 高橋和夫「戦後国語教育史（4）」「教育科学国語教育」誌（1960〈昭和35〉年6月号）124ページ

(9) 上田庄三郎「作文教育か生活綴方か」小川太郎他編『戦後教育問題論争』（1958〈昭和33〉年6月30日　誠信書房）111ページ

(10) 「綴方の復興と前進のために（1）」（前出）12ページ

(11) 同　　上

(12) 『新しい綴方教室』（前出）30ページ

(13) 同　　上　　35ページ

(14) 同　　上　　27ページ

(15) 同　　上　　51ページ

(16) 同　　上　　31ページ～34ページ

(17) 同　　上　　37ページ～39ページ

(18) 同　　上　　46ページ

(19) 同　　上　　47ページ

(20) 同　　上　　32ページ

(21) 同　　上　　35ページ

119

第 2 章　新教育運動の中の作文・綴り方教育

（22）同　　　上　305 ページ〜 306 ページ
（23）同　　　上　307 ページ
（24）同　　　上　308 ページ
（25）同　　　上　327 ページ〜 335 ページ
（26）同　　　上　343 ページ〜 346 ページ

第4節　「書くこと（作文）」と「つづり方（つづること）」の位置と意義—「生活文」指導をめぐる作文・綴り方論争—

1.　作文・綴り方教育の隆盛と「書くこと」「作文」「綴り方」

　我が国における戦後の「書くこと（作文・綴り方）」教育は，「昭和二十二年度（試案）学習指導要領　国語科編」（1947〈昭和22〉年12月20日），および「昭和二十六年（一九五一）改訂版　小学校学習指導要領　国語科編（試案）」（1951〈昭和26〉年12月15日）によって公教育としての内容・体制を整えた。この間，いち早く結成された「作文の会」によって「作文教育　第一集」誌（1948〈昭和23〉年10月25日　八木橋雄次郎ら）が刊行され，また，「国語創造」誌（1946〈昭和21〉11月1日　寒川道夫ら），「実践国語」誌（1949〈昭和24〉年4月1日　西原慶一ら），「つづりかた通信」誌（1950〈昭和25〉年6月25日，無着成恭ら），「作文と教育」誌（1950〈昭和25〉年11月1日　来栖良夫ら）等の同人誌が相次いで創刊された。また，戦後の「書くこと（作文・綴り方）」教育復興の大きな契機となったとされる，国分一太郎「綴方の復興と前進のために」の連載（1949〈昭和24〉年8月30日から1950〈昭和25〉年12月1日まで　「教育新報」誌を中心に12回にわたって連載され，後『新しい綴方教室』—1951〈昭和26〉年2月28日　日本評論社—として刊行された），無着成恭『山びこ学校』（1951〈昭和26〉年3月5日　青銅社）の刊行も行われた。

　このような中で，先にあげた「作文と教育」誌を中心とする「日本作文の会」の同人によって「第1回　作文教育全国協議会」（1952〈昭和27〉年8月1日−3日　岐阜県中津川市　参加者1300名）が開催された。

　これらの一連の流れは，ある意味で，戦後の「書くこと（作文・綴り方）」教育の復興・興隆が順調に，また盛んに行われた，一つの姿を示すものといえる。しかし，「書くこと（作文・綴り方）」教育が盛んになればなるほど，その多様性が，相違点や対立点あるいは立場の違いとして，とらえら

121

第2章　新教育運動の中の作文・綴り方教育

れるようになった。それは，大きく，戦前の生活綴り方教育を発展的に継承しようとする立場と，戦後の新たな作文教育を「学習指導要領」に基づいて展開させようとする立場との違いとされた。

　この問題を取り上げたのが，次に掲げる三つの新聞記事（いずれも無署名の記事である—引用者）である。

　　A「『つゞり方』か"作文"か—学校作文への反省—」

　　　　　　　　　　　　　　　（朝日新聞　1952〈昭和27〉年3月1日）

　　B「混乱する綴方教育　生活文か，作文か『指導要領』に教師の悩み」

　　　　　　　　　　　　　　　（読売新聞　1952〈昭和27〉年4月25日）

　　C「社説　教育の観念化を怖れる」

　　　　　　　　　　　　　　　（毎日新聞　1953〈昭和28〉年4月6日）

　上のA，B，Cの三つの記事のそれぞれで，「つゞり方」「生活文」「生活綴方」の例として，先にあげた無着成恭の『山びこ学校』が取り上げられている。この『山びこ学校』は，出版と同時にベストセラーとなり，劇化・映画化される等，その反響は教育界だけではなく，広く日本全国に及んだ。それとともに，新聞・雑誌等のマスコミを介して社会の目を「書くこと（作文・綴り方）」教育に向けさせる契機にもなった。

　このことから，すでに述べた「書くこと（作文・綴り方）」教育の戦後の大きな流れを背景とし，無着成恭の『山びこ学校』を直接的な契機として，以下に取り上げたA，B，Cの3つの新聞記事が書かれたものと考えられる。

2.　A「『つゞり方』か"作文"か—学校作文への反省—」の内容，

特質と反響，反論

　この記事（朝日新聞　1952〈昭和27〉年3月1日）では，まず，「つゞり方」でいう「ありのまま」が，すでに20年以上前に「赤い鳥」誌に掲載された豊田正子の作品に見られたものであり，戦後の新しいものではないとした上で，教育内容としての「つゞり方」と「作文」の違いを次のように述べている。

122

第 4 節 「書くこと（作文）」と「つづり方（つづること）」の位置と意義

　ところで，「つゞり方」という言葉はいまの学校では使われていない。それと"似た"作業は「作文」と名を改め，その内容も，すっかりといっていゝくらい変ってしまっている。最近でたばかりの小学校の「作文集」をちょっとのぞいても"遠足""お手玉"といった題の生活風景を，つづり方風にかいたものも，もちろんあるが，「映画を見て」の感想やら，運動会についての「対談」筆記，工場見学記につゞいて，その工場へのお礼の「手紙」，めだかの観察日記，理科のレポートようのもの，「おかあちゃまったら，こどもみたいにおとうちゃまっていゝます。まるでわたしのおねえちゃまみたい」という一年生のぶっきらぼうな「短文」など…いわゆるつゞり方からはみだしたようなものゝ方がずっと多い。これが戦後の新しい「作文」教育がそだてゝいるものである。(1)

　最後に紹介されている「短文」をどのように評価するかは別にしても，戦後の作文教育が多様な文種の文章を書かせようとしたことは事実である。これは，昭和22年度および昭和26年度の「学習指導要領」に，「手紙・日記・記録・報告・研究・随筆」(2) や「簡単な議事録」「注文・依頼・お礼など，いろいろな用件に応じた手紙」「電文」(3) 等，多様な文種に応じた「作文」指導の考え方が取り入れられたことの反映である。それは，生活の中での実用や経験を重視する，まさしく戦後の新しい「作文」教育観に立つものであった。

　ただ，この記事の論調に見る限り，「戦後の新しい『作文』教育がそだてゝいるもの」としての「作文」を，全面的に肯定し支持しているとは読み取れない。基本的には，実用や経験をふまえた指導に対して一定の距離を置こうとする立場に立つものと受け止められる。

　このような「作文」への理解を前提にし，戦後の「つゞり方」について，さらに，次のように述べられている。

　　つゞり方か作文か，は単なる文字のちがいだけではなく，もっと大もとで，二つの考え方がたたかっていると見られないことはない。というのは"山びこ学校"の真のネライがなんであるにせよ，この出現は，戦争中冷めしをくわされていた"生活つゞり方"の復活と考える，いわゆる"生活派"のつゞり方指導者たちが活発に動き始めた事実に関係がある。それは戦後開かれた「社会科」のマドから社会批判にむかい，現実を深くさぐって生

第2章　新教育運動の中の作文・綴り方教育

活をたて直そうとする若い情熱的な教師たちを，生活つゞり方指導に走らせる後盾になった。(4)

以上の論述から，当時，"つゞり方""生活つゞり方"という言葉が"山びこ学校"と同義語であるかのように理解されていたことが分かる。確かに『山びこ学校』は，その副題に「山形県山元村中学校生徒の生活記録」とあるように，中学校の生徒の生活記録文を集めたものである。しかし「学習指導要領」でいう「手紙・日記・記録・報告…」という文章形態の一つとしての「記録」を意識して書かれたものではない。

それは，『山びこ学校』の編者である無着成恭の次のような言葉からも理解できる。

目的のない綴方指導から，現実の生活について討議し，考え，行動までも押し進めるための綴方指導へと移っていったのです。生活を勉強するための，ほんものの社会科をするための綴方を書くようになったのです。(5)

ここでは，はっきりと「ほんものの社会科をするための綴方」と述べられており，国語科の一領域としての「書くこと（作文・綴り方）」とは異なる立場が示されている。さらに，このような「ほんものの社会科をするための綴方」という考え方は，「戦後の『社会科』」の立場からも，肯定されるものではなかった。

このように，『山びこ学校』を，国語科の「書くこと（作文・綴り方）」とも「社会科」とも異なる独自の「つゞり方」「生活つゞり方」ととらえた上で，この記事は，次のようにまとめられている。

しかし，つゞり方を人間形成の一般的な科目として他学科に優先するものという"生活派"の考え方は一方で新教育における「作文」のそれと対立し，もう一方で，社会生活重視の立場をとるところからの反対にであっている。(6)

『山びこ学校』に代表される「生活派」の「つゞり方」「生活つゞり方」の考え方を「人間形成の一般的な科目として他学科に優先するもの」と位置づけることが否定されている。それが，国語科の「書くこと（作文・綴り方）」の範疇を超えるものであり，同時に，「戦後開かれた『社会科』」

124

第4節 「書くこと（作文）」と「つづり方（つづること）」の位置と意義

の側からも反対されているとするのである。

　このようにとらえられる「朝日新聞」所収の記事であるが，その題目は「『つづり方』か"作文"か―学校作文への反省―」であった。すでに述べてきた考察から，この「『つづり方』か"作文"か」という見出しは，言い換えれば，『山びこ学校』でいう「つづり方」か「学習指導要領」でいう「作文」「書くこと」か，どちらが本当の意味での，学校教育で行うべき「書くこと（作文・綴り方）」かと言う問いかけと理解される。ただ副題の「学校作文への反省」に着目すると，「反省」の対象とされている「学校作文」とは，言うまでもなく「学習指導要領」の内容を指す。したがって，この記事は，「学習指導要領」に言われる「作文」が，「反省」するべき様々な課題や問題を持つことを前提としている。その「学校作文への反省」の一つが，『山びこ学校』に象徴される「つづり方」「生活つづり方」から学ぶべき点である。だからこそ，この記事が「『つづり方』か"作文"か―学校作文への反省―」とされたと理解できる。

　次に，この記事に対する反響，反論である。

　もっとも早い時期に反響，反論を記したのは，「作文と教育」誌の第7号（1952〈昭和27〉年3月20日）に掲載された，野口茂夫の「生活文を軽視していいか」である。ここで野口茂夫は，朝日新聞の記事が「これが戦後の新しい『作文』教育がそだてゝいるものである。」と述べていた多様な文種の指導と生活文との関係を，次のように述べている。

　　子どもたちにとって，通信文や日記報告などを書く経験と同じように，生活文を書くという経験があってもいいと思う。いやむしろ生活文を書くという経験が中心となるべきだと思うのだ。(7)

　野口茂夫は，「学習指導要領」でいう「手紙・日記・記録・報告…」という様々な文章形態の指導を認めながら，それに独自の文章形態としての「生活文」を加えるべきこと，さらには，様々な文章形態の指導の中心にあるものとして「生活文」を位置づけるべきことを述べている。

　このような野口茂夫の論考が掲載された翌月，1952（昭和27）年4月の「作文と教育」誌には，滑川道夫の「生活文は，なぜかかせなければなら

125

第2章　新教育運動の中の作文・綴り方教育

ないか」と題する文章が掲載されている。

　ここで，滑川道夫は，「綴方派と作文派があって，それを対立している
かのような印象を与えたり，ジャーナリックな感覚からそれを喜び迎えよ
うとしたり，あるいは，それに政治的な意味附与をわざとしてみて，なが
し目や白目をつかうことなど，すべて不愉快な現象ではないかと思う。」
「生活綴方というのは古いもので，これからは作文教育こそ新しいもので
あるといったいいかたは，あまりに幼稚で話にならないから黙殺すること
にする。」(8) とした上で，「通信文や日記報告…」の指導と「生活文」の
指導との関わりを，次のように述べている。

　　　この日本独自な「生活文」を，新しい作文が継承発展させてわるい理由
　　はどこにも見当らない。むしろ，ひろい意味の「生活文」の展開したすが
　　たとして学習指導要領に記されている記録・報告・手紙・はがき・日記
　　類・広告・ポスター・標語・新聞編集・感想・意見・批評文等々の要求を
　　受けとるべきだと思う。そのどれを書かせても「生活文」的な要素がにじ
　　みだすところに児童作文の特性があることも思い合わせてもいいことであ
　　る。…「生活文」を大事にし，この自由な表現に力を入れてかからなければ，
　　もろもろの項目は生きてこない。たとえば報告文にしても，生活文の裏づ
　　けによって成立するのである。(9)

　ここでの滑川道夫の考え方が，先の野口茂夫の考え方と通じる。野口茂
夫は，多様な文種の指導と生活文の指導とを対立的にとらえてはいなかっ
た。むしろ，生活文の指導が中心になり，その発展として，多様な文種の
指導を位置づけていた。滑川道夫は，この野口茂夫の考え方を肯定する。
「ひろい意味の『生活文』の展開したすがたとして」多様な文種の指導を
位置づけているからである。滑川道夫は，このような考えに立ちながら，
さらに「そのどれを書かせても『生活文』的な要素がにじみだす」「たと
えば報告文にしても，生活文の裏づけによって成立する」としている。滑
川道夫は“綴方派と作文派”“生活綴方と作文”といった二極対立的な考
え方に異を唱えている。同様の考え方から，“生活文と記録・報告…”と
いう考え方も否定する。“生活文から記録・報告…へ”というとらえ方を
発展させ，“生活的記録文”“記録的生活文”…とでも言えるとらえ方を提

126

第4節　「書くこと（作文）」と「つづり方（つづること）」の位置と意義

言するのである。児童の書く活動は，常に何らかの目的に基づいて行われる。それをあえて限定し区分すれば "記録" "報告" "日記" と名付けられる。しかし「『生活』ということばは，広く漠然とつかわれているが，人間の生きていく一さいの活動をいみするのである」(10) ととらえるとき，全ての "書かれたもの" としての文章は生活文となる。だからこそ，滑川道夫は，多様な文種の指導と生活文の指導とを区別せず，一元的にとらえることを提言するのである。

　このような "綴方派と作文派" "生活綴方と作文教育" といった対立的なとらえ方を排除し，両者の共通点・相似点を見つめていこうとする考え方は，きわめて穏健で穏当なものであった。

　上のように述べた滑川道夫は，この論考の最後を次のように結んでいる。

　　　綴方と作文が，互いに敵ではなくみかたである。おそるべき敵は外にある。それは，子どもにもおとなにも，真実の声を文で発表させなくする「言論弾圧」の風潮でなければならない。
　　　それこそ，自由な文字表現を，綴方を，作文を変質させようとするものだからである。(11)

　滑川道夫は，一方で，戦前に生活綴り方，わけても北方教育運動に深く関わり，それが弾圧された，いわゆる "生活綴り方事件" の被害者であった。また一方で，戦後の昭和22年度と26年度の「学習指導要領」の編集委員も勤めた。そのような滑川道夫だからこそ言い得る「おそるべき敵は外にある」という言葉は，重くまた切実な響きを持つ。

　この滑川道夫の論考が掲載された同じ「作文と教育」誌の第8号には，「座談会『つづり方か・作文か』」が掲載されている。この記事は「赤とんぼ会」の例会として開催された，会員四十数名が参加した座談会を収録したものとのことである。

　誌上に掲載されている論考にみる限り，参会者の中に大きな意見の対立や際だった見解の相違は見られない。ただ，（ア）自由記述によった文章と表現技能の練習として書かせた文章の違い，（イ）ひとまとまりの作品

127

第2章　新教育運動の中の作文・綴り方教育

を生み出させる指導と練習として書かせる指導の違い，についてのとらえ
方の相違が二か所で見られる。

　いま，それぞれの当該部分を取り出すと，それぞれは，次のようになっ
ている。

　　（ア）吉田（瑞穂）朝日新聞の記事は，作文に二つの仕事があるということ
　　　　のかきかたがたりなかったようです。つまり，私たちが設けたカリ
　　　　キュラムによる生活教育から，必然的に出てくる作品群と，それとは
　　　　別に，子どもの異なった個性と環境とよって自由に制作される作品群
　　　　とがあることについて…
　　　　国分（一太郎）そういうふうにカッキリと二つにわけたくないね。(12)
　　（イ）片岡（並男）新聞で非難しているのは，題材の問題のように思う。政
　　　　策的に出している気持もする。やたらに書かせた作品の発表だけをし
　　　　て，教室内での処理を怠っていることについての警告とも考えられる
　　　　吉田（瑞穂）生活文は記録文に包含されている。(13)

　ここに見られるとらえ方の違いは，「書くこと（作文・綴り方）」教育の
根幹に関わる差違ではない。対比的にとらえられやすい「表現と内容」の
問題，言い換えれば「何を書くか（内容）」「どう書くか（表現）」の指導は，
「書くこと（作文・綴り方）」を支える二つの大きな柱である。もちろん，
この二つを切り離して，別々のものとして指導することはありえない。ある
意味で，渾然とした一体のものととらえるのが自然だからである。しか
し，身の回りの物事に興味・関心を抱いたり，何かについて考えや意見を
持ったりすることができなければ，書くことはできない。同様に，文字や
言葉を使いこなすことや表現の方法を知らなければ，書くことはできな
い。それは当然のことである。しかし，これらを二元的にとらえると，教
師の指導によって生み出された文章と子どもが自由に書いた文章，作品と
して発表する文章と教室内で処理する文章といった対比的なとらえ方が生
まれる。

　このような理解は，先の「学習指導要領」で「手紙・日記・記録・報告
…」と羅列された文章形態を，一つ一つの文種や技能としてだけ理解する
ところから起こる。しかし，この「座談会『つづり方か・作文か』」には，

128

第4節 「書くこと（作文）」と「つづり方（つづること）」の位置と意義

そのような文章形態に基づく文種や技能の指導に対する反対意見はみられない。一方で，文章形態に基づく文種や技能の指導は認めながらも，他方で，それらと関わる意欲・態度を支えるものとして，生活文の大切さを言うのである。

このような意味からも，先に取り上げた滑川道夫の論考「生活文は，なぜかかせなければならないか」にある，「記録・報告・手紙…」を「ひろい意味の『生活文』の展開したすがた」としてとらえるという考え方を高く評価することができる。したがって，この論考を，Aの新聞記事「『つづり方』か"作文"か―学校作文への反省―」に対するもっとも優れた，また有意義な内容を持つ反響・反論ととらえられる。

3.　B「混乱する綴方教育　生活文か，作文か　　　『指導要領』に教師の悩み」の内容，特質と反響，反論

まず，この記事（読売新聞　1952〈昭和27〉年4月25日）の見出しの言葉「混乱する綴方教育　生活文か，作文か『指導要領』に教師の悩み」に着目したい。ここでは，戦後の用語である「書くこと」「作文」ではなく，戦前からの「綴方」が用いられ，「混乱する綴方教育」と，「混乱」しているのは「作文教育」でも「書くことの教育」でもなく，「綴方教育」であるとされている。また「教師の悩み」が「『指導要領』に教師の悩み」と「指導要領」の側に「教師の悩み」の原因があるかのように記されている。

また，この記事は，大きく次の四つの柱によって構成されている。

　　・誇るべき綴方の伝統

　　・名称よりも内容

　　・文部省の狙うもの

　　・生活綴方人の主張

ここでは，まず，一つ目の「誇るべき綴方の伝統」で，鈴木三重吉の「赤い鳥」から無着成恭の『山びこ学校』までの「生活綴方そのものゝ盛況」を略述し，二つ目の「名称よりも内容」で，「学習指導要領」から「綴り方」という用語がなくなったにしても，生活綴り方の伝統を消すべきではない

129

第2章　新教育運動の中の作文・綴り方教育

とする。さらに，三つ目の「文部省の狙うもの」で，石黒修の「作文教育のいろいろな方面のものをやるという条件付で生活文を書かせるのなら賛成だ」という意見を紹介した後，最後の，四つ目の「生活綴方人の主張」を次のように結んでいる。

　　ともかく世界にほこるべき綴方の伝統を幾多の論争をこえて守りたいものだ，文部省のコース・オブ・スタディのためでなく，子どもの幸福のために (14)

　このような見出しの言葉や記事の構成，内容，とくに結びの言葉等から，このBとしてあげた読売新聞に掲載された記事「混乱する綴方教育　生活文か，作文か『指導要領』に教師の悩み」は，当時の「学習指導要領」に示された「作文」よりも，戦前・戦後を貫く「生活綴り方」に対して好意的な，その行き方を支持する立場から書かれたものであることが分かる。

　ここでは，国分一太郎の文章「手紙の書き方を抽象的に教えるというのではなく，同級生が病気した時に病気見舞の文を書かせたり，…作文はこうでなければいけないという人々は記録文や社会科や理科の文も書かせなければならぬというが，それも生き生きした子どもの生活から出発しなければならない」(15) を引用した後，次のように述べている。

　　綴方を表現の上からみたのは傾聴するべき意見だ　もちろん綴方教育の目的はかつての豊田正子のように一，二のすぐれた選手を送り出し，小説家を作るものではない，子どもの基礎的な学力をしっかりつけてくれるもの，あるいは社会に対する正しいものゝ見方，態度を養うものとして父兄は綴方に期待をかけているのだろう(16)

　上に引用した記事で明確には記述されてはいないものの，国分一太郎の考え方を肯定的に引用し「傾聴するべき意見」としているところから，その考え方に同意する立場にあることが分かる。国分一太郎は，文章ジャンルに即した指導を否定してはいない。ただ，学習者の側に，そのジャンルの文章を必要とする生活があって初めて，ジャンルに即した指導が有意義な，また必然性に基づくものとなる。「学習指導要領」でいう「手紙・日記・記録・報告…」の指導の必要は認めながらも，だからこそ，その必然

第4節 「書くこと（作文）」と「つづり方（つづること）」の位置と意義

を生み出すための指導を，より大切なものとする。ただ羅列的に，手紙の書き方を教え，次に日記の書式を…と文章表現の技能だけを取り立てて指導しても，それは，生活の中で生きて働くものとはならないからである。

　先の，Aとして取り上げた朝日新聞の記事「『つゞり方』か"作文"か—学校作文への反省—」では，「戦後の新しい『作文』教育がそだてゝいるもの」として，「生活文」とは異なる「『映画を見て』の感想やら，運動会についての『対談』筆記，工場見学記…」等の，いわゆる文種別指導を認めていた。それに対して，このBの読売新聞の記事「混乱する綴方教育　生活文か，作文か『指導要領』に教師の悩み」では，その全てを「生活文」（綴り方）の中に包みこもうとする国分一太郎の考えを肯定し，「戦後の新しい『作文』教育がそだてゝいるもの」を認めない。このような立場に立つからこそ，その題目が「混乱する綴方教育　生活文か，作文か『指導要領』に教師の悩み」とされたのである。

　このような読売新聞の記事の論調は，国分一太郎らの日本作文の会（「作文と教育」誌）と通じる考え方といえる。だからこそ，この記事に対する「日本作文の会」からの異論・反論は見られない。唯一見られるのは，この記事の2か月後に「作文と教育」誌に掲載された高野柔蔵の「書くこと（作文）指導をどう考えるか」と題する論考のみである。

　高野柔蔵は，その論考「書くこと（作文）指導をどう考えるか」の中で，「作文」と「綴り方」の違いを次のように述べている。

　　　実に今日みるところの生活教育を地でゆく指導を，綴方教師はやってきたのである。その輝ける綴方教科はすでになく，現行のカリキュラムでは，国語科の内容として，書くこと（作文）として従来より巾のある綴方の指導をしているのである。…

　　　かく考えるとき，作文だ，生活綴方だという感情論をすてて，生活綴方を実施する人々は，生活教育の全体計画の中に綴方をどう位置づけて指導するのか，その点を明らかにして論じないと問題は永久に解決されないだろう。(17)

ここでは高野柔蔵は，「作文」「綴り方」という用語を，はっきりと，「国語科」としての「書くこと（作文）」と「生活教育」としての「綴り方（生

第2章　新教育運動の中の作文・綴り方教育

活綴り方)」の二つに分けて考えている。

　戦前に教科としてあった「綴り方」は戦後にはなくなっており，戦後は，国語科の1領域としての「書くこと（作文）」になっていると述べている。さらに，戦後の「書くこと（作文）」は，戦前の「綴方」と異なり，「手紙・日記・記録・報告…」を取り上げて指導する「巾のある」ものになっている。したがって，戦前の綴り方を継承する「生活綴方」は，国語科とは異なる，異質の領域である「生活教育」の中で考えるべきであるとする。

　いま問題になり論議を呼んでいるのは，このように区分をすることではない。「国語科（作文）」を「綴り方」として，あるいは逆に「綴り方」を「国語科（作文）」として，どのように包摂するかであった。このような高野柔蔵の区分では，目的か手段かは別にして，「生活綴り方」において「書くこと（作文）」活動が行われているにもかかわらず，それを問題にしないことになる。あるいは，「書くこと（作文）」の中で書かれた文章の内容としての生活は生活指導の問題であり，国語科では問題にしないということになる。もちろん，書かれた内容としての生活の中の出来事は「生活指導」の問題であり，「国語科（書くこと）」の問題ではない。しかし，書き表された児童・生徒の思考や認識は「表現指導」の問題であり，それが言葉を用いてされている以上，国語科の問題となる。このような立場に立つ限り「国語科（書くこと）」と「生活指導」を全く異質の，異なる次元のものとすることはできない。この点を明らかにしたのが，先に取り上げた滑川道夫の論考「生活文は，なぜかかせなければならないか」であった。

　この高野柔蔵の論考が，なぜ「日本作文の会」の「作文と教育」誌に掲載されたのか，その経緯は分からない。しかし，ここでの論点はすでに解決されていたために，「作文と教育」誌上で問題にされず，また，取り立てた反論も行われなかったものと考えられる。

4．C「社説　教育の観念化を怖れる」の内容，特質と反響，反論

　すでに取り上げた朝日新聞所収のA「『つづり方』か"作文"か─学校作文への反省─」，および読売新聞所収のB「混乱する綴方教育　生活文

132

第4節 「書くこと（作文）」と「つづり方（つづること）」の位置と意義

か，作文か 『指導要領』に教師の悩み」が，いずれも教育欄の「記事」
として取り上げられているのに対し，この毎日新聞所収のC「教育の観念
化を恐れる」は，同紙第1面に「社説」として掲載されているものである。
したがって，このC「教育の観念化を怖れる」は，他の2紙の記事に比べ，
比較的，主張・提言としての性格の強いものと理解できる。

　ここでは，まず冒頭で，「綴方教育が世の注目を浴びだした。」きっかけ
として，無着成恭の『山びこ学校』について「子供たちが方言まじりの稚
拙な筆で表現したその生活に，人々は強く打たれ，次から次へと読まれて
行った。やがてこの本は芝居となり，映画となり，その本の名は全国で知
らない人がないほどにひろまった。」(18)と述べた後，そこから導かれる
「書くこと（作文・綴り方）」の意義を，次のように述べている。

　　　子供たちが自分なりの方法で表現を得ることは尊い。表現は生活を豊富
　　にするだけでなく批判力も養う。そしてこれらの総合した力の現れが綴方
　　であるといえる。さらに生活綴方の方法は，教師が子供の生活を知るてだ
　　てにもなり，教師と子供の距離をちぢめ，生活に即した教育ができる材料
　　にもなる。このほかにも綴方教育の効果は誠に大きいものがあるし，その
　　功績は高く評価されなければならない。(19)

　ここにみられる「書くこと（作文・綴り方）」の理解は，当時，その教育
実践に取り組む教師たちが持っていた一般的な理解とほぼ同じである。し
たがって，ここに記された言葉は，ある意味で典型的な，また穏当な「書
くこと（作文・綴り方）」理解といえる。

　児童・生徒は，日常の平凡な生活の中に生起する出来事を，それに対す
る思いや考えとともに，具体的にありのままに記述する。それによって，
生活の現実を見つめる目と方法を培い，生活の中の事柄を自らの課題や問
題とする，主体的で自主的な思考や認識の方法を学んでいく。また，書く
ことによって自らの思いや考えを客観化し，その特質や課題・問題点を見
出すこともできる。児童・生徒の個に即した成長と自主的で主体的な生き
方の習得である。さらに，教師は，書かれたものとしての文章から，一人
ひとりの児童・生徒の生活の現実や有様，さらには個人的な課題や問題を

第2章　新教育運動の中の作文・綴り方教育

詳しく知り，一人ひとりに応じた指導のきっかけと場をとらえることも可能となる。

　このような，「書く」活動と「書かれたもの」としての文章，その二つに着目して「書くこと（作文・綴り方）」の意義や目的を述べた後，このCの「社説　教育の観念化を怖れる」では，その見出しにもなっている「教育の観念化を怖れる」主張・提言を展開する。

　それは大きく「綴方教育の持つ危険」と「基本的教科に力を」の二つの柱によっているが，まず，最初の「綴方教育の持つ危険」で，次のように述べている。

　　　綴方教育は非常に早く成果が見えてくるし，教師の自己満足を買うには一番やりやすい教育方法なのではなかろうか。これをもってジャーナリズムに名を売ろうという教師はまさかいないだろうが，いわゆる教師の良心が，このへんで手軽く満足されてしまっているようなことはないだろうか。この手軽く，しかも派手な成果に酔って，地道な教育が軽視されるようなことがあれば，これはおそるべきことである。[20]

　この言説の背後には『山びこ学校』が「一時出版界をふうび」し，また「芝居となり，映画となり，その本の名は全国で知らない人がないほどにひろまった。」ことが前提になっている。『山びこ学校』は，決して明るく楽しい作文集ではない。そこには，雪深い山奥の村で暮らす中学生たちの厳しく貧しい生活の現実が，ありのままに詳しく書き綴られている。その文章は，環境の厳しさや生活の困難さに負けることのない，素朴で素直なものである。また，その現実と状況を見据えた書きぶりは，強くたくましい。だからこそ，その文章が読み手の心を打ち，「一時出版界をふうび」し「ひろまった」のである。したがって，『山びこ学校』に至る指導は，文章表現の指導であるとともに，その文章を支える，一人ひとりの生徒の生き方，考え方，思い方，さらには，現実のとらえ方，立ち向かい方の指導でもあった。そのような，生き方，考え方…と文章表現とが切り離されず，一体化され，必然的なものとして指導されたところに『山びこ学校』はあった。それは，言い換えれば，『山びこ学校』に収められた生徒の文

第4節　「書くこと（作文）」と「つづり方（つづること）」の位置と意義

章は，出版することを目的として書かれたものではないということである。あくまでも，優れた指導の目的としてではなく結果として，後に求められ，出版されたのである。しかし，『山びこ学校』の後，そこに掲載されたものと類似の内容や表現によった「作品集」が何冊か出版されことは否めない。そのような現実があったからこそ，ここで「ジャーナリズムに名を売ろうという教師」という言葉が用いられているのである。

　このCの「社説　教育の観念化を怖れる」では，先に引用したように，「綴方教育の効果は誠に大きいものがあるし，その功績は高く評価されなければならない。」と，その目的や成果を肯定的に述べている。したがって，ここで「非常に早く成果が見えてくる」「教師の自己満足を買うには一番やりやすい教育方法」「派手な成果に酔って，地道な教育が軽視される」等の否定的ともいえる言葉は，『山びこ学校』に代表される当時の「書くこと（作文・綴り方）」の全体に対してのものではない。あくまでも，『山びこ学校』に類似しただけの「作品集」を意識した言葉であると理解できる。

　次に，もう一つの柱である「基本的教科に力を」である。ここでは，「理科」や「学校演劇」を例に，次のように述べられている。

　　文学趣味の教師はとかく理科方面をなおざりにしたり，また学校演劇に興味を持つ先生が，授業時間の多くをそれに割いているという話も聞く。
　　こういうことはもちろん排されねばならないが，小，中学校教育では例えば1プラス1が2であることや「山」という字や「川」という字を教えこむことが根本だということを，もう一度はっきり考え直すことが必要なのではなかろうか。(21)

ここでは「書くこと（作文・綴り方）」教育，あるいは『山びこ学校』に見られるような教育実践が「文学趣味」とされ，「学校演劇」とともに，「理科」に代表される論理的・科学的な教育を阻害するものと述べられている。言い換えれば，児童・生徒の思考力や認識力を深め育てる指導の前に，まず，客観的で基本的な知識としての算数や理科，あるいは漢字の指導等を，確実に行うべきであるとする。そのような，算数や理科，漢字等

第2章 新教育運動の中の作文・綴り方教育

の「基本的教科」の指導が確実に行われなければ，豊かな知識や思考・認識についての確かな学びを前提としない，安易な観念的思考を誘うことになる。だからこそ，「教育の観念化」につながる「綴り方教育の持つ危険」性を排除し，まず「基本的教科に力を」入れるべきであると述べるのである。

このように述べられた「社説　教育の観念化を怖れる」に対し，その2週間後に，同じ毎日新聞の「投書」欄に日本作文の会中央委員長の今井誉次郎の手になる「投書　生活綴方の意義」と題する文章が掲載されている。(22) この「投書　生活綴方の意義」で，今井誉次郎は，「基本的教科の，たとえば『山』とか『川』とかいう字を，生活の生き生きとした事実と結びつけて学習させることも，戦後いちはやく基礎学力の低下を防止しようとしたのも『生活綴方』の実践家たちであった。」(23) とした上で，教科の指導や学力と「書くこと（作文・綴り方）」の関係を，次のように述べている。

　　基本的教科の，たとえば「山」とか「川」とかいう字を，生活の生き生きとした事実と結びつけて学習させる事も，戦後いちはやく基礎学力の低下を防止しようとしたのも，「生活綴方」の実践家たちであった。「生活綴方」の方法によって国語教育や作文教育がしっかりできるばかりでなく，社会科や歴史，地理などの認識を高めることも，理科の観察や生産技術の理解を深めることもできるのである。(24)

国語科の漢字や算数，あるいは理科，社会科などは，ときに，単なる知識や技能として，暗記や反復練習の対象とされることがある。しかし，そのような形で習得された知識や技能は，本当の意味での，生活の中で生きて働く学力とはならない。知識や技能を，一人ひとりの児童・生徒の個性的な思考や認識から問題にし学習・習得させることが必要である。そのために，知識や技能の学習を，主体的な活動である「書くこと（作文・綴り方）」の中に取り入れるのである。たとえば，「山」や「川」という漢字も，ただ知っている読み書きができるという，単なる知識の段階にとどめてはならない。自らの個性的な思考や認識，あるいは生活や行動を書き記す中

136

第4節 「書くこと（作文）」と「つづり方（つづること）」の位置と意義

に，自身のものとして用いて初めて，生きて働く自らの言葉・漢字となる。

このような考え方に立つ指導は，ひとり漢字の指導だけではない。戦前には理科や社会科の「調べる（調べた）綴り方」として，戦後には「生活綴り方的教育方法」として，盛んに行われた「書くこと（作文・綴り方）」指導の方法であった。また，すでに取り上げた無着成恭の『山びこ学校』も，「ほんものの社会科をするための綴方を書くようになったのです。」とあるように，ある意味で，今井誉次郎の言う「社会科や歴史，地理などの認識を高める」ためのものであった。このような意味で，ここで今井誉次郎が述べている考え方は，戦前・戦後を通じた「書くこと（作文・綴り方）」の本質的で典型的な考え方であると理解できる。

さて，「作文と教育」誌の第17号には，この「社説　教育の観念化を怖れる」に対する10編の論考（反論）を収めた「綴方教育の本質—ひとつの社説をめぐって—」と題する特集が組まれている。

いま，それぞれの論考の見出しと執筆者名を取り出すと，それは次の通りである。

　・基本となるものは「生活」である（峰地光重）

　・出る釘をうつの説（師井恒男）

　・「的はずれの矢」をも道具に（京都有路小学校内会員一同）

　・綴方は誠実な人間を作る（鈴木久夫）

　・教育の中の綴方（三井彰）

　・逆宣伝（田淵初美）

　・真偽判別を確実に（近藤益雄）

　・研究した社説を（小西健二郎）

　・観念教育と無縁のもの（ひろた・はやき）

　・私達の意見（恵那綴方の会）

各論考のおおよその内容は，それぞれの見出しの言葉からも理解することができる。いずれも，すでに取り上げた「社説　教育の観念化を怖れる」の二つの内容，すなわち，綴り方教育は観念教育を行っている，綴り方よりも国語科や算数科等の基本的教科を重視するべきである，のいずれか，

第2章　新教育運動の中の作文・綴り方教育

あるいは両方に対する反論である。

　上の10編の論考を代表するものとして，「社説　教育の観念化を怖れる」の二つの内容の両方を取り上げた「恵那綴方の会」の「私達の意見」の中から中心となる部分を取り出すと，それは次のようなものである。

> すべての教師は読，書，算と云うような基礎学力をつけるために今日も明日も全力を尽さなければならない。然しこれは各教科の学習をしっかりとやることによって達成出来るのであって，綴方のみですべての学習が行えるが如きことは毛頭考えていない。我々は，つづり方を見る場合でも教科の指導がどんな姿で身に付いているか，たん念に見ているのである。…「戦争はやめよう」などと，観念で，口先ばかりでさけぶ子どもにはしたくないからこそ，綴方に力をいれるのである。「びんぼう綴方」のみが良い綴方であると云う錯覚もさせたくない。自然や社会に対する子どもらは，生々とした感動を大切にし，具体的な事物のつみかさねによって，概念を構成していくようねらっている。(25)

　ここでの「恵那綴方の会」の考え方は，先の今井誉次郎の「生活綴方の意義」と，ほぼ同じである。「読，書，算と云うような基礎学力」を中心とした「教科の指導がどんな姿でついているか」を「つづり方を見る」ことによって確かめ，観念に走らないように，「具体的な事物のつみかさねによって，概念を構成していく」ことを目指しているとするのである。

　今井誉次郎の論考「生活綴方の意義」，および，この「恵那綴方の会」の論考「私達の意見」によって，Cの「社説　教育の観念化を怖れる」に対する反論は十分に尽くされており，この範囲での残された問題はない。

5.　おわりに

　「書くこと（作文・綴り方）」が短時間に「全国で知らない人がないほどにひろまった。」ために生じた疑問，『山びこ学校』の亜流とも言える「作品集」によって生まれた危惧等が，これらの記事の背景にあったと考えられる。ある意味で，これらの疑問や危惧は，後に様々な形で顕在化して大きな問題となる「書くこと（作文・綴り方）」の科学化の問題，系統性・体系性，さらにはカリキュラムの問題，あるいは，生活と表現の問題，その

第4節 「書くこと（作文）」と「つづり方（つづること）」の位置と意義

本質として含み持つ生活指導の内容・範囲の問題等が，まだ明確な形として顕在化してはいないものの，すでに，これらの記事の中に見出される。

　戦後何度か繰り返されてきた「書くこと（作文・綴り方）」教育の課題・問題が，教育の世界からではなく新聞紙上の社会的な事柄の一つとして，すでにこの時期に取り上げられていたのである。ただ，新聞紙上という性格上，十分な論議もされず，課題や問題などが，これ以上，深化も顕在化もすることはなかった。しかし，このような形とはいえ，戦後早い時期の三つの新聞紙上にこれらの記事が相次いで掲載されたことは，注目に値することと言える。

〈注〉
(1) 「『つゞり方』か"作文"か―学校作文への反省―」(1952〈昭和27〉年3月1日　朝日新聞)
(2) 「昭和二十二年度（試案）学習指導要領　国語科編」5ページ
(3) 「昭和二十六年（一九五一）改訂版　小学校学習指導要領　国語科編（試案）」61ページ～64ページ
(4) 同（1）紙
(5) 無着成恭『山びこ学校』(1951〈昭和26〉年3月5日　青銅社) 252ページ
(6) 同（1）紙
(7) 野口茂夫「生活文を軽視していいか」「作文と教育」誌　第7号 (1952〈昭和27〉年3月20日) 8ページ
(8) 滑川道夫「生活文は，なぜかかせなければならないか」「作文と教育」誌　第8号 (1952〈昭和27〉年4月20日) 2ページ
(9) 同　　上　6ページ～7ページ
(10) 同　　上　4ページ
(11) 同　　上　7ページ
(12) 「座談会『つづり方か・作文か』」同上誌　9ページ
(13) 同　　上　12ページ
(14) 「混乱する綴方教育　生活文か，作文か『指導要領』に教師の悩み」(1952〈昭和27〉年4月25日　読売新聞)
(15) 同　　上
(16) 同　　上
(17) 高野柔蔵「書くこと（作文）指導をどう考えるか」「作文と教育」誌　第9号 (1952〈昭和27〉年6月20日) 9ページ

139

第 2 章　新教育運動の中の作文・綴り方教育

(18)「社説　教育の観念化を怖れる」(1953〈昭和 28〉年 4 月 6 日　毎日新聞)

(19)　同　　上

(20)　同　　上

(21)　同　　上

(22)　今井誉次郎「投書　生活綴方の意義」(1953〈昭和 28〉年 4 月 20 日　毎日新聞)

(23)　同　　上

(24)　同　　上

(25)　恵那綴方の会「私達の意見」「作文と教育」誌　第 17 号（1953〈昭和 28〉年 6 月 20 日）12 ページ～ 13 ページ

第3章　作文・綴り方教育の展開と拡大・発展

第1節　学校文集『山びこ学校』の刊行とその評価・反響

1. 戦後作文・綴り方教育における『山びこ学校』

　『山びこ学校』（無着成恭編　1951〈昭和 26〉年 3 月 5 日　青銅社）は，山形県南村山郡〈現在の山形県上山市〉の山元中学校で無着成恭によって刊行された学年・学級（学年単学級）文集「きかんしゃ」（1949〈昭和 24〉年 7 月から 1951〈昭和 26〉年 3 月までの間に刊行され，誌齢 14 号を数える。）に掲載された生徒の文章によって構成された「作品集」である。

　『山びこ学校』は，その後，現在までに下の 4 種が刊行されている。

　①『山びこ学校』　1951〈昭和 26〉年 3 月 5 日　青銅社

　②『新版定本　山びこ学校』1956〈昭和 31〉年 3 月 15 日　百合出版

　③『山びこ学校　付「吹雪の中に」抄』1969〈昭和 44〉年 9 月 30 日　角川書店

　④『山びこ学校』1995〈平成 7〉年 7 月 17 日　岩波書店

　これらのうち③と④は，②を底本としていることがうかがえる。③には『ふぶきの中に・山びこ学校の詩集』（1952〈昭和 27〉年 3 月 15 日　新潮社）から 12 編の詩が転載されている。また，①と②は，生徒の文章・詩が 3 カ所で前後していること，二つの文章の表題の言葉が「僕の家」と「ぼくの家」，「学校はどのくらい金がかかるか」と「学校はどのくらい金がかかるものか」と違っていることの他に大きな差異はない。また，生徒の文章（37 編），詩（16 編）の配列（掲載の順序）に特段の編集意識はうかがえない。

　この『山びこ学校』の背後には，指導者・無着成恭の文集「きかんしゃ」を中心とした作文・綴り方教育実践があったことがうかがえるが，その刊行当初から「『山びこ学校』はわが綴方運動三十年に大きな画期をもたら

141

第3章　作文・綴り方教育の展開と拡大・発展

した」(1)，「『山びこ学校』が日本中の山々に，村々に，大きなこだまを呼び起こし，それと前後して生活綴方の火の手はりょう原の火のように燃えひろがっていった。」(2) と評価され，教育界だけではなく，一般書としてベストセラーになるとともに劇化・映画化される等，その反響は教育界だけではなく，広く日本全国に及んだ。

　このような刊行当初の評価に加え，現在では，「『山びこ学校』は，戦後の生活綴り方運動を飛躍的に発展させる原動力となった」(3)「『山びこ学校』は，新教育に模索していた良心的な教師に大きな励ましを与えた。そして，戦後生活綴方の復興に大きな役割を果たした。」(4) と，戦後の作文・綴り方教育の復興・興隆の大きな契機となり，また大きな影響を与えたとする，積極的な評価，歴史的位置づけが定着している。

2. 『山びこ学校』の成立とその背景

　『山びこ学校』の指導者・無着成恭は，山形師範学校卒業（1948〈昭和23〉年3月）後，山元中学校に赴任する。そこで「師範学校を卒業したばかりの私にあたえられた四十四人の子供のうち，自分の名前をまんぞくに書けないのが六人いました。」(5) という生徒に「地図一枚もなく，理科の実験道具一かけらもなく，かやぶきの校舎で，教室は暗く，おまけに破れた障子から吹雪がぴゅうぴゅうはいって来る教室」で，教科書にある「村には普通には小学校と中学校がある。この九年間は義務教育であるから，村で学校を建てて，村に住む子供たちをりっぱに教育するための施設がととのえられている。」(6) と教えることの矛盾に直面する。様々に逡巡した後，その矛盾への葛藤を師範学校の先輩であり知己でもあった須藤克三に相談し，生活綴り方への道を示されたとのことである。国分一太郎によれば，「……須藤克三は，無着成恭に問われるままに，むかしの生活綴方による教育の話などをし，いまの形式主義的でゴッコ遊びみたいな社会科の行き詰まりを打開する道は，生活綴方の方法でひらけるかもしれないと強調した。生活綴方の書かせ方等についても，こまかな暗示を与えた。無着はここではじめて，生活綴方というしごとのあったこと，山形県にも村山

142

第1節　学校文集『山びこ学校』の刊行とその評価・反響

俊太郎や国分一太郎らの実践の歴史があったことを知り，その方法のまっしぐらな開拓に，たったひとりでの道を歩みはじめた。」(7) のである。

　この国分一太郎の文章は，無着成恭自身の次のような文章とも，ほぼ一致する。

　　「女教師の記録」という本も，内容やその他が有名なことを知っていて買ったのではなくて，ふと目についたから，手にとってみた。そしたら三〇円だったので，そんなら捨てたって惜しくないやと思って買ったのだった。

　　その本を仙台からの帰りの汽車の中で感激して一気に読んでしまったのを，今でもありありと思い浮かべることができる。

　　九月にはいってからのある日，須藤先生に，国分先生や村山俊太郎先生のこと，生活綴方のこと，「教育生活」という雑誌のこと，などを聞いて，すっかりコウフンしてしまったのだった。(8)

　上の国分一太郎および無着成恭自身の文章から，師範学校を卒業した無着成恭が，1948（昭和23）年当時の農村が置かれていた厳しい環境・状況に直面し，その環境・状況を打破し乗り越えるための方途を模索するうちに，『女教師の記録』（平野婦美子著　1940〈昭和15〉年4月13日　西村書店）を通して生活綴り方（運動）と出会う。そこに自らの課題を解決する可能性・方途を見出した無着成恭は，須藤克三に生活綴り方についての教えを請い，自らの社会科の行くべき方向を見出すのである。無着成恭自身が「私はつづり方を知らなかった。昭和二十三年の三月に師範学校を卒業した私は『戦地の兵隊さんごくろうさん。』というイモン文を書いて育ったのだ。つづり方は，イモン文だとさえ思っていた。」(9) と述べている。ここから，自身が，戦前・戦中の山形で生活綴り方教育を受け，その経験から自らもその教育に取り組んだわけではないことが分かる。また，「……かつての綴方教師たちが書き残してくれたもので持っているのは，綴方の世界　百田宗治，綴る生活（ママ）平野婦美子，綴方読本　鈴木三重吉，綴方教室・前後　豊田正子，です。隣村の大沢君の持っているのは，調べる綴り方の実践と理論の工作（ママ）千葉春雄だけです。私はまだこの五冊しか読んでいません。」(10) とあるところから，戦前の作文・綴り方教

143

第3章　作文・綴り方教育の展開と拡大・発展

育に関する文献の多くを読み，それらに基づいて自らの実践を開始したのでもなかったことが分かる。偶然，『女教師の記録』と出会い，戦前からの生活綴り方教師の一人であった須藤克三の導きによって，「生活を勉強するための，ほんものの社会科をするため」の指導を，「綴方を利用」し「綴方で勉強」することを目指して，作文・綴り方教育に取り組んだのである。

　無着成恭は，山形師範学校卒業と同時に山元中学校に赴任し，1年生を担任する。この生徒たちが2年生になった（1949〈昭和24〉年）7月に，自らの手で，文集「きかんしゃ」を創刊している。

　すでに取り上げたように，無着成恭が須藤克三から，直接，生活綴り方（教育）についての話を聞いたのは1948〈昭和23〉年9月とのことである。その直後から作文・綴り方教育を開始したとして，約10か月後に，文集「きかんしゃ」の創刊第1号が刊行されたことになる。ただ，無着成恭が，なぜ，文集の刊行を始めたのか，その明確な理由は分からない。推測の域を出ないが，戦前からの生活綴り方教師であり戦前の同人誌である「綴方行動」[11] にも参加していた須藤克三から，戦前に刊行された何冊かの文集を見せられたこと，須藤克三を中心として集まっていた教師たちから，各自が刊行した文集を見せられたこと等によって，自らも文集の刊行を始めたことが推測される。

3. 文集「きかんしゃ」の内容と特質

　文集「きかんしゃ」全14号のうち，その典型的なものとして第2号（1950〈昭和25〉年1月1日刊　全61ページ）をあげることができる。それは，次のような理由による。

　ア・優れた生徒の文章を掲載する顕彰のための文集，学級の生徒に自分たちの手になる読み物を提供する学級の総合雑誌としての文集，掲載されている生徒の文章を用いて文章表現や描写の方法などを指導する学習の資料・練習帳としての文集……等，多様な意図・目的を持った編集形態が見られること。

144

イ・「社会科としての作文・綴り方指導」と「文章表現指導としての作文・綴り方指導」の両面が見られる文集であること。

ウ・のち『山びこ学校』を代表する生徒の文章の一つとされる江口江一の「母の死と其の後」が掲載されている文集であること。

いま，上のようにとらえられる文集「きかんしゃ」第2号の目次・構成を取り出すと，それは，次のようになっている。

きかんしゃのことば（巻頭言）・・・・・1

1. 日記 ・・・・・・・・・・・・・2

（無着成恭の「まえがき」）

・日記（1）　長橋アサヱ

・日記（2）　門間きり子

・日記（3）　長橋アヤ子

（以下，10名の生徒の「日記」10編略－引用者）

2. 葉書 ・・・・・・・・・・・・20

（無着成恭の「まえがき」）

・川合哲男君　　江口俊一

・無着成恭先生　小笠原勉

・川合孝一様　　川合貞義

（以下，16名の生徒の葉書文16編略－引用者）

（無着成恭の「あとがき」）

3. 原稿用紙の使い方（無着成恭）・・・28

4. 接続詞を自分のものにしよう ・・・29

（無着成恭の「まえがき」）

・河合貞義

・江口江一

・小笠原勉

（以下，37名の生徒の短文37編略－引用者）

（無着成恭の「あとがき」）

5. 私たちと家 ・・・・・・・・・・34

（無着成恭の「まえがき」）

・母の死と其の後　江口江一

・すみ山　石井敏雄

145

第3章　作文・綴り方教育の展開と拡大・発展

　　・すんしょ　　上野キクエ

　　（以下，6名の生徒の文章6編略−引用者）

　　（無着成恭の「総評」）

　6.　教室から：お父さん・お母さんに（無着成恭）・・・・・59

　7.　編集後記　（無着成恭）・・・・・60

　8.　製本者のことば　（江口江一）・・・61

　上の目次・構成のうち，「きかんしゃのことば（巻頭言）」と7の「編集後記」は無着成恭から読み手である生徒への文章，6の「教室から：お父さん・お母さんに」は保護者への文章，8の「製本者のことば」は，書き手を代表した生徒・江口江一から読み手である生徒，保護者や他校の教師達への文章である。

　また，2の「葉書」は葉書を書いた経験を持たない生徒達に「『葉書はどうかくんだ。葉書のれんしゅうをさせろ』ということで，西洋紙を葉書と同じ大きさに切ってれんしゅうした」際に書いた短文を葉書の形のままに採録したもの，3の「原稿用紙の使い方」は，上段に実際の原稿用紙に記入した文章例を示し，下段に「①一行目に題をかく。②二行目の下に，学年と名前をかく。」以下の注意事項を示したもの，4の「接続詞の使い方」は，「自分の考えを，自分の考えどおりわかってもらうため」に「十の接続詞を使って短文を作ってもらった中から一人一句ずつえらんでのせた。」ものである。これらの，2の「葉書」，3の「原稿用紙の使い方」，4の「接続詞の使い方」は，いずれも文章表現上の規則や約束ごと等を学習するための，学習の資料・練習帳としての，ページである。

　この他の，1の「日記」と5の「私たちと家」の2つが，日記・生活記録として書かれた文章を取り上げた，生活指導のための，あるいは優れた文章の顕彰のための，さらには，学級の総合雑誌（読みもの）としてのページである。ここに収められた生徒の文章22編には，1の「日記」では生徒の文章の下に「脚注」の形で，5の「私たちと家」では，生徒の文章の末尾に「総評」の形で，いずれにも無着成恭の手になる詳細な評語が添えられている。

146

第1節　学校文集『山びこ学校』の刊行とその評価・反響

　いま1の「日記」所収の江口久子の文章に対する無着成恭の評語を取り出すと，それは，次のようなものである。

　　　久子がこんなすばらしい日記をかいているとは思わなかった。久子！ぐんぐんのびろ！
　　　1　さかのさって一体どこだね。
　　　2　誰が云ったんだい。
　　　3　何故「のんきだなあ」と云ったのだろう。
　　　4　どこにいくの？
　　　5　このへんからあとはわらびがでていない様子がほんとにわかって面白い。
　　　6　どのくらいとってきて帰ったのかかくとよかったと思わないかい。
　　　7　首をちぢめた久子のようすが目に見えるようだ。うまい！
　　　8　ほんとうだねえ。どうだ。みんな！ (12)

　ここで取り上げられている江口久子の文章は，決して優れたものではない。5の「私たちと家」に収められている江口江一の文章「母の死と其の後」（この文集「きかんしゃ」第2号の刊行された2か月後，1950〈昭和25〉年11月に日教組主催の作文コンクールで文部大臣賞を受賞し，のち，『山びこ学校』が刊行されるきっかけとなった文章である。また同時に，『山びこ学校』を代表するものともされている。）と比較して大きな違いがある。しかし，無着成恭は，上に引用したように，この江口久子の文章を「評語」によって「評価」してはいない。不十分な表現や描写が随所に見られる文章に対して，冒頭に置かれた評語，および5，7，8の評語で積極的に褒め肯定した上で，1，2，3，4，6の評語で不明な点を問いかけている。詳しく表現されていないから，不十分な描写だから，いけないのではない。書き手の意図が読み手に正確に伝わらないから，自らの思いや考えをその意図通りに書き表し得ていないから，いけないのではない。「ありのままがありのままに表現・描写されていない」から，問いかけようとするのである。ここに無着成恭の，文集「きかんしゃ」を用いた指導の大きな特質を見出すことができる。

　無着成恭は，自らの実践を，「生活を勉強するための，ほんものの社会

147

第3章　作文・綴り方教育の展開と拡大・発展

科をするため」に，「綴方を利用」し「綴方で勉強」する指導と述べていた。
その考え方は，この江口久子の文章に対する「評語」にも見出すことがで
きる。江口久子の「日記（10）」が詳しくありのままに描写・表現されて
いたとしても，それは作文・綴り方にかかわる描写力・表現力だけの問題
ではない。あくまでも，その背後にある思考や認識のあり様，すなわち，
生活に対する主体的な姿勢・積極的な生き方の問題としてとらえる。

　言い換えれば，何が，どう表現され描写されているかは，あくまでも方
法であり手段である。目的は，その表現や描写を支える思考や認識のあり
ようである。そのように考えるからこそ，この「きかんしゃ」第2号にお
ける3の「原稿用紙の使い方」も4の「接続詞の使い方」も，国語科ある
いは作文・綴り方の指導としてだけではなく，作文・綴り方による「生活
を勉強するための，ほんものの社会科をするため」の指導として，位置づ
けられているのである。

　このような，作文・綴り方を目的としない作文・綴り方指導，すなわち，
書くことを書くことと意識しない作文・綴り方指導だからこそ，その指導
の中から，優劣を越えた，豊かで個性的な文章が数多く生み出されたとと
らえることができる。

4. 『山びこ学校』に対する昭和20年代の評価と反響

　『山びこ学校』が日本作文の会の機関誌「作文と教育」で初めて取り上
げられたのは，その刊行の1か月後の同誌第3号（1951〈昭和26〉年4月）
の「良書すいせん」[5] である。そこでは「『山びこ学校』はわが綴方運動
三十年に大きな画期をもたらした」と述べた後，そのように評価する理由
を，特定の「綴り方選手」によるものではなく学級の生徒全員の手になる
文章を集めた作文集であること，「『文学主義』から全く自由な立場」に立
つからこそ「却ってこれほど文学的にも香り高いものが生まれた」こと，
の，二点としている。

　その後の「作文と教育」誌に『山びこ学校』が取り上げられたのは，同
誌第6号（1952〈昭和27〉年2月）所収の，後藤彦十郎の手になる「映画『山

148

第1節　学校文集『山びこ学校』の刊行とその評価・反響

びこ学校』ができた」である。ここでは，この映画によって「『山びこ学校』
の教育を，精神的にも方法的にも，繰り返し味ってみる必要があるだろう」
とした上で，次のように述べられている。

　　　　ここで，われわれ「日本作文の会」同人のお互いが，とくに身にしみて
　　　考えたいことがある。それは各人の学級，学校の文集を，『山びこ学校』の
　　　ように出版にならず映画にならないからといって絶対に軽視してはならな
　　　い。と同時に『山びこ学校』だけを特別扱いにしないことである。(13)

　『山びこ学校』が映画化されることは，日本作文の会にとって，また，
その会員である教師たちにとって，作文・綴り方が教育界のみならず，広
く社会に認められ評価（認知）される大きな機会であったはずである。し
かし，後藤彦十郎は，「映画『山びこ学校』ができた」ことに諸手をあげ
て喜ぶことよりも，それによって，作文・綴り方教育が結果主義・作品主
義に陥ること，実践記録としての『山びこ学校』を特殊化・典型化するこ
と等の危険性を指摘する。

　『山びこ学校』の刊行によって，社会全体の目が教育，わけても作文・
綴り方教育に向けられた。当時，この『山びこ学校』によって作文・綴り
方への目を開かれた小・中学校の教師も数多くいたに違いない。また，各
地の教育現場で，“第二の『山びこ学校』”とでも言える実践が行なわれた
ことも，想像に難くない。しかし，作文・綴り方に取り組む教師たちの多
くが依る「作文と教育」誌には，そのような実践記録は見られない。「作
文と教育」誌上で『山びこ学校』に言及した論考は，ここで取り上げた「良
書すいせん」「映画『山びこ学校』ができた」の他には，次に取り上げる
第7号（1952〈昭和27〉年3月）所収の綿引まさの実践記録「町の子供は『山
びこ』学校から何を学んだか」があるのみである。この3編の他には，『山
びこ学校』を直接・間接に取り上げ言及した論考・実践記録等は見られな
い。また，「作文と教育」誌に，『山びこ学校』を中心とした「特集」等も
見られない。『山びこ学校』が広く社会に知られ話題になることによって，
作文・綴り方の“知名度”や“認知度”を飛躍的にあげる上で大きな働き
をした。しかし，“第二の『山びこ学校』”とも言えるような，新たな作文・

149

第3章　作文・綴り方教育の展開と拡大・発展

綴り方教育の理論や実践を生み出したり，そのための指針を示したりする
ところまでには，至らなかったのである。

　さて，「作文と教育」誌に取り上げられた三つ目の論考である第7号
（1952〈昭和27〉年3月）所収の綿引まさの実践記録「町の子供は『山びこ』
学校から何を学んだか」(14) である。ここで綿引まさは「『山びこ学校』
が日本中の山々に，村々に，大きなこだまを呼び起こし，それと前後して
生活綴方の火の手はりょう原の火のように燃えひろがっていった。」と述
べた後，『山びこ学校』を，貧しさや生活環境の悪さを克服するための実
践ととらえたのでは「東京の山の手では進学々々でアチーブに明け暮れ，
下町の方では美空ひばりと野球に興じる子供達」との接点はなくなってし
まう。そうではなく「子供はいろいろな生活の事実をありのままに出して
くる。私はこれを積み重ねて行きながら，そこから正しい物の見方，生き
方を学ばせたい」と考え，「生活を探究」して書いた児童の文章を学級の
全員で読み合い話し合う活動を重ねて行く。それによって「きょう楽的な
環境を批判し，のりこえていく眼，人の意見を批判的に聞く耳」を育てる
こと，それこそが，東京の「子供達が山びこ学校から学んだもの」だとす
るのである。綿引まさのこのような考え方は，作文・綴り方，わけても生
活綴り方が持つ"訴苦綴り方""貧乏綴り方"になりがちな傾きを乗り越
えるものであること，後に展開された小西健二郎の『学級革命』(15) や戸
田唯巳の『学級というなかま』(16) 等の実践記録に見られる，学級集団作
りを目指した「書く⇔話し合う」指導につながるものであること等，高く
評価することの出来る視点と言える。

　教育科学研究会の機関誌「教育」の創刊第1号（1951〈昭和26〉年11月）
は，二つの「特集」によって構成されている。一つは「日本教育の良心」，
もう一つが「山びこ学校の総合検討」である。「教育」誌の創刊第1号の
二つの特集の一つに『山びこ学校』があげられているところから，その刊
行の母胎であった教育科学研究会においても，『山びこ学校』が大きな話
題の一つになっていたことが分かる。

　この「特集・山びこ学校の総合検討」は，次のような三つの柱によって

第1節　学校文集『山びこ学校』の刊行とその評価・反響

構成されている。

　〈報告〉綴方は，すべての教師が書かせねばならないものなのではな
　　いか　…無着成恭
　〈解説〉ぼくもそうだと思う，無着君　…国分一太郎
　〈座談会〉山びこ学校の問題点　…無着成恭，滑川道夫，宗像誠也，
　　他

　冒頭の「〈報告〉綴方は，すべての教師が書かせねばならないものなの
ではないか」(17) において，無着成恭は，生徒に作文・綴り方を書かせる
意義・目的を，教師の側からは「教室の中の子どもを知るために，家の中
の子どもを知るために，村の中の子どもを知るために，そして，日本とい
う国の中の子どもの本当の姿を知るため」であり，生徒の側からは「自分
が，今どんな生活の中で生きているのか。自分が生きている生活は，どん
な仕組みの中でかたちづくられているものなのか。そして自分は，なにを
すればよいのか。」を考えさせ知らせるためであるとする。無着成恭は『山
びこ学校』巻末の「あとがき」において，自らの作文・綴り方教育を，国
語科としてではなく「ほんものの社会科をするため」(18) であると述べて
いる。しかし，ここに見る限り，生徒に作文・綴り方を書かせる目的を，
教師の生徒理解と生徒の自己認識の深化・拡充に置いており，戦前からの
作文・綴り方と軌を一にする立場にあったと理解することが出来る。

　このような無着成恭の考え方に対して，国分一太郎は，後に続く「〈解
説〉ぼくもそうだと思う，無着君」において，次のように述べている。

　　つまり君は，君の生活を書かせる綴方から，生きた世の中を具体的につ
　　かみとることのできるよろこびを，よりいっそう味わおうとしているのだ。
　　それが「教育者的な社会勉強方法」の一つだと思っているのだ。これは，
　　むかしの生活綴方による教育を大切にした青年教師たちのよろこびでも
　　あった。(19)

　無着成恭は，『山びこ学校』の実践において，生徒の有様を現実の姿の
中から学び，それを具体的なものとして育て指導しようとする。国分一太
郎は，そのような無着成恭の姿勢に，戦前から続く作文・綴り方との共通

151

第3章　作文・綴り方教育の展開と拡大・発展

点を見出し，その姿勢を高く評価したのである。

　須藤克三編『山びこ学校から何を学ぶか─その人間教育の一般化のために─』(1951〈昭和26〉年11月20日　青銅社)は，『山びこ学校』の出版(1951〈昭和26〉年3月5日)の約8か月後に，同書に対する様々な批判，評論，書評等を集め，若干の書き下ろし論考を加えて刊行されたものである。

　この『山びこ学校から何を学ぶか』の「第2・山びこ学校から何を学ぶか」と「第3・山びこ学校の反響」には，新聞や雑誌等に掲載された長短あわせて37編の文章が収められている。それらのほとんどは『山びこ学校』に対して好意的なものであるが，その典型として臼井吉見の次のような文章をあげることが出来る。

　　　しかも，ぼくがこの本で最も感動したのは，無着先生受持のこれら四十三人の生徒たちは，いずれも現在の日本の根源的な問題を背負わされており，無着先生の指導とかれらの努力によってかれらは自分の生活のなかにこの問題を見出し，その解決にむかって勉強を続けている態度である。[20]

ここで臼井吉見が「感動」の理由としてあげている事柄は，『山びこ学校』がなぜ大きな反響を呼び広く社会の中に受け入れられたのか，その理由と一致する。『山びこ学校』の中で取り上げられている問題や課題は，山形の一中学校のみの問題ではなかった。当時の日本人の多くは，敗戦という大きな衝撃から立ち直りきることが出来ず，経済的にも精神的にも，出口のない貧困や厳しさのただ中にいた。そのような人々の目に，『山びこ学校』の生徒たちの「根源的問題」に正面から立ち向かう姿，解決に取り組む姿勢が，大きな感動と励ましを与えるものと映ったのである。

　また，宮原誠一は，その論考「教育への信頼」[21]の中で，『山びこ学校』は「あきらかに生活綴方の伝統の上に立ち，しかもそれからの見事な前進をしめしている。」とし，そう考える根拠を「第一に，『山びこ学校』の子どもたちは，生活の現実をえがきだすだけではなく，生活の現実の中から問題をつかみだしている。」「第二に，他教科と綴り方との結合という点で，『山びこ学校』の子どもたちは前進をしめしている。」と二つの視点からと

152

らえている。ここで宮原誠一があげる二つの根拠・視点は，いずれも戦前の作文・綴り方，わけても生活綴り方がその特質としていたものである。とくに，後者の「他教科と綴り方との結合」という課題は，戦前には「調べる綴り方」として取り組まれ，戦後には，後，「生活綴り方的教育方法」と呼びならわされるようになったものである。このような，『山びこ学校』に掲載された生徒の作文の中に，戦前の作文・綴り方の伝統と戦後の作文・綴り方の発展の萌芽を読み取る宮原誠一の目を，鋭く的確なものと評価することが出来る。

5. 『山びこ学校』に対する昭和30年代以降の評価と反響

比較的早い時期から『山びこ学校』に取り組み，その評価や反響についての考察を進めた研究者の一人に船山謙次がいる。

船山謙次は，先の2の②に取り上げた，「教育」誌第1号掲載の特集「山びこ学校の総合検討」所収の「〈座談会〉山びこ学校の問題点」[22]において，『山びこ学校』に対する否定的な評価や反響の整理を試みている。

さらに，その後，須藤克三編『山びこ学校から何を学ぶか』に「『山びこ学校』批判の盲点」と題する論考[23]を掲載し，さらに，「作文と教育」誌に13回にわたって連載した「戦後生活綴方教育論史」の中でも同様の考察を行なっている。

いま，この「戦後生活綴方教育史」の中で個条書きの形に整理された「『山びこ学校』批判」を取り出すと，それは，次のようなものである。

1. 『山びこ学校』はイデオロギー教育である。
2. 『山びこ学校』の教育には明るさがみられない。
3. 『山びこ学校』の教育は，子どもの関心を経済問題に引きこんでいる経済主義の教育である。
4. 四十三人の子どもの作品には個性がとぼしく，ただひとりのひとの作のようにおもわれる。
5. 『山びこ学校』は作文教育の邪道におちいっている。
6. 『山びこ学校』は，ふんだんに方言が使用されているが，できるだけ標準語を使用させるべきである。

第3章　作文・綴り方教育の展開と拡大・発展

　　7.『山びこ』の教育は，ムチャクチャカリキュラムで，計画性にとぼしい。
　　8.『山びこ学校』の教育では社会についての正しい見方を指導している割
　　　に，自然についての科学的知識の教育はどうなっているのか。(24)

　『山びこ学校』が刊行された当初は，肯定的な評価や反響が余りにも大
きかったために，このような否定的とも言える批判が取り上げられること
はなかった。しかし，その強い個性と方向性のために，ここで船山謙次が
整理しているような批判が徐々に取り上げられ，話題になって行ったので
ある。

　しかし，直接的な"第二の『山びこ学校』"の誕生を見ることはなかっ
たものの，教育界だけではなく広く社会の目を作文・綴り方に向けたこ
と，作文・綴り方の持つ機能や意義を知らせ，戦後作文・綴り方教育が大
きく花を開かせるきっかけを作ったこと，戦後の「仲間づくり・学級づく
り・集団づくり」の上に働く作文・綴り方に気づかせたこと等，『山びこ
学校』の占める位置や意義，果たした役割は大きい。

　船山謙次が整理した『山びこ学校』批判の八つの視点は，ひとり『山び
こ学校』に限らず，作文・綴り方が全体として内包する様々な課題や問題
を指し示すものと，とらえることが出来よう。

6.　おわりに

　無着成恭の刊行した文集「きかんしゃ」は，わずか1年8か月の間に
14号が刊行されており，当時の他の文集と比較して頻繁に刊行された文
集の一つということができる。また，ここにうかがえる実践は，熱意に満
ちた周到なものであった。それだけに，そこから生み出された文章は，の
ち『山びこ学校』に集約され，高く評価されることにつながったのである。

　また，『山びこ学校』を支えた作文・綴り方教育実践は，地域的・風土
的特質と密接につながる形で展開されたものであり，容易に一般化・普遍
化することのできるものではなかった。それだけに，"第二の『山びこ学
校』"が生まれるほどの普遍化には至らなかった。しかし，その可能性・
有効性を指し示し，作文・綴り方（教育実践）を広く社会に知らせたこと

の意義は大きい。そのような意味で，この『山びこ学校』が果たした役割と機能とを高く評価することができる。

〈注〉

(1) 「良書すいせん」「月刊作文研究」誌（1951〈昭和26〉年4月号）65ページ
(2) 綿引まさ「町の子供は『山びこ学校』から何を学んだか」「作文と教育」誌（1952〈昭和27〉年3月号）19ページ
(3) 大内善一『戦後作文教育史研究』（1984〈昭和59〉年6月10日　教育出版センター）176ページ
(4) 日本作文の会『日本の子どもと生活綴方の50年』（2001〈平成13〉年8月1日　ノエル）42ページ
(5) 無着成恭『教育ノート』（1959〈昭和34〉年6月5日　凡書房）16ページ
(6) 無着成恭『山びこ学校』（1956〈昭和31〉年3月15日　百合出版）251ページ
(7) 「解説」国分一太郎『新版定本　山びこ学校』（1956〈昭和31〉年15日　百合出版）296ページ
(8) 無着成恭「『山びこ学校』がでる前のこと」「作文と教育」誌（1959〈昭和34〉年1月号）35ページ
(9) 無着成恭「私たちは何故つづり方をだいじにするか」「つづりかた通信」第1号（1950〈昭和25〉年6月）4ページ
(10) 無着成恭「生活綴方運動の遺産を守るために」「つづりかた通信」第1号（1950〈昭和25〉年6月）19ページ
(11) 吉田瑞穂・入江道雄等によって刊行された同人誌。1934〈昭和9〉年7月から1940〈昭和15〉年7月までの間刊行され，誌齢16号を数える。
(12) 文集「きかんしゃ」第2号　13ページ
(13) 後藤彦十郎「映画『山びこ学校』ができた」「作文と教育」誌　第6号（1952〈昭和27〉年2月）30ページ
(14) 綿引まさ「町の子供は『山びこ』学校から何を学んだか」「作文と教育」誌　第7号（1952〈昭和27〉年3月）19ページ〜23ページ
(15) 小西健二郎『学級革命』（1955〈昭和30〉年9月20日　牧書店）
(16) 戸田唯巳『学級というなかま』（1956〈昭和31〉年12月15日　牧書店）
(17) 無着成恭「〈報告〉綴方はすべての教師がかかせねばならないものなのではないか」「教育」誌　第1号（1951〈昭和26〉年11月）50ページ〜59ページ
(18) 無着成恭『山びこ学校』252ページ
(19) 国分一太郎「〈解説〉ぼくもそうだと思う，無着君」「教育」誌　第1号（前

第3章　作文・綴り方教育の展開と拡大・発展

　　　出）60 ページ～ 63 ページ

(20)　臼井吉見「展望」『山びこ学校から何を学ぶか』（1951〈昭和 26〉年 11 月
　　　20 日　青銅社）94 ページ～ 95 ページ

(21)　宮原誠一「教育への信頼」　同　　　上　192 ページ

(22)　「〈座談会〉山びこ学校の問題点」「教育」誌　第 1 号（前出）66 ページ

(23)　船山謙次「『山びこ学校』批判の盲点」『山びこ学校から何を学ぶか』（前出）
　　　133 ページ～ 150 ページ

(24)　船山謙次「戦後生活綴方教育論史（18)」「作文と教育」誌（1961〈昭和
　　　36〉年 7 月号）84 ページ～ 85 ページ

第2節 「第1回　作文教育全国協議会（中津川大会）」
　　　に見る戦後作文・綴り方復興の到達点

1. 「第1回　作文教育全国協議会（中津川大会）」の意義

　戦後の教育・国語教育，わけても「書くこと（作文・綴り方）」教育は，
「昭和二十二年度（試案）学習指導要領　国語科編」[(1)]，および「昭和
二十六年（一九五一）改訂版　小学校学習指導要領　国語科編（試案）」[(2)]
によって公教育としての内容・体制を整えた。このような法制的な整備の
下，一方で，戦後の新たな「書くこと（作文）」教育の考えに立つ「作文
教育　第一集」誌 [(3)] や「実践国語」誌 [(4)] が刊行されるとともに，また
一方で，戦前からの「書くこと（綴り方・生活綴り方）」を復興・再出発さ
せようとする「つづりかた通信」誌 [(5)] や「作文と教育」誌 [(6)] 等も創刊
された。また，それぞれの立場による，国分一太郎『新しい綴方教室』[(7)]，
無着成恭『山びこ学校』[(8)]，倉澤栄吉『作文教育の体系』[(9)] 等の出版も
相次いだ。

　このような流れの中で，岐阜県中津川市において「第1回　作文教育全
国協議会」が開催（1952〈昭和27〉年8月1日〜3日。岐阜県教職員組合，
日本作文の会，恵那作文の会共催。以下「中津川大会」と表記する。）された。
これは，ある意味で，戦後の「書くこと（作文・綴り方）」教育の復興・再
出発が順調に，また積極的に行われた一つの姿を示すものといえる。しか
し，他方で，この「中津川大会」は，戦後の「学習指導要領」に即した「書
くこと（作文）」とは異なる，戦前の，いわゆる「生活綴り方」を継承・
発展させた，新しい意味での「綴り方（作文）」の立場に立つものと理解
できる。この「書くこと（作文）」と「綴り方（作文）」は，その後も，し
ばしば，前者が「学習指導要領」に即する立場に立つもの，後者が「民間
教育団体」の考えに立つものと，対比的（対立的）にとらえられてきた。
しかし，両者をわが国の「書くこと（作文・綴り方）」という広い視野から

157

第3章　作文・綴り方教育の展開と拡大・発展

見ると，それぞれが果たしてきた役割や成果は大きく，相互に補完するものとして正しく評価することが必要である。

　ここでは，このような立場から，「中津川大会」を取り上げ，この会が，戦後間もない 1952（昭和 27）年当時に，どのような経緯を経て開催されたのか，また，何が論議され成果として確認されたのか，その経過，内容，意義，特質等を考察する。それによって，広い意味での，戦後の「書くこと（作文・綴り方）」の歴史的な成立・展開のありようを明らかにしたい。

2.「中津川大会」開催にいたる経過

　「中津川大会」の主催団体の一つである日本作文の会の機関誌「作文と教育」(10) は，1950（昭和 25）年 11 月 1 日に創刊されたが，当初は「同人一千名運動を！」(11)，「同人一千名運動は，ようやくそのなかばに達しました。」(12) 等とあることから，その刊行が必ずしも順調ではなかったことがうかがえる。ただ，「つづりかた通信」誌に掲載されている無着成恭の回想 (13) によれば，戦後いち早く刊行された児童向けの雑誌「子どもの村」「子どもの広場」「少年少女の広場」等にあった児童の文章や文集等の紹介欄がきっかけとなり，各地の教師の間で文集交換や文通が始まったとのことである。また，当時，この「つづりかた通信」誌の他に，「子午線」誌 (14)，「耕人」誌 (15) 等の比較的小規模な同人誌もあった。それらがきっかけとなって，日本作文の会の発足や「作文と教育」誌の創刊が知らされるとともに，各都道府県や市郡等を単位とする作文の会，あるいは作文を中心とする集まりが持たれたことが推測される。

　このような，全国的な動向を前提とし，「作文と教育」誌の刊行を始めていた日本作文の会の働きかけによって，すでに会員 300 名を擁していた (16)「恵那綴方の会」を中心に，岐阜県恵那地方の中心地である中津川での大会が開催された。

　なお，岐阜県では，戦前，1930（昭和 5）年 8 月 7 〜 8 日に「新興綴方講習会」が開催され，その折の主なメンバーであった野村芳兵衛，川口半平，峰地光重，今井誉次郎らが健在であったことも，この「中津川大会」

158

第2節 「第1回　作文教育全国協議会（中津川大会）」に見る戦後作文・綴り方復興の到達点

開催を可能にした要因の一つと考えられる。

3.「中津川大会」の概要と性格

　本稿末尾の2点の資料（168ページ〜171ページ）のうち「作文教育全国協議会　開催案」の見出しのものは，事前の案内と提案・発表者の募集を兼ねて全国の作文の会，あるいは参加予定者に郵送されたもの，「第一回作文教育全国協議会」の見出しのものは，当日に大会会場で配布されたものである。これによれば，当日には，事前の案内の際の予想を超える発表者や参会者があったことが分かる。また，司会者や議長団になっている参会者は，国分一太郎，野村芳兵衛，上田庄三郎，鈴木道太，峰地光重ら，いずれも戦前からの著名な作文・綴り方人であるが，発表・提案者は，ほとんどが，戦後に作文・綴り方教育に取り組んだ，比較的若い教師たちである。このような，発表・提案者のありようから，この「中津川大会」が，戦前の作文・綴り方の伝統を再興し継承するという側面を持ちながらも，より大きくは，戦前の伝統や成果を，戦後の新教育としての「作文・綴り方」として吸収しようとするものであった。言い換えれば，戦前に我が国の風土の中から生み出された独自の，また，優れた教育方法の一つである「綴り方（生活綴り方）」を，戦後の新教育を支える固有の方法として取り上げようとするものである。だからこそ，戦前の生活綴り方の伝統を知る教師の指導・講演による講習会としてだけではなく，より強くは，戦後教育の再出発を担う若い教師たちによる，ある意味で“戦後の新たな「綴り方（生活綴り方）」教育”が目指されたと考えられる。そのような方向性を持つからこそ，第2日目の「教育実践報告」，第3日目の「議案」が，このような形で持たれたのである。

4.　戦後の作文・綴り方教育における「中津川大会」

　「中津川大会」開催当時—1952（昭和27）年8月—までには，すでに，2度の「学習指導要領（試案）」が公示され，そこでは，戦後の新しい概念としての「書くこと（作文）」という用語が用いられた。また，国分一太

第3章　作文・綴り方教育の展開と拡大・発展

郎の『新しい綴方教室』では，「かがやかしい伝統をもつ」[17] 用語として，「綴方」が用いられている。この「書くこと（作文）」と「綴方（綴り方）」の二つの用語は，共通する側面を持ちながらも，国語科の1領域としての「書くこと（作文）」と，生活指導ないし生活問題解決のための指導を含む「綴方（綴り方）」として，図式的に対比され，その違いを強調する余り，対立的に取り上げられることがあった。

　それが教育（国語教育）の場を超えて広く社会の目を集めたのは，次の三つの新聞記事がきっかけであった。

　・「『つゞり方』か"作文"か―学校作文への反省―」

（朝日新聞　1952〈昭和27〉年3月1日）

　・「混乱する綴方教育　生活文か，作文か，『指導要領』に教師の悩み」

（読売新聞　1952〈昭和27〉年4月25日）

　・「社説　教育の観念化を怖れる」

（毎日新聞　1953〈昭和28〉年4月6日）

　上の新聞記事では，「つゞり方」「生活文」と「作文」とが，それぞれ，『山びこ学校』と「学習指導要領」に代表されるものとして対立（対比）的にとらえられている。映画化・劇化され，一つの社会現象にまでなったとされる『山びこ学校』への高い評価が，「学習指導要領」に基づく国語科「書くこと（作文）」への「反省」を促し，「教師の悩み」を生み出しているとする。

　このような「つづり方」「生活文」「作文」をめぐる事柄が，当時―1952（昭和27）年および1953（昭和28）年―の新聞3紙に取り上げられていることから，この問題が教育界を超えて，ある意味で社会的な話題にまでなっていたことがうかがえる。また，その反響は，当然，国語科の「書くこと（作文）」教育にも様々な形で及んでいる。その一つが，「教育建設　第3号　生活綴方と作文教育」誌 [18] の刊行である。

　いま，この「教育建設　第3号　生活綴方と作文教育」誌の目次・構成のうち，「序説」に収められている3編の論稿の題目と執筆者の氏名，および，第1部から第4部までの見出しの言葉とそれぞれに収められている

160

第2節 「第1回　作文教育全国協議会（中津川大会）」に見る戦後作文・綴り方復興の到達点

論稿の数を示すと，それは，次のようになっている。

　　序　説

　　　1.「書く」学習の位置と意義…西尾実

　　　2. 綴方と作文…周郷博

　　　3. 綴り方の文学的性格…百田宗治

　　　第一部　生活綴方の動き（全11編）

　　　第二部　作文教育のありかた（全13編）

　　　第三部　文集をめぐって（全12編）

　　　第四部　綴方のあとさき（全13編）

　この「教育建設　第3号　生活綴方と作文教育」誌には，上の「序説」にあげた3編の他に，国分一太郎，滑川道夫，石井庄司，倉澤栄吉，今井誉次郎らの手になる53編の論稿が第一部から第四部までに掲載されている。ただ，この構成および見出しの言葉から，「教育建設　第3号　生活綴方と作文教育」誌が，「生活綴り方」と「作文」についての，各執筆者それぞれの立場からの論稿を並列する「論集」として構成されており，理論・実践についての共通点・相違点の意図的・意識的な掘り下げ，対比，あるいは「生活綴り方」「作文」のどちらかを支持する特定の立場に立つ論稿等は見られない。その意味からは，先の新聞各紙で取り上げられた「『つづり方』か"作文"か」「生活文か，作文か」等をめぐる問題に対する「当事者」とも言える研究者・実践者からの十分な回答・提言とはなり得ていない。

　このような，新聞各紙および「教育建設　第3号　生活綴方と作文教育」誌等による，後，「作文・生活綴り方教育論争」(19)とも呼ばれる論議の最中に，「中津川大会」が開催され，その第2日目に，次項にあげた17編の「作文教育実践報告」が行われたのである。

5.「中津川大会」の内容と特質

　プログラムで見る限り，「中津川大会」第1日の「作文教育実践報告」は個人が，第2日の「作文教育今後の発展のために」は各地域の作文の会

161

第3章　作文・綴り方教育の展開と拡大・発展

等が，それぞれ，発表・提案する形になっている。しかし，この個人と作文の会等は，ほとんどが重なっており，第2日の発表者の大部分が，第1日の発表者と同一であることが分かる。

　「作文教育実践報告」の発表の概要は，「作文と教育」誌第10号に「作文指導実践報告（要項）（原稿到着分のみ）」[20]として掲載されている。いずれも，900字程度の比較的短いものであるが，それぞれに発表題目として掲げられている見出しの言葉と，その内容から，発表のおおよそを理解することができる。

　いま，それぞれの発表題目と報告者の所属及び氏名を取り出すと，それは，次のようになる。

　　　1.　作文指導から体得したもの―教師としての成長の自覚―

　　　　　　　　　　　　　　　　　長崎作文の会　　　　　　　草野繁治
　　　2.　子どもとともに　　　　　大阪綴方の会　　　　　　　清原久元
　　　3.　裸の生活記録から　　　　茨　城　　　　　　　　　　吉原　正
　　　4.　一年生の作文指導　　　　高　知　　　　　　　　　　広田早紀
　　　5.　「すずめの子」のこと　　紀南作文教育研究会　　　　藤田五与
　　　6.　一年生の生活と書くことへの導入

　　　　　　　　　　　　　　　　　静岡・志太作文同好会　　　大石みち
　　　7.　作文指導と学級経営　　　北海道作文教育の会　　　　五井治保
　　　8.　校内作文運動（作文大衆化の最も近き方法）

　　　　　　　　　　　　　　　　　兵庫作文の会　　　　　　　八木清視
　　　9.　わたくしの綴方教室　　　東京・赤とんぼ会　　　　　綿引まさ
　　　10.「創作の日」設定の主張　　愛　知　　　　　　　　　　竹内和夫
　　　11.　クラブ活動による作文指導について　横　浜　　　　岩田吉之輔
　　　12.　童詩の学習について　　　京　都　　　　　　　　　　金子欣哉
　　　13.　劇と綴方は手を結べ　　　新　潟　　　　　　　　　　高橋　昭
　　　14.　理科学習の綴方　　　　　福　岡　　　　　　　　　　小林　実
　　　15.　恵那綴方の会の歩み　　　恵那綴方の会　　　　　　　丸山雅巳
　　　16.　未定　　　　　　　　　　富　山　　　　　　　　　　佐野善雄
　　　17.　　　　　　　　　　　　　東京大学教育学部　　　　　太田　堯

第2節 「第1回 作文教育全国協議会（中津川大会）」に見る戦後作文・綴り方復興の到達点

上の発表題目には「作文」「書くこと」「綴方」の三つの言葉が使われているがこの「中津川大会」における「作文教育実践報告」の内容について，いくつかの特質を指摘することができる。

まず第一は，当時，「作文」「綴方（綴り方）」をめぐる様々な論議（論争）が，行われていたにもかかわらず，それらを取り上げたに発表が見られないことである。

いま，この「作文教育実践報告」のうち，冒頭の二つの論稿—「1. 作文指導から体得したもの—教師としての成長の自覚—」と「2. 子どもとともに」—の一部を取り出すと，そこでは，それぞれ，次のように述べられている。

　1. 作文指導から体得したもの—教師としての成長の自覚—

　　　　　　　　　　　　　　　　　　　長崎作文の会　草野繁治

　　田舎の子供にはありがちな—そして私が担任した組の五年生は本当に字も読めないという子供達が多かった。国語の教科書はあまりにもこの子供達にとって高度の読物であり何とかしなければと思って，子供達の作文を国語の教材にしようと時々書かせてみた。書かれたものは「朝おきて顔をあらってごはんをたべて」というものであったが，これらの作文の中からも多くの事実を私は教えられた。そして「朝おきて顔をあらって」の作文をもっと生き生きとしたものにしたいという願いは，その後の指導によって，漸次実現したかのように思われた。[21]

　2. 子どもとともに　　　　　　　　　　大阪綴方の会　清原久元

　　①・日本教育の地盤は綴方によって，かたまるといってもいいのじゃないか。

　　②・子どもたちに与えるというものじゃなく，彼等の内にもっているものを，ひきだしてやるところに綴方（図画もふくまる）の生命がある。

　　③・特に綴方は諸教科の中心になっていると思われます。綴り方によって，すべての教科の動きが感じられます。

　　④・私は綴方から理科へ図画へ社会科へと，しばしば仕事を展開しています。[22]

この二つの論稿（「作文教育実践報告」）には，後の「生活綴り方的教育方法」と呼びならわされた考え方と通じるものが見られる。

163

第3章 作文・綴り方教育の展開と拡大・発展

「作文・綴り方」を，児童・生徒の思考・認識と不可分のものととらえ，それによって行われる指導を，生活を支える思考・認識や行動，さらには，各教科の指導とも不可分の関係にあるとする。

ここに見られるとらえ方は，「書くこと（作文・綴り方）」を「文章表現」の技術・能力の指導にとどめず，それに伴う「思考力・認識力」の指導，さらには，他の教科やクラブ活動，学級経営にまで広げようとするものである。このような理解は，この「中津川大会」第1日目の「作文教育実践報告」の「1. 作文指導から体得したもの─教師としての成長の自覚─」「2. 子どもとともに」だけではなく，「3. 裸の生活記録から」「7. 作文指導と学級経営」「11. クラブ活動による作文指導について」「13. 劇と綴方は手を結べ」「14. 理科学習の綴方」等の題目からもうかがえる。これらから，この「作文教育実践報告」にみられる「作文（綴り方）」のとらえ方は，戦後の「学習指導要領」に基づく新たな国語科の1領域としての「書くこと（作文）」としてではなく，戦前の伝統を踏まえた「綴り方（生活綴り方）」の復興，または再評価・再出発としてのものと言える。

次に，第二の特質として，この「作文教育実践報告」所収の論稿のうち，とくに9の「わたくしの綴方教室」に注目したい。この論稿は，「東京・赤とんぼ会」の綿引まさ（東京・黒門小学校）の手になるものであるが，自らの「作文（綴り方）」教育に対する考えが，次のように述べられている。

> 山芋や山びこ学校をはじめとし，生活綴方の出版物が次から次へと出たけれども，みんな農村の実践です。一体，東京では生活綴方はやれないのでしょうか。（中略─引用者）結論だけをいっておくと，東京でも生活を直視させて，そこから正しいものの見方，生き方を身につけさせることができるということ，いや，かえって都市にこそ問題が山積していて大いにやらなければならないのではないか。[23]

ここでは，出版当時大きな話題を呼び，戦後の作文・綴り方復興の契機となったとまで言われた『山びこ学校』や『山芋』[24] が「農村の実践」に基づくものであることに対して，「私は，東京の山びこ学校は貧しい暗い処にだけあるのではないと思う」[25] と，都市部においても，『山びこ

第2節 「第1回 作文教育全国協議会（中津川大会）」に見る戦後作文・綴り方復興の到達点

学校』や『山芋』と同じ観点や立場からの実践を行わなければならないことが述べられている。

このようなとらえ方は、「作文（綴り方）」によって、地域の過酷な状況を見詰めさせ、それらに主体的に取り組む姿勢を培おうとするものである。ここに見られる「作文（綴り方）」観は、「仲間づくり」や「学級集団づくり」等に対する理解を除けば、戦前のとらえ方と、ほぼ同じと言える。

この「わたくしの綴方教室」にみられる綿引まさの考え方は、戦前の「作文（綴り方）」教育を発展させた無着成恭の『山びこ学校』を、都市部における実践として継承するものである。さらに、綿引まさの「かえって都市にこそ問題が山積していて大いにやらなければならない」とする立場は、後、戸田唯巳『学級というなかま』によって、さらに次のように展開する。

　　都市には生活綴方は育たないなどということを、よく耳にしました。
　（中略―引用者）けれども―
　　朝露を踏んで、まぐさを刈に出なければならない子どもに、精一ぱいの
　生活があるのならば、気楽に図書館に行ったり、映画を見たり、あるいは
　ピアノを習ったりすることのできる子供にだって、精一ぱいの生活がある
　はずだと思いました。
　　というより、ともすれば生活の中に問題を意識せず、とかく上ずって行
　きがちな都市子どもたちにこそ、生活綴方的教育方法は、より生かされな
　ければならないのではないかと思いました。(26)

ここでの「生活の中に問題を意識」するとは、本書の標題にもなっている「学級というなかま」の問題、すなわち、「仲間づくり」「集団づくり」、さらに、児童が生活の中で出会う課題や問題を、「学級というなかま」の立場から共に考え取り組ませる、「課題解決のための指導」である。言い換えれば、それは、社会あるいは学校・学級での生活上の問題を、「書くこと（綴り方）」によって共有させようとする指導とも言える。それは、「書くこと（綴り方）」を、書き手、あるいは読み手の児童の個人的な活動にとどめず、学級という集団の問題にしようとするものである。このような指導は、後、「書くこと（綴り方）による生活指導」「書くこと（綴り方）

165

第3章　作文・綴り方教育の展開と拡大・発展

による学級づくり（集団づくり）」の有効な方法の一つとして，広く取り上げられた。

　このような，綿引まさや戸田唯巳によって提起された，「書くこと（綴り方）」と児童の生活とを必然的なつながりを持つものとする考え方は，後，「作文（綴り方）」を中心とする民間教育団体である「日本作文の会」の「1962年度活動方針案」で，次のように取り上げられた。

　　　…しかし生活綴方の実践者たちが「生活指導」にとりくんだのは，子ども受けもつ教師としてこれをなしたのであって，この種の生活指導ないし「学級集団づくり」が，生活綴方のしごとと直接に密接不可分な関係をもつのではない。……たとえば小西健二郎「学級革命」戸田唯巳「学級という仲間」にあらわれた「学級づくり」「集団づくり」を「生活綴方的教育方法による学級づくり」等と定式化することなく，彼らが，相対的な独自性を有する「学級集団づくりのしごと」に「生活綴方の作品ないし表現活動を活用した場合」の例として，その適否を批判検討するように提案したい。(27)

　ここでは，「生活指導ないし『学級集団づくり』」が「生活綴方のしごとと直接に密接不可分な関係をもつのではな」く，両者は「相対的な独自性を有する」もの，すなわち，必然的な結びつきを持たない，別個の，また異質のものとされている。このようなとらえ方は，他の民間教育団体，わけても全国生活指導研究協議会（全生研）や教育科学研究全国連絡協議会（教科研）等からの生活綴り方的な「学級集団づくり」への批判に対応したものと考えられる。戦前からの伝統に基づいた「作文（綴り方）」は，生活認識のための「作文（綴り方）」から，生活問題（課題）解決のための「作文（綴り方）」に，さらには，「学級集団づくり（集団指導）」のための「作文（綴り方）」へと展開し，さらに，この「日本作文の会」の「1962年度活動方針案」以降，文章表現のための，あるいは，文章表現力，および，その基礎となる思考・認識力のための「作文（綴り方）」へと収束する。

　このような戦後の「作文（綴り方）」教育の大きな展開の中心になったとも言える事柄が，すでに，この「中津川大会」における「作文教育実践報告」の中に見出され，注目される。

166

第2節 「第1回 作文教育全国協議会（中津川大会）」に見る戦後作文・綴り方復興の到達点

6. おわりに

この「中津川大会」を取り上げた 1952（昭和 27）年 8 月 8 日付の「読売新聞」は，その様子を次のように述べている。

　　　戦後の新教育のとり入れ方が形式主義的に流れ，日本の歴史や社会を無視したことの欠陥への批判や反省が，生活綴方や生活詩による人間性にみちた教育方法の再認識をうながしたのは当然であり，綴方復興の年といわれる昭和廿七年はまた同時に地についた日本教育復興の年であるというのは参会者に共通した考え方であった [28]

ここで言われている「戦後の新教育のとり入れ方」が「形式主義的」であったかどうかはさておき，戦後当初の時代状況の中では，1947（昭和 22）年と 1951（昭和 26）年と相次いで公にされた「学習指導要領」よりも，「アメバ，アメナテ　カゼバ，カゼナテ…」と山形の方言を用いた 1 年生の児童の詩で始まる国分一太郎の『新しい綴方教室』や，同じ山形の方言が縦横に駆使された無着成恭の『山びこ学校』の方が，解放感に満ちた，戦後教育のあるべき方向を指し示すものとして歓迎されたことは，想像に難くない。そのような戦後教育に理想を求める教師たちによって，この「中津川大会」は開催されたと考えられる。だからこそ，そこでは二者択一的な「作文か綴り方か」「生活指導か表現指導か」等の問題は大きな議題とはならなった。そのような議論よりも，まず，「作文や綴り方」が持つ大きな可能性についての論議が取り上げられ，また，積極的に求められたのである。

しかし，だからこそ，その論議の中には，戦後の「書くこと（作文・綴り方）」で取り上げられた問題が，すでに，様々な形で内包されていたことが見出される。

そのように考えると，この「中津川大会」は，戦後当初の，もっとも高揚感に満ちた「書くこと（作文・綴り方）」教育の一つの姿を示すものととらえることができる。

167

第３章　作文・綴り方教育の展開と拡大・発展

	第３日	
	8月3日	
作文教育に関する協議会 作文教育今後の発展のために 議長団 （予定　交渉中） 野村芳兵衛氏 峰地光重氏 鈴木道太氏 上田庄三郎氏 （山　形）無着成恭 （長　崎）草野繁治	各自の自由なる懇親会 （　解　散　）	

特別な催し

1　全日本文集展覧会
2　日本綴方教育者（個人となられた方々）をしのぶ会
3　全日本綴方関係書籍展

日本作文の会側としての運営委員

佐藤　茂　　柳内達雄　　吉田瑞穂　　今井誉次郎　　滑川道夫　　巽　聖歌
野口茂夫　　綿田三郎　　藤田圭雄　　国分一太郎　　来栖良夫　　後藤彦十郎

七、会　費　　二百円（三日のうち、一日のみは百円、二日以上二百円）
八、宿泊希望者は、食費実費一日約百円、外に、米一日一合五勺宛持参
九、申込〆切　　七月十日

「参会者名簿作成」「会場」「宿泊」の準備のため、早急に申込みのこと

第2節 「第1回 作文教育全国協議会（中津川大会）」に見る戦後作文・綴り方復興の到達点

資料1

作文教育全国協議会 開催案

一、主催（予定）　岐阜県教職員組合　日本作文の会　恵那作文の会

二、後援（予定）　教育科学研究会　岐阜県教育委員会　教職員組合教文部　児童文学者協会

三、賛助　作文図書に関係深い出版社　教科書会社　等

四、期日　八月　一、二、三日（三日間）

五、場所　岐阜県　中津川市南小学校（中央線中津川駅　下車）

六、日程

	第1日	第2日
	8月1日	8月2日
午前	講演 一、（作文）教育のための 都市生活のみかた・考えかた（仮題） 二、（作文）教育のための 農村生活のみかた・考えかた（仮題）	（北海道）小場昭秋　（岐阜）丸山雅巳　（新潟）高橋昭 （静岡）大石みち　（愛媛）稲垣寿年　（秋田）小林実 （兵庫）八木清視　（茨城）吉原正　（千葉）相川日出雄 （横浜）岩田吉之輔　（青森）鈴木喜代春 （東京）綿引まさ （愛媛）広田早紀 （大阪） （いずれも交渉予定）
午後	講演内容をめぐって、質疑応答による話合い 司会・国分一太郎氏	実践発表をめぐる討論会 司会・今井誉次郎氏
夜	未定	未定

第三日（八月三日）午前九時より

主題　作文教育今後の発展のために　　《議長団》野村芳兵衛　上田庄三郎　鈴木道太　峰地光重

議　案　　（受付済分）

1・国語単元学習における作文の位置づけをどうするか・・・・・・・・・千葉県印旛郡国語同好会

2・作文の評価をどうするか・・・・・・・・・・・・・・・・・東京・赤とんぼ会

3・（イ）作文における方言の問題
（ロ）作文を通じて平和のための教育を強力におしすすめるべきこと・・・・・・・・長崎作文の会

4・すべての教師は生活研究者たれ・・・・・・・・・・・・・茨城県筑波郡北部班文科部

5・子供と親の文集を作ろう・・・・・・・・・・・・・・・・・宮城・教師の会

6・低調な地方における作文大衆化運動をいかにするか・・・・・・・・京都福天作文の会

7・作文教育一般化の諸方策・・・・・・・・・・・・・・・・・兵庫作文の会

8・民族教育確立のため教科研運動に結集しよう・・・・・・・・・・恵那綴方の会
岐阜県教育委員会
日本教職員組合教文部
恵那綴方の会

★綴方教育者をしのぶ展

《主催》岐阜県教職員組合
恵那綴方の会

《後援》教育科学研究会全国連絡協議会
児童文学者協会
中津川市

《主催》日本作文の会

運営委員

《委員長、今井誉次郎》　（順不同）

《賛助》読売新聞社、平凡社、葦会、教師の友社、国土社、新潮社、新評論社、実業之日本社、青銅社、
泰光堂、中央公論社、鶴書房、東洋書館、標準テスト研究会、牧書店、百合出版社、児童文化
新聞社

《委員、日本作文の会》佐藤茂、今井誉次郎、柳内達雄、国分一太郎、吉田端穂、来栖良夫、巽聖歌、藤田圭雄、
野口茂夫、滑川道夫、綿田三郎、後藤彦十郎、

《岐阜教組》辻田清、和田義人、梅田朝雄

《恵那綴方の会》石田和男、大島虎雄、近藤武典、中西克己、日比野一郎、吉田和夫、丸山雅巳、安江武、
渡辺春正

第２節　「第１回　作文教育全国協議会（中津川大会）」に見る戦後作文・綴り方復興の到達点

資料2

第一回　作文教育全国協議会（岐阜県中津川市南小学校において）

第一日（八月一日）午前九時―午后五時

講演（午前）

開会の辞・挨拶・物故綴方教育者への黙祷

1・作文教育のための農村生活の見かた、考えかた　農学博士・東大助教授　古島敏雄

2・作文教育のための都市生活の見かた考えかた　思想の科学研究会　鶴見和子

司会　国分一太郎

（午後）午前の講演をめぐって話合い

★夜（午后六時～八時）リクリエーション

○演「象の死」中津川市教員自立劇団かんじん座出演

○お国じまん　会員自由出演

第二日（八月二日）午前八時半～午后五時

作文教育実践報告（午前）…一人十分…

1・作文指導から体得したもの―教師として成長の自覚―　長崎作文の会　草野繁治

2・子どもとともに　大阪綴方の会　清原久元

3・一年生の作文記録から　茨城　吉原　正

4・裸の生活記録から　高知　広田早紀

5・「すずめの子」のこと　紀南作文教育研究会　藤田五与

6・一年生の生活と書くことへの導入　静岡　志太作文同好会　大石みち

7・作文指導と学級経営　北海道作文教育の会　五井治保

8・校内作文運動（作文大衆化の最も近き方法）　兵庫作文の会　八木清視

9・わたくしの綴方教室　東京・赤とんぼ会　綿引まさ

10・「創作の日」設定の主張　愛知　竹内和夫

11・クラブ活動による作文指導について　福岡　小林実

12・童詩の学習について　横浜　岩田吉之輔

13・劇と綴方は手を結べ　京都　金子欣哉

14・理科学習の綴方　新潟　高橋昭

15・恵那綴方の会の歩み　恵那綴方の会　丸山雅巳

16・未定　富山　佐野善雄

17・　東京大学教育学部　太田堯

実践報告をめぐる討論　司会　今井誉次郎

★夜（午后六時～八時）座談会　作文（綴方）教師の恋愛・思想・経済

作文（綴方）教師論　司会　辻田清（岐教組教文部）

第 3 章　作文・綴り方教育の展開と拡大・発展

〈注〉

(1) 1947（昭和 22）年 12 月 20 日　文部省　中等学校教科書（株）

(2) 1951（昭和 26）年 12 月 15 日　文部省　中央書籍（株）

(3) 1948（昭和 23）年 10 月 25 日　八木橋雄次郎ら

(4) 1949（昭和 24）年 4 月 1 日　西原慶一ら

(5) 1950（昭和 25）年 6 月 25 日　無着成恭ら

(6) 1950（昭和 25）年 11 月 1 日　来栖良夫ら

(7) 1951（昭和 26）年 2 月 28 日　日本評論社

　　　なお，この『新しい綴方教室』は，「教育新報」誌（教育新報社）の № 5（1949〈昭和 24〉年 8 月 30 日）から № 12（1950〈昭和 25〉年 5 月 30 日）まで，「教育時報」誌（日本学力向上研究会）の № 1（1950〈昭和 25〉年 8 月 30 日），「学力向上研究」誌（学力向上研究会）の № 2（1950〈昭和 25〉年 9 月 10 日）から № 3（1950〈昭和 25〉年 10 月 30 日）までに，「綴方の復興と前進のために」と題して連載された 11 編の論稿に，「教師の友」（日本学力向上研究会）の № 1（1950〈昭和 25〉年 12 月 1 日）に掲載された「すっきりした文章をかゝせるために」と題した論稿を加え，大幅な加除添削の上でまとめられたものである。

(8) 1951（昭和 26）年 3 月 5 日　青銅社

(9) 1952（昭和 27）年 12 月 30 日　金子書房

(10) 創刊第 1 号から第 4 号（1951〈昭和 26〉年 8 月 15 日刊）までは「日本綴り方の会」の機関誌「作文研究」，第 5 号（1951〈昭和 26〉年 12 月 1 日）は「日本作文の会」の機関誌「作文―先生と生徒―」，第 6 号（1952〈昭和 27〉年 2 月 20 日刊）以降は「日本作文の会」の機関誌「作文と教育」として刊行された。本稿では混乱を避けるために，すべてを「日本作文の会」の機関誌「作文と教育」と統一して表記する。

(11) 「作文と教育」誌　第 1 号（1950〈昭和 25〉年 11 月 1 日）「編集後記」

(12) 「作文と教育」誌　第 2 号（1951〈昭和 26〉年 2 月 1 日）「編集後記」

(13) 無着成恭「こんなものを何故作る気になったか？」「つづりかた通信」誌　第 1 号（1950〈昭和 25〉年 6 月 25 日）1 ページ

(14) 1950（昭和 25）年 12 月 7 日創刊　吉原正ら

(15) 1950（昭和 25）年 2 月 10 日創刊　鴫原一穂ら

(16) 「恵那綴方のあゆみ」「作文と教育」誌　第 10 号（1952〈昭和 27〉年 7 月 20 日）21 ページに「同人増加し現在 300 人」とある。

(17) 『新しい綴方教室』（前出）「あとがき」387 ページ

(18) 1952（昭和 27）年 6 月 1 日　金子書房

(19) 大内善一『戦後作文・生活綴り方教育論争』（1993〈平成 5〉年 9 月　明治図書）

第 2 節　「第 1 回　作文教育全国協議会（中津川大会）」に見る戦後作文・綴り方復興の到達点

(20)「作文と教育」誌　第 10 号（前出）7 ページ〜21 ページ
　　　なお，当日に配布された日程表で「未定」とされている「16. 富山　佐
　　野善雄」と「17. 東京大学教育学部　太田堯」の 2 氏の原稿は掲載されて
　　いない。
(21) 草野繁治「1. 作文指導から体得したもの」「作文と教育」誌　第 10 号（前
　　出）7 ページ〜8 ページ
(22) 清原久元「2. 子どもとともに」同　　　上　8 ページ〜9 ページ
(23) 綿引まさ「9. わたくしの綴方教室」同　　　上　14 ページ〜15 ページ
(24) 1951（昭和 26）年 2 月 10 日　百合出版
(25) 綿引まさ「街の子供は『山びこ』学校からなにを学んだか」「作文と教育」
　　誌　第 7 号（1952〈昭和 27〉年 3 月 20 日）19 ページ
(26) 戸田唯巳『学級というなかま』（1956〈昭和 31〉年 12 月 20 日　牧書店）
　　275 ページ〜276 ページ
(27) 日本作文の会「意義ある伝統のもとに確信をもって前進しよう—今後の活
　　動方針案—」「作文と教育」誌　13 巻 9 号（1962〈昭和 37〉年 8 月 20 日）
　　109 ページ〜111 ページ
(28)「読売新聞」1952（昭和 27）年 8 月 8 日「教育」欄

173

第3章　作文・綴り方教育の展開と拡大・発展

第3節　「生活綴り方批判」の「受容」と「反批判」

1.「生活綴り方批判」「反批判」の概要

　わが国における戦後の生活綴り方（教育・運動）は，戦後，様々な形で復活・興隆し，1950年代の初めに一つの頂点を迎えた。その後，様々な批判や理論的・実践的な発展によって深化・発展し，さらに，日本作文の会の1962年度活動方針案「意義ある伝統のもとに確信をもって前進しよう」に基づいて大きく方向転換をする。

　このような戦後の活動の一つの契機となったのが，本稿で取り上げる，民間教育団体からの生活綴り方（教育・運動）への批判である。このような批判は，同じ民間教育団体からということもあり，日本作文の会の内部で大きく受け止められ，数多くの議論が重ねられた。その結果として取り上げられたのが，日本作文の会の機関誌「作文と教育」誌上に掲載された「最近の生活綴方批判の概要」（1962〈昭和37〉年4月号），および「生活綴方批判に対する反批判」の連載（1962〈昭和37〉年6月号から1962〈昭和37〉年9月号までの4回）である。

　いま，「最近の生活綴方批判の概要」の冒頭に4項目に整理されている「批判」を取り出すと，それは，次のようなものである。

　　①・生活綴方は，教育の科学化系統化そして現代化を阻害し，破壊する。

　　②・生活綴り方の文章はよい文章とはいえない。抽象な思考（文体）や論文調の文体（思考）への方向を刈りとり，実感主義・状況主義の文章に，偏するものである。

　　③・生活綴り方の方法は生活指導の面で「解放から規律へ」という定式をとるが，そこには自由主義的・個人主義的・見解がひそんでいる。また学年別の路線が明確ではない。生活指導は集団主義の思想にもとづいていなくてはならぬ。

　　④・「生活綴方教師」という名で，特別の教師論もある。つまり，右の特質を身につけた教師への批判である。(3)

174

第3節　「生活綴り方批判」の「受容」と「反批判」

　このようにまとめられた「批判」には，1962（昭和37）年当時の教育界の大きな動向や方向性，さらには，教育理論・実践を支える様々な考え方が色濃く表われていることが分かる。

　また，ここに取り上げられている「批判」は，ひとり生活綴り方（教育・運動）の持つ問題だけではなく，当時の教育理論・実践が内包する問題でもあった。

　このような生活綴り方批判に対する「反批判」は，次のような5編の論考としてまとめられ，上に述べたように，4回にわたって「作文と教育」誌上で連載されている。

　　　Ⅰ・前がき〈遠藤豊吉〉

　　　Ⅱ・「集団主義教育」側からの「生活綴方による生活指導」に対する
　　　　批判に答える。〈太田昭臣〉

　　　Ⅲ・生活綴方は，教育の科学的・系統的・現代的研究，実践を阻害し
　　　　破壊するか〈無着成恭〉

　　　Ⅳ・リアリズムと文章論・その1〈遠藤豊吉〉

　　　Ⅴ・リアリズムと文章論・その2〈遠藤豊吉〉

　いま，「批判」の4項目（①から④）と「反批判」の5項目（ⅠからⅤ）とをあわせると，それぞれは，次のように対応している。

　　　「批判」の項目　「反批判」の項目

　　　　①　…………　Ⅲ

　　　　②　…………　Ⅳ，Ⅴ

　　　　③　…………　Ⅱ

　　　　④　…………　なし

　この対応から，4項目に整理される「批判」のうち，④に対する「反批判」が見られないことが分かる。これは，現実の生活綴り方（教育・運動）に取り組む教師たちの中には多様な考え方や方法が混在しており，一つの立場からの「反批判」を行うことが難しかったこと，また，「批判」として取り上げられている観点・対象も様々な方面にわたっており，一つの論として扱い得ないものであったこと等によると考えられる。

175

第3章　作文・綴り方教育の展開と拡大・発展

2.「生活綴り方による生活指導」をめぐって

　まず，当時，もっとも大きな問題とされたのが，全生研（全国生活指導研究協議会）の生活指導―「集団主義」を中心とする―の立場からの，生活綴り方の生活指導―「解放から規律へ」の過程を中心とする―への批判（「批判」の③に対する「反批判」のⅡ）である。

　太田昭臣は，「反批判」のⅡの冒頭で，生活指導と綴り方指導との関係を，次のように述べている。

　　　「生活綴方」は「生活」をだいじにする。
　　　「生活指導」も「生活」をだいじにする。
　　　そうした二者の関係からか，生活綴方が「生活指導」の唯一の方法，または手段であるかのように現場で受けとめられていたことは事実である。
　　　このためにか，生活綴方といえば，生活指導に力点をおくものと考えられる面が多かった。生活綴方は，文章表現の指導を軽視しているかのような批判さえ存在していた。(4)

　生活綴り方の目的・目標は，あくまでも生活指導と綴り方（書くこと・作文）指導とを統一的に止揚するところにあった。しかし，ここでは「生活指導に力点をおくもの」と考えるあまり，「文章表現の指導を軽視している」との批判さえ行われたとする。さらに，そのように考えられるようになった背景には，「戦後の生活綴方（運動）の復興期に『山びこ学校』が出版され社会の注目をあつめたこと」(5) があると述べられている。確かに『山びこ学校』は，出版と同時にたちまちベストセラーとなり，劇化・映画化される等，その反響は教育界だけではなく，広く日本全国に及んだ。しかし，その取り上げ方は，農山村の厳しさの中でたくましく生きる生徒たちの姿への感動・感銘であり，それがどう描写・表現されているかといった綴り方（書くこと・作文）の視点からのものではなかった。また，そのような『山びこ学校』への反響は，指導者・無着成恭の「私は社会科で求めているようなほんものの生活態度を発見させる一つの手がかりを綴方に求めた」(6) という言葉と一致する。もちろん，無着成恭の『山びこ学校』に結実する指導―学級文集「きかんしゃ」を用いた指導―は，決して

176

第3節　「生活綴り方批判」の「受容」と「反批判」

「生活指導に力点をおくもの」でも「文章表現の指導を軽視」したものでもない。それは，その指導した学級文集「きかんしゃ」第2号 (7) に「原稿用紙の使い方」「接続詞を自分のものにしよう」「葉書」等，文章表現の技能を正面から取り上げたページが設けられていることからもうかがえる。

　直接的であれ間接的であれ，書くこと・作文の指導を行わない，それを抜きにした生活綴り方（教育）はありえない。ただ，その指導の結果として生み出された文章が"作品"として取り上げられるとき，「何が書かれているか」（内容）だけが問題にされ，「どう書かれているか」（表現）が問題にされることはほとんどない。そのような場合には，生活綴り方教育が，「生活指導に力点をおくもの」，「文章表現の指導を軽視」したものと見られるのである。しかし，綴り方（書くこと・作文）のない生活綴り方はありえない。当然のことではあるが，あくまでも，その指導は，綴り方（書くこと・作文）から出発するのであり，それを抜きにしては成り立ち得ないのである。

　生活綴り方による生活指導（個の確立・学級〈集団〉づくり）の実践記録のうち，日本作文の会の 1962 年度活動方針案「意義ある伝統のもとに確信をもって前進しよう」に「生活綴方にねっしんなひとりの教師がこころみた」指導の記録の典型として紹介された (8) ものに，小西健二郎の『学級革命』(9)，戸田唯巳の『学級というなかま』(10) がある。これらの実践記録は，いずれも綴り方（書くこと・作文）と書かれたものによる話し合いとによって，一人ひとりの児童・生徒の個の確立と民主的な人間関係による学級〈集団〉づくりとに取り組んだものである。

　このような生活綴り方による生活指導（個の確立・学級〈集団〉づくり）について，日本作文の会は，次のように述べている。

　　　―子どもたちを解放する過程で，しだいに民主的な集団づくりを進めてきた―教師と子どもがはだかになる，解放されることからはじまって，「何でも言えるなかまづくり」「助け合い学習」「学級づくり」などを進めてきた。こうした指導のなかでは，作文によるまたはそれをもとにした話し合

第3章　作文・綴り方教育の展開と拡大・発展

いが必ず存在している。こういう実践が，かつて個人主義的，自由主義的
であった学級を，しだいに「ひとりの喜びがみんなの喜び」となる方向の
集団づくりを進めている。(11)

　ここでは，生活綴り方による生活指導（個の確立・学級〈集団〉づくり）
が，"解放から規律へ"という一つの型として示され，そのことが生活綴
り方（教育・運動）の目標としても示されている。

　このような生活綴り方（教育・運動）の行き方に対して，教科研（教育
科学研究全国連絡協議会）および全生研（全国生活指導研究協議会）は，次
のように述べている。

　　……学級づくりは解放から規律へと段階的発展をするものではなく，解
　放と規律づくりは学級づくりの両側面であって相互媒介的なものである。
　したがって，教師も集団も学級づくりの最初から規律を要求してゆくべき
　である。………解放から規律へという集団づくりの考え方はヒューマニズ
　ムにつらぬかれたものではあるが，その考え方には集団に関する自由主義
　的・個人主義的見解が潜んでいる。……自然発生的なひとりひとりの問題
　をみんなの問題にしていくという発想だけでは，千差万別の学級づくりが
　たちあらわれるだけであるからだ。(12)

　ここでは，生活指導（個の確立・学級づくり）は，生活綴り方のいう"解
放から規律へ"の過程・段階を追って展開するものではなく，"解放"が
そのまま"規律"になるような，生活指導の両側面としてとらえられなけ
ればならないこと，また，どのような"解放"，どのような"規律"かが
明らかにされ，その道筋が明らかにされていなければ，「千差万別の学級
づくり」になってしまい，計画化・科学化ができなくなるということ等が
指摘されている。このような教科研・全生研による生活指導は，後，生活
指導の中心的な考え方となり，生活綴り方による生活指導にとってかわる
ものとなる。

　ここに見られる流れは，太田昭臣に受け止められ，「反批判」とともに
「『全生研』などが研究をすすめている『集団主義教育』などとの結合をは
かっていかなければならない」(13)，「集団主義教育は，いちがいに生活綴
方による方法を全面的に否定しているのではないことにも注目した

178

い」(14) とされている。このような太田昭臣の考え方は，後，日本作文の会の1962年度活動方針案「意義ある伝統のもとに確信をもって前進しよう」において「かつてのわが会に，教育のすべてにわたって，かかりすぎていたその重荷を，各種専門研究団体が正当に分けあって受け持ちつつ，共同の成果をあげていくべき日がついに到来したからである。」(15)「専門研究団体である全生研などの成果から謙虚に学ばなければならない。」(16) という考え方にもつながる。それはまた，戦後の生活綴り方（教育・運動）の大きな方向転換を意味するとともに，その方向転換が，生活綴り方の変容—生活綴り方の本質である「生活指導としての綴り方指導」の変容—を意味するとの新たな論議を呼ぶことにもなっていった。

　このような，"生活指導＝学級づくり・集団づくり"とのとらえ方を前提とする限り，"生活綴り方＝生活指導"が，そのまま，"生活綴り方＝学級づくり・集団づくり"とならないことは，当然のことである。"学級づくり・集団づくり"だけが，生活綴り方（教育・運動）でいう生活指導ではないからである。生活綴り方（教育・運動）は，"学級づくり・集団づくり"以前に，一人ひとりの児童・生徒に対する"個の確立"の指導という側面を持っていた。それは，広義の生活指導であり，個別の生活問題解決のための指導でもあった。また，当然，"学級づくり・集団づくり"に発展するものではあっても，直接的には，一人ひとりの児童・生徒に対する個別の指導であった。

　このような生活綴り方（教育・運動）が持っていた"個の確立"の指導の側面は，むしろ，生活綴り方の外から，次のような好意的な評価も与えられていた。

　　だが，戦後の生活指導をみていると，「学級づくり」への傾斜がひじょうに強いのではないか。生活綴方も，このような生活指導にひきずられて，学級づくりの手段となる傾向が強かったように思われる。(17)
　　生活綴方による生活指導は，生活の事実の直視，経験の交流による認識の発展をめざし，それによって，国家統制のもとにあった各教科の内容を変革しながら子どもたちに習得させていくという意図をふくんでいた。(18)
　　現実の生活綴方実践のなかには，集団の構造的矛盾に子どもをとりくま

第3章　作文・綴り方教育の展開と拡大・発展

せるところまで進みえないで，一人一人の子どもの自己表現や生活観察の
指導の次元に止まっているものが少なくないように思われる。……集団化
という観点は生活綴方実践において必ずしも支配的ではない。(19)

　生活綴り方における生活指導を，狭く“学級づくり・集団づくり”に限
定してとらえると，生活綴り方は，そこから後退をせざるを得ない。しか
し，生活綴り方による生活指導を，“個の確立”の指導とともに，その基
礎としての“意識づくり・主体づくり”の指導ととらえると，そこに，固
有の機能としての「書くこと・作文」を位置づけることができる。

　このような，固有の機能としての「書くこと・作文」について，太田昭
臣は，次のように述べている。

　　　……リアルにとらえた事物の姿や動きや，事物間の関係，それについて
　　考えたこと，願望したこと，感じたことなどを，自己の内面をとおして，
　　文章表現し，それを集団の中に提出して，話しあいをすることに，大きな
　　意義のあることを認める。(20)

　太田昭臣は，生活綴り方が“学級づくり・集団づくり”に直結するもの
ではないことを前提に，全生研のいう集団づくりとしての生活指導を肯定
する。しかし，生活綴り方（書くこと・作文）が独自の領域として持つ“個
の確立”としての生活指導を，“学級づくり・集団づくり”とは別の意味
として，或いは，その基礎をなすものとして，生活指導の中に位置づける
のである。

3.「生活綴り方と教育の科学化・系統化」をめぐって

　次に，生活綴り方が持つ，児童・生徒の現実の生活や認識から出発しよ
うとする性格―ある意味での経験主義（プラグマティズム）的な行き方―
を，実感主義・状況主義とする批判である。それは，教育の科学化や系統
化，あるいは現代化を阻害し破壊するものであるとする批判（「批判」の①
に対する「反批判」のⅢ）ととらえられる。

　このような「批判」に対する反論（反批判）の基本的な立場を，無着成
恭は，次のように述べている。

180

第3節 「生活綴り方批判」の「受容」と「反批判」

　この問題を二つの面から考えてみることにした。ひとつは生活綴方のし
ごととその歴史，そして現在，日本作文の会が考えている生活綴方の現代
的研究と実践の面である。他の一つは，誰が，どこで，どんなふうに，生
活綴方は，教育の科学的・系統的・現代的研究実践を阻害し破壊している
といっているかという面からである。(21)

　無着成恭は，「生活綴方は，教育の科学化系統化そして現代化を阻害し，
破壊する。」という「批判」に対して，2つの観点からの「反批判」を行う。

　その第一は，戦後，日本作文の会による教師たちが行ってきた実践と研
究がどのようなものであったのかを取り上げ，そこに表れた科学的・系統
的・現代的な性格を明らかにしようとする。第二は，このような戦後の生
活綴り方（書くこと・作文）の歩みをふまえた上で，だれが，どこで，ど
のような観点や内容の批判を行っているかをとらえ，それが，的を射たも
のであるかどうかを明らかにしようとする。

　まず，上の第一の「反批判」である。

　無着成恭が戦後の生活綴り方（書くこと・作文）の科学的・系統的・現
代的な行き方の成果であり到達点でもあるとするのが，「戦後の生活綴方
教育の最高の理論家であり指導者でもある国分一太郎氏」等によって提起
された「文章表現のための基礎理論としての形体論」(22) である。

　ここで言う「形体論」とは，日本作文の会において「表現形体」「（児童
文の）表現諸形体」等と言い習わされたものであるが，初期には3段階と
して示され，後，5段階の時期を経て，最も詳細な2類7段階として完成
されている。

　いま，この「表現諸形体」のうち，初期の3段階のものと最も詳細な2
類7段階のものは，それぞれ，次のようになっている。

　（a）ある日，ある時，ある場所であったできごとを，時間の順序で書いた
　　　もの。
　（b）ひじょうに長い間にわたって，あるいはやや長い間にわたって，いつ
　　　もあること，いつも見ていること，いつもしていること，そしていつ
　　　も考えたり感じたりしていることを，やや説明風にまとめて書いたも
　　　の。

181

第3章　作文・綴り方教育の展開と拡大・発展

（c）（a）と（b）を両方いれて書いたもの。(23)

基礎的形体	1	展開的・過去形表現
	2	総合的・説明形表現
	3	展開的・現在（進行）形表現
	4	総合的・概括形表現
発展的形体	5	議論・説得的表現
	6	反省・思索的表現
	7	うったえ・勧誘的表現 (24)

　初期の3段階のものを後の2類7段階のものにあてはめると，（a）が1，（b）が2，（c）が4に該当すると考えられる。このことから，この「表現諸形体」の考え方は，昭和30年代のはじめに成立し，後，形を整えるとともに体系化・系統化が行われ，昭和37年代に，1962年度活動方針案「意義ある伝統のもとに確信をもって前進しよう」と前後する形で，完成されたものと考えられる。

　この「表現諸形体」について，無着成恭は，「いわれてみれば実践家であるわれわれは，なるほどと思いながら，実はやっていたことなのである。」と述べ，「やっていながら，理論化，系統化ができなかったところに，現場の教師であるわれわれの弱さがあった。」(25)としながらも，全面的に肯定し，それを生活綴り方（書くこと・作文）教育における科学的・系統的・現代的な成果であり到達点であると述べている。ただ，このような「表現諸形体」が「このごろの子供たちのコトバと認識の発達の関係などが，だんだんと科学的に研究されてきた結果」(26)導かれたものとされてはいるものの，そのように分類・類別し系統立ててとらえる根拠や必然性は，それ以上には述べられていない。

　このようなあり方の背景には，「生活綴り方のしごとを文章表現のしごととしながら，それが全教育へ働きかけるものと考え」ることを大切にする，「ノン・プログラムのしごと」(27)としての側面を尊重する考えが根強くあったことによると考えられる。もちろん，生活綴り方（書くこと・作文）が持つ文章表現そのものの指導の側面を，ある程度，科学的・系統的

第3節　「生活綴り方批判」の「受容」と「反批判」

にとらえることは可能である。しかし，文章表現の指導が具体的な指導実践の場で必然的に持つ生活指導の側面—表現内容としての思考・認識の指導，および，生活問題解決のための態度・行動の指導—のすべてを科学的・系統的にとらえることは不可能である。それは，児童・生徒の日常生活の中で，経験的に生起する出来事を対象とするからである。

　生活綴り方（書くこと・作文）が持つこのような問題—それは"短所"や"課題"ではなく，"特性"あるいは"特質"と理解するべきである。—に対して，長妻克亘は，自らの属する数学教育研究協議会（数教協）の立場から，次のように述べている。

　　　要するに生活綴方的教育方法の立場から系統性は打ち出せない。一ぺん生活綴方の立場をはなれて，まず研究を進めることだ。……しかしながら，この方法（生活綴り方的教育方法—引用者注）には，教科の中味を，正しい科学の成果に即して系統的に伝えるということに到達しない限界があった。(28)

ここでの「系統性」とは，数学教育の立場からの，論理的・知的認識における順次性・段階性のことと考えられる。しかし，数学教育におけるそれと，生活綴り方（書くこと・作文）における順次性・段階性とが完全に一致したものではないことは，当然のことである。したがって，もし取り上げるとしても，数学教育における生活綴り方の活用（生活綴り方的教育方法の適用）は，一つの手段・道具であり，あくまでも，数学そのものが内容であり目的である。生活綴り方が固有に持つ思考や認識の方法そのものを習得させることを数学教育の内容や目的とすることはない。

　長妻克亘の言う「教科の中味」とは「科学の成果」に立つもの，いわば，知的認識の対象となる，明白な形での論理性や系統性であった。そこには，生活綴り方（書くこと・作文）がある部分で担う感性的・情意的認識，あるいは実感的で主観的な認識等は含まれない。それはまた，「系統的に伝えるということに到達しえない」ことが，生活綴り方（書くこと・作文）の「限界」ではなく「特質」であると理解しなければならない側面を持つともとらえられる。だからこそ，このような長妻克亘の論に対して，無着

183

第3章　作文・綴り方教育の展開と拡大・発展

成恭は，「子どもの身につけさせたい法則が，イメージにならない場合は，教えた法則が，子どもの生き方の論理にも，ならない。」(29) と反論する。児童・生徒は，生活綴り方（書くこと・作文）をくぐることによって，自らの感性的・情意的認識を，実感的で主観的であると同時に，より科学的・系統的な認識に変容させるとするのである。

　ここで無着成恭が取り上げた生活綴り方（書くこと・作文）の科学的・系統的・現代的な指導とは，「文章表現諸形体」に視点をおいた指導ということである。それは，子どもの文章表現活動と，その背後にある思考・認識の内容・系統を，一元的にとらえようとするものであった。それに対して，長妻克亘の批判は，あくまでも，各教科の内容を科学的・系統的に教えるための手段・方法としてとらえる立場からのものであった。ここには，教育の内容と方法を一元的にとらえる立場と二元的にとらえる立場とのくい違いを見ることができる。このような教育の内容と方法に対する基本的な立場の違いがある限り，両者の論に一致点を見いだすことは難しかったものと考えられる。

4. おわりに

　上のような生活綴り方批判・反批判と前後して，ここでも取り上げた日本作文の会「1962年度 活動方針」が公にされ，さらに，そこから，「生活綴り方」における「生活」の概念が改めて大きな問題とされていった。また，戦後の生活綴り方（教育・運動）の特質でもあり成果でもある「表現形体」の問題も，ここから提起され，飛躍的な発展，展開を見せていった。このような，戦後の生活綴り方を特色づけることがらは，いずれも，この「生活綴り方批判・反批判」から出発するものであったととらえられる。その意味で，この「生活綴り方批判・反批判」が，戦後のわが国における生活綴り方（書くこと・作文）教育の歴史の中に占める位置は大きなものであると言えよう。

第 3 節 「生活綴り方批判」の「受容」と「反批判」

〈注〉

(1) 無着成恭『山びこ学校』(1951〈昭和 26〉年 3 月 5 日　青銅社)

(2) 国分一太郎『新しい綴方教室』(1951〈昭和 26〉年 2 月 28 日　日本評論社)

(3) 「作文と教育」誌 (1962〈昭和 37〉年 4 月号) 69 ページ

(4) 「作文と教育」誌 (1962〈昭和 37〉年 6 月号) 50 ページ

(5) 同　　　上

(6) 無着成恭『山びこ学校』(前出)　252 ページ

(7) 学級文集「きかんしゃ」第 2 号　山形県山元中学校 (1950〈昭和 25〉年 1 月 10 日刊)

(8) 日本作文の会「1962 年度 活動方針 意義ある伝統のもとに確信をもって前進しよう」「作文と教育」誌 (1962〈昭和 37〉年 8 月号) 111 ページ

(9) 小西健二郎『学級革命』(1955〈昭和 30〉年 9 月 20 日　牧書店)

(10) 戸田唯巳『学級というなかま』(1956〈昭和 31〉年 12 月 15 日　牧書店)

(11) 日本作文の会常任委員会「戦後教育と日本作文の会の活動」「作文と教育」誌 (1961〈昭和 36〉年 8 月号) 102 ページ

(12) 竹内常一「第 11 次教研・各研究分野の課題・生活指導」「教育評論」誌 (1961〈昭和 36〉年 7 月号) 73 ページ

(13) 同 (11)　102 ページ

(14) 同 (4)　53 ページ

(15) 同 (8)　102 ページ

(16) 同 (8)　111 ページ

(17) 柴田義松「この『プログラム』を読むにあたって」「現代教育科学」誌 (1961〈昭和 36〉年 11 月号) 5 ページ〜 6 ページ

(18) 教科研常任委員会「研究活動の計画をどのようにつくるか」「教育」誌 (1961〈昭和 36〉年 8 月) 110 ページ

(19) 宮坂哲文「現段階における集団主義教育の位置」「生活指導」誌 (1961〈昭和 36〉年 5 月号) 9 ページ

(20) 同 (4) 58 ページ

(21) 無着成恭「生活綴方は，教育の科学的・系統的・現代的研究，実践を阻害し破壊するか」「作文と教育」誌 (1962〈昭和 37〉年 7 月号) 84 ページ

(22) 同 (21) 88 ページ

(23) 国分一太郎『生活綴方読本』(1957〈昭和 32〉年 8 月 1 日　百合出版) 59 ページ〜 60 ページ

(24) 国分一太郎「なぜ児童文の表現諸形体に目をつけるか」「作文と教育」誌 (1962〈昭和 37〉年 3 月号) 36 ページ

(25) 同 (21) 88 ページ

(26) 今井誉次郎「文章表現形体の基礎」日本作文の会『講座・生活綴方　第 3

第 3 章　作文・綴り方教育の展開と拡大・発展

　巻　生活綴方の指導体系Ⅱ』（1961〈昭和 36〉年 12 月 25 日　百合出版）15
　ページ
（27）野名龍二「生活綴方のしごとの役割と課題」「作文と教育」誌（1962〈昭
　和 37〉年 4 月号）48 ページ
（28）長妻克亘「教科内容の現代化と生活綴方的教育方法」「教育評論」誌（1961
　〈昭和 36〉年 10 月号）41 ページ〜 42 ページ
（29）同（21）93 ページ

第4章　戦後作文・綴り方教育の到達点と課題

第1節　野名・田宮論争とその背景としての
「1962年度活動方針」（日本作文の会）

1.「野名・田宮論争」の背景―戦後作文・綴り方教育への評価―

　ここでいう「野名・田宮論争」とは，1970年代を中心に，野名龍二，田宮輝夫の両氏によって，日本作文の会の機関誌「作文と教育」誌上で展開された，「書くこと（作文・綴り方)」教育の本質論・方法論をめぐる論争をさす。

　日本作文の会は，戦後早くから，活発な，また大きな影響力を持つ民間教育運動団体の一つとして活動を続けてきた。しかし，同じ民間教育運動団体の一つである全生研（全国生活指導研究協議会）等からの批判―生活綴り方は教育の科学化，系統化，近代化を阻害し破壊するという批判，「集団主義」を中心とする生活指導の立場からの生活綴り方の「解放から規律へ」の過程による指導への批判等― (1) を受け止め，「日本作文の会62年度・活動方針案　意義ある伝統のもとに確信をもって前進しよう」（以下「62年度活動方針」と略記する―引用者) (2) や「生活綴方の本質」と題する論考 (3) を公にする。これらは，それまでの日本作文の会が「教育のすべてにわたって，かかりすぎていたその重荷を」 (4) 下ろし，方向転換とともに，新たな形での前進を図ろうとするものであった。しかし，「62年度活動方針」の「確信をもって前進しよう」という言葉や，同じ時期に国分一太郎が「さびしがることはちっともない」と題する論考 (5) を公にしていること等から，当時，「書くこと（作文・綴り方)」教育に取り組む人々の中に，様々な考え方とともに，動揺があったことがうかがえる。

　このような流れの中で，「野名・田宮論争」は開始され，展開される。

第4章 戦後作文・綴り方教育の到達点と課題

2.「野名・田宮論争」の経過

「野名・田宮論争」は，直接的には野名龍二（大阪綴方の会）と田宮輝夫（東京・八南作文の会）によって開始される。後，大塚義人，岩本松子らが賛否それぞれの立場からの論考を寄せ，さらに，野名龍二を支持する黒藪次男（兵庫作文の会），持田俊介（和歌山作文の会），田宮輝夫を支持する永易実，田倉圭市（ともに八南作文の会）が参加し，「書くこと（作文・綴り方）」教育の本質（意義・目的）論，指導（指導方法・指導過程）論から，系統（系統案・系統指導）論，作品（文章・評価）論へと，その論争が発展・展開する。

いま，このような経過をたどった「野名・田宮論争」に含まれる論考を時間的な順序で取り出すと，それは，次のようになる。（なお，各論考の掲載誌は，全て日本作文の会の機関誌「作文と教育」である。）

(0) 大阪綴方の会（野名龍二）「『生活綴方の本質』への疑問と意見」
    1965.12

(1) 野名龍二「生活綴方教育小論」1970.11

(2) 田宮輝夫「『生活綴方教育小論』を読んで」1970.12

(3) 大塚義人「生活綴方運動の深く広い統一を」1971.8

(4) 野名龍二「続・生活綴方教育小論（一）」1972.4

(5) 野名龍二「続・生活綴方教育小論（二）」1972.5

(6) 田宮輝夫「書きつづることの意味は何か──『続・生活綴方教育小論』を読で」1972.6

(7) 日本作文の会・常任委員会研究部「現実と表現と子どもと」1973.6

(8) 岩本松子「生活綴方における『文章表現指導』とは何か」1973.6

(9) 黒藪次男「野名さんの話を実践上の警告として受けとめたい」
    1973.6

(10) 持田俊介「生活と表現」1973.12

(11) 田宮輝夫「職場や地域に責任を負う研究と運動を」1974.7

(12) 永易実「子どもの作品をみる視点表・その試案」1974.9

(13) 日本作文の会常任委員会「綴方（作文）教育における『日々の授業』

188

第1節　野名・田宮論争とその背景としての「1962年度活動方針」（日本作文の会）

について」1975.2

(14) 野名龍二「生活綴方はこれでよいのか」1975.6

(15) 八南作文の会「生活綴方教育における『日常的指導』と『計画的指導』」1975.8

(16) 永易実「『子どもの作品をみる視点表・その試案』について」1975.8

(17) 田宮輝夫「発達のための教育・生活綴方」1975.10

(18) 黒藪次男「生活綴方はこれでよいとは思わないが」1975.11

(19) 田倉圭市「わたしたちが考え，実践している綴方の系統的指導」1976.9

(20) 野名龍二「『かきたい気持ちがないので，つまらない文章になったことを研究する授業』はすべきではない」1976.10

(21) 日本作文の会常任委員会"「『かきたい気持ちがないので，つまらない文章になったことを研究する授業』はすべきではない」に答えて"1977.1

(22) 黒藪次男「生活綴方の矮小化はゆるされない―八南作文の会・系統的指導批判―」1977.3

(23) 田倉圭市「書くことの独自的な役割とは何か」1977.3

上のうち，(1) から (10) が，野名龍二，田宮輝夫による論考と，それらを直接に取り上げた論考であり，狭い意味での「野名・田宮論争」―この (1) から (10) までの論考を中心とした論争を"第1次「野名・田宮論争」"とする―といえる。さらに，ここまでで一端終結した論争が，(11) の田宮輝夫の論考「職場や地域に責任を負う研究と運動を」と (12) の永易実の論考「子どもの作品をみる視点表・その試案」に対する野名龍二の論考 (14) の「生活綴方はこれでよいのか」での批判によって再燃・拡大し，野名龍二ら，いわば関西の教師と，田宮輝夫を中心とした八南作文の会，および日本作文の会の常任委員会に属する関東の教師との，より広い論争―この (11) から (23) までの論考を中心とした論争を"第2次「野名・田宮論争」"とする―に発展する。このような，"第1次「野名・田宮論争」"

189

第4章　戦後作文・綴り方教育の到達点と課題

から"第2次「野名・田宮論争」"にかけての論点や論題は拡大し深化してはいるものの，その根底にある基本的な考え方は共通理解として敷衍されるとともに，あるべき「書くこと（作文・綴り方）」教育が真摯に求められ論議されていった。

3.「野名・田宮論争」の前提

　わが国における戦後の日本作文の会を中心とした「書くこと（作文・綴り方）」教育は，すでに取り上げた通り，1960年代に行われた様々な民間教育団体からの批判によって，大きく方向転換をする。それは，「62年度活動方針」や「生活綴方の本質」にあるように，戦後の「書くこと（作文・綴り方）」教育を代表する実践記録である小西健二郎の『学級革命』(6)，戸田唯巳の『学級というなかま』(7) 等を「生活綴方的教育方法による学級づくり」ではなく「相対的な独自性を有する『学級集団づくりのしごと』に『生活綴方の作品ないし表現活動を活用した場合』の例」(8) ととらえるべきであるとする提言であった。このような考え方は，「生活綴方の実践者たちが『生活指導』にとりくんだのは，子どもを受けもつ教師としてこれをなしたのであって，この種の生活指導ないし『学級集団づくり』が，生活綴方のしごとと直接に密接不可分な関係をもつのではない。」(9) という考え方とも共通する。さらに，それは，「今までやや安易に言ってきた『生活指導』というのは，主に『物の見方・考え方・感じ方・行動の仕方の指導』であり，……わたしたちは今後つとめて『生活指導』というコトバを使用せぬようにすべきではないか。」(10) ということにもなる。

　それまで，「書くこと（作文・綴り方）」とくに生活綴り方は，広義の生活指導（生活行動の指導，生活問題解決のための指導，学級づくり・集団づくりの指導）と一体化した，それらと不可分であることを特質としたものであった。だからこそ，戦前・戦後を通じて独自の意義をもつ教育方法とされてきたのである。生活綴り方の機能を，そのような広義の「生活指導」から狭義の「国語科文章表現」と「自然や社会や人間の事物についての，ひとりひとりの子どもの見方・考え方・感じ方を正しくゆたかにしていく

第1節　野名・田宮論争とその背景としての「1962年度活動方針」(日本作文の会)

こと」に限定する (11) という転換は，ある意味で，『学級革命』や『学級というなかま』等の実践を否定し矮小化するものとも受け止められた。

このようなとらえ方から，野名龍二は (0) の「『生活綴方の本質』への疑問と意見」において，「ぼくたちは文章表現指導について，ひとまとまりの文章，正しく豊かな文章を子どもがかけるように努力することは，もちろん軽視などしません。」と述べながらも，「…生活綴方では『生活』をやかましくいって，『表現』については軽視しているとの批判をうけたことがありましたが，今後，そのような批判をうけることがあっても，『生活』を重視するものです，と答えたいと思います。」(12) と述べる。

「書くこと（作文・綴り方）」教育は文字による表現活動を前提としている。それは当然のことである。しかし，何を書くのか，なぜ書くのか，どう書き表すのかは，狭い意味での書く活動（表現活動）だけの問題ではない。書く活動の背後にある思考や認識，さらには，それらを支える生き方や行動そのもの，あるいは，生活の現実や事実への態度・姿勢・取り組みの方法等が，表現に対する内容として，あるいは表現を支える生き方（意欲）として問題になる。それは，広い意味での生活そのものである。だからこそ，野名龍二は「表現」よりも「生活」を重視するとし，日本作文の会の論考「生活綴方の本質」が掲げる「自然や社会や人間の事物についての，ひとりひとりの子どもの見方・考え方・感じ方を正しくゆたかにしていくこと」という「生活綴方の目的」に疑問を投げかける。野名龍二は，「書くこと（作文・綴り方）」教育の目的は，認識能力を育むだけではなく「自分をとりまく現実と，現実の生活とを具体的にとらえ」ることによって，あくまでも「生活をきりひらき，生活を建設していく」(13) ところにあるとするのである。

また，このような立場から「62年度方針」や「生活綴方の本質」を批判するのは，ひとり野名龍二だけではない。

例えば戦後の生活綴り方と深く関わっていた宮坂哲文は，この「生活指導」と「表現指導」とのかかわりについて，次のように述べている。

第4章　戦後作文・綴り方教育の到達点と課題

　　　生活綴方が文章表現指導の方法技術をその固有の武器としていることは
　　あらためていうまでもない。しかしまた，学級づくり，集団づくりを，そ
　　の教育実践の本質的過程としてともなわない生活綴方があるかということ
　　になると，それはうたがわしいと答えなければならないであろう。⑭

　野名龍二とはまた別の立場から，宮坂哲文も，生活指導としての「学級
づくり，集団づくり」を「その教育実践の本質的過程としてともなわない
生活綴方」を否定するのである。

　このような「62年度方針」や「生活綴方の本質」に端を発した「書くこ
と（作文・綴り方）」をめぐる考え方の対立を根底として，「野名・田宮
論争」は行われるのである。

4.　第1次「野名・田宮論争」の展開とその内容

　野名龍二の手になる論考（1）の「生活綴方教育小論」は，それ以前の
論考（0）の「『生活綴方の本質』への疑問と意見」のように，日本作文の
会への提言・批判を目的として書かれたものではない。あくまでも，野名
龍二自身の「書くこと（作文・綴り方）」教育論とも言える考え方がまとめ
られ，投稿原稿として，「作文と教育」誌に掲載されたものである。

　この「生活綴方教育小論」は，「1. 生活を綴るということ」と「2. 綴
方指導の実際」の二つの柱によって構成されている。まず「1. 生活を綴
るということ」では，野名龍二の「書くこと（作文・綴り方）」教育の意義・
目的についての考えが四つの柱によって述べられている。

　いま，その要点と考えられる部分を取り出すと，それは，次のようなも
のである。

　　　だから，生活と表現の関係から綴るということを考えれば，綴るという
　　ことは，表現によって新しい生活態度，生活感覚，生活感情の確立をめざ
　　す真に主体的実践的な仕事でもあるだろう。綴方は，表現だけを問題にし
　　ないで，表現とともに生活を問題にする。人間主体としての子どもの生活
　　を問題にする。生活の問題をさけて綴方は語れない。綴るということは，
　　表現による生活の変革なのである。⑮

第1節　野名・田宮論争とその背景としての「1962年度活動方針」（日本作文の会）

　ここでの野名龍二の考え方は，先に取り上げた論考（0）の「『生活綴方の本質』への疑問と意見」とも共通する。表現を媒体として子どもの生活と関わり，子どもの生活を指導することによってはじめて表現が生まれるとする。表現は生活をとらえるための手段であり，また方法でもある。したがって，根底にある生活を問題にしないで表現だけを話題にしたり，"優れた表現"だけを"書き表し方（文章表現）"の問題として取り上げたりしてはならない。生活が豊かで優れたものであるからこそ，その結果としての表現が豊かで優れたものになるとするのである。

　このような徹底した生活重視の一元的理解からは，必然的に，次のような「綴方指導の実際」に対する考え方も導かれる。

　　　取材メモをもたせたり，文章の組み立て図をつくらせたり，どこをくわ
　　しく書くとか，どこで説明を入れるとかなどの指導をすることが綴方指導
　　だと了解しているむきもあるが，これはいけない。題材指導をうまくやっ
　　たから，構想指導をうまくやったから，綴方がうまくなるというものでは
　　ない。(16)
　　　やはり，大事なことは，子どもの生活をひらいてやること，ひろげてや
　　ることである。子どもの生活を積極的・意欲的なものにしてやることであ
　　る。……だから，「文章表現以前」といったところをもっと拡大して全教育
　　活動の基底としてとらえ，ここでいう生活の積極性・意欲性をたかめるも
　　のとして考えたいのである。ついでにいえば，書く力とは生活の意欲性だ
　　ぐらいにぼくたちは考えている。つまりこれは全教育活動にかかわる。そ
　　の教師の教育の仕事にかかわるものである。生活の意欲性をたかめないで
　　綴方は書けるものではない。綴方を書かせるには，直接的な文章表現指導
　　はしないことだ。問題は子どもの生活である。(17)

　文章表現の技能や様式であっても，教師が一方的に指導すると，それは，一定の価値を押しつけることになる。その結果として，子どもの自由で個性的な発達を阻害する。したがって，あくまでも，技能や様式を必要とする子どもの生活を育て，自らのものとして獲得する「生活の意欲性」を第一義と考える。言い換えれば，それは，文章表現の技能や様式を，一般的で普遍的なものとしてではなく，個々の子どもの個性的で必然的な技能や

193

第4章　戦後作文・綴り方教育の到達点と課題

様式として獲得しようとする生き方—「生活の意欲性」—こそを育てなければならないとするのである。

　野名龍二のこのような考え方は，論考（0）の「『生活綴方の本質』への疑問と意見」から，論考（1）の「生活綴方教育小論」，論考（4）の「続・生活綴方教育小論（一）」，論考（5）の「続・生活綴方教育小論（二）」まで一貫している。論考（1）の「生活綴方教育小論」は野名龍二の考えを理論的に述べたもの，論考（4）の「続・生活綴方教育小論（一）」と論考（5）の「続・生活綴方教育小論（二）」は，指導の実際を，子どもの文章を引用しながら実践として述べたものであるが，そこに示されている基本的な考え方は変わらない。

　この野名龍二の提言に対して，田宮輝夫は，次のように述べている。

　　「生活を綴るということ」については基本的に同感である。わたくしたちが子どもたちに現実生活の事実に取材させてそれを文章表現させるというのは，指導要領でいうところの，機能主義的，実用主義的な「書くこと」の力をつけさせるにとどまるものではない。まして，コンポジション理論にうらうちされた，スキル作文的な能力の養いのためではない。[18]

　　生活綴方が，教育という名でよばれるからには，当然，意図的・計画的でなければならない。たったいっぺん書かせただけで，生活の真実をつかみきれるものではないことは当たり前のことである。だとすれば，どのようなことがらに，子どもたちの目をどうむけさせていったらよいのかという，順次性・計画性がなければならない。……だとすれば，「何を」書くか，「どう書くか」という，その内容についての厳密な見とおしが必要である。いわずもがなのことである。題材指導，構想指導，記述指導などのそれぞれにわたって，それが形式的なものに陥いらないためのたしかな指導内容・方法の探究を放棄するべきではない。[19]

　田宮輝夫は，野名龍二の論考（1）の「生活綴方教育小論」の「1. 生活を綴るということ」に示された考え方に「基本的に同感」であるとしたうえで，「2. 綴方指導の実際」の内容に疑問を投げかける。しかし，田宮輝夫が「基本的に同感」とする野名龍二の「書くこと（作文・綴り方）」の意義・目的に関する考え方は，そのまま必然的な形で「綴方指導の実際」を

第1節　野名・田宮論争とその背景としての「1962年度活動方針」（日本作文の会）

支えるものとなっている。したがって，田宮輝夫の言うように，意義・目的論に「同感」しながら指導・方法論に疑問を持つことはあり得ない。もちろん，野名龍二の言う「書くこと（作文・綴り方）」教育論は，「コンポジション作文」や「スキル作文」ではない。その意味では，野名龍二の論は田宮輝夫の考えに近いといえる。しかし，野名龍二は，田宮輝夫のいう意図的・計画的な表現指導を否定する。教師が順次性や計画性を意識して指導するのではなく，あくまでも，表現に表れた，あるいは表現としての生活そのものを第一とし，それに寄り添った形で，生活事実や生活行動そのものを指導しようとする。田宮輝夫のいう「『何を』書くか，『どう書くか』」は，野名龍二にとっては，教師の側の問題ではなく子どもの側の問題なのである。教師がそれを指導することは，子ども一人ひとりの個性的な成長・発達を阻害し，子どもを教師の考える枠の中に入れてしまうことになる。

　したがって，野名龍二の考える「書くこと（作文・綴り方）」教育では，教師が子どもたちに対して行う直接的な取材・構想……等の指導はありえない。教師が行うのは，あくまでも，生活への意欲や表現への主体性の喚起にとどまる。それが，結果として，子どもが自らの表現を模索・獲得して「書くこと（作文・綴り方）」に取り組むことにつながるのである。したがって，教師に促され，教師の指導を受けて書くことは，一人ひとりの子どもに自分らしい表現を獲得させることにはならないと考える。しかし，田宮輝夫の立場からは，このような考え方は，子どもたちの成長・発達や効率的で有意義な「書くこと（作文・綴り方）」教育の目的・目標等を見えにくくするとともに，科学的・系統的な文章表現指導を否定することにもつながっていく。

　それは，もはや子どもたちの確かな成長・発達を促す教育にはならないということになる。

　このようにとらえることのできる野名龍二と田宮輝夫の考え方に対して，「作文と教育」誌上には，様々な立場からの論考が寄せられている。まず，野名龍二に近い立場からの早い時期のものとして，大塚義人の「生

195

第4章　戦後作文・綴り方教育の到達点と課題

活綴方運動の深く広い統一を」をあげることができる。

　大塚義人は，自らの「書くこと（作文・綴り方）」教育への基本的な考え方を，次のように述べている。

　　　生活綴方教育を，あるわくの中へ，たとえば国語科作文のわくの中へ，かこいこもうとするどんな傾向をも，わたしは肯定することができません。それは実践的には，学級を担任して，国語の授業を受けもたなくては綴方の実践はできないみたいになっていく傾向はみとめることができないということです。そういう傾向はこの運動をせばめるのに役立つだけでしょう。(20)

「書くこと（作文・綴り方）」教育は，子どもたちが鉛筆を握って書く活動そのものと切り離すことはできない。それは当然である。しかし，優れた文章で書かれ，作品として完成したものであっても，その文章を支える思考や認識，あるいは書かれた内容としての生活そのものが，自主的・主体的で旺盛な意欲に支えられた，子どもらしく個性的なものであることが望まれる。「書くこと（作文・綴り方）」教育が，ただ，結果として上手な文章を書くだけのものであってはならない。言い換えれば，その指導が，狭く国語科表現指導の枠の中だけに止まってはならないとする。

　このような考え方から，大塚義人は，田宮輝夫が児童の文章に添えた評語を取り上げながら，自らの「書くこと（作文・綴り方）」教育観を，次のように述べている。

　　　……「このような書き方をしたので」とか，「この文を書いたので」とか，また，「この単語の使い方が」と言い，「ここへ説明の言葉を入れたので」と言う，その限りで見れば，ここではやはり，書かれたもとになっている生活が問題にされているのではなく，文章が，問題にされているのだと考えられます。

　　（中略―引用者）

　　　わたしも，表現されたものを，表現に於いて鑑賞し批評することを決して否定するものではありません。

　　　けれどもわたしたちが綴方を書かせるのは，子どもたちに「よい作品」を書かせること，そのことを目的にしているのではありますまい。作品がよいとかわるいとかいう以上に書かれた生活，そのようにその生活を書く

196

第1節　野名・田宮論争とその背景としての「1962年度活動方針」（日本作文の会）

子どもの意識が、どうであるかをこそ問題にするのでしょう。「子ども自身」こそが目的であり、子どもの生活意識こそが、発達乃至変革されなくてはならないのですから—。(21)

　文章表現だけではなく、その背後にある子どもの思考や認識、それらに支えられた生活の事実や行動こそが問題にされなければならない。だからこそ、「書くこと（作文・綴り方）」教育は、「書き方」の教育ではなく、そういう「書き方」をせざるを得ない生活の教育なのである。例えば「『このような書き方をしたので』そのときの君の腹立ちがよく分かったよ。」等の表現を問題にする評語ではなく、「そうなんだ、○○と考えたからこそ、この前△△ということがあったからこそ、許せなかったんだな。」等の表現された行動や生活を受け止める評語が必要だとするのである。子どもにとっても教師にとっても、表現が問題なのではなく生活が問題なのである。

　このような大塚義人の立場は、「表現されたものを、表現に於いて鑑賞し批評することを決して否定」しないというものであり、「表現」されたもの「書かれたもの」としての文章に一定の意義や価値を認めるものである。その意味では、野名龍二とは多少の違いがある。しかし、その指導を、文章表現の範囲にとどめるのではなく、あくまでも「書かれたもの」としての生活にかかわるとする意味では、田宮輝夫よりは野名龍二に近い立場ともいうことができる。

　このような大塚義人とほぼ同じ考えに立つのが黒藪次男と持田俊介である。

　黒藪次男は、野名龍二の提言を積極的に支持しながら、次のように述べている。

　　今日における作文教育が、「認識と表現」の関係を重視していることは当然のことであるが、この関係を成立させている子どもの生活（要求，願望，感情，意志……など現実にはたらきかける子どもの態度）への着目を無意識的に軽視する傾向に対して、野名さんの話は、ひとつの警告であると、わたしはとらえた。

　　現実の事実をことばをとおして表現する（文章化）ことによって認識を

第4章　戦後作文・綴り方教育の到達点と課題

そだてていく，ここのところにだけ作文教育を位置づけるのではなく，現実にいどみかかる子どもの生活をそだてることにも作文教育の大きな役割があることは，言うまでもなく，はっきりしていることである。(22)

　黒藪次男は，「書くこと（作文・綴り方）」教育が，思考・認識の指導と表裏一体の密接な関係にあることを積極的に肯定する。それを当然のことととらえる。しかし，「書くこと（作文・綴り方）」教育をその範囲だけに限定しようとする「傾向」には反対し，より広く，思考・認識に支えられた生活や生活への姿勢・生き方とも深く関わるものとならなければならないとも述べる。子どもの表現は即ち子どもの思考・認識そのものであり，その所産である。しかし，表現として表れた子どもの思考・認識は，そのまま子どもの生活・生き方にもつながる。したがって，表現に表れた思考・認識の指導を，同時に，表現に表れた生活・生き方の指導へと発展・展開させなければならない。それは，「書くこと（作文・綴り方）」教育の持つ独自の意義や機能を拡大することであり，また深めることでもある。それを，あえて思考・認識の指導の範囲だけに限定し，「子どもの生活への着目を無意識的に軽視する傾向」に対して，黒藪次男は疑問を投げかけるのである。

　以上の黒藪次男の考え方とほぼ同じ立場に立つのが，持田俊介の次のような提言である。

　　子どもの綴方を読んで，表現・段落・構想などを云々する前に，その綴方に描かれている子どもの思い，行動，いきごみ，いいかえれば生活の真実，生きぶりをみてやらなくてはならない。教室での話にもどせば，子どもの綴方を読んだ後の教師の最初のことばが「あんた字がたくさんまちごうているよ。このしゅっぱつという字，習ったでしょう，……」式のものでは，子どもの気持ちはどうだろうか。書いた本人はもちろん，聞いている他の子どもだっていい気持ちはしないでしょう。それよりも，書かれている内容に即して，教師が励まし，慰め，同感し，元気づけてやることの方が大事です。(23)

ここでは，「書くこと（作文・綴り方）」教育の方法論が，教室での実際に即した一つの技術論として述べられている。指導方法が，指導される子

第1節　野名・田宮論争とその背景としての「1962年度活動方針」（日本作文の会）

どもの心情・気持ちのレベルでとらえた教師の指導技術として理解されているのである。しかし，このような考えは，「表現・段落・構想などを云々する前に」という言葉から，野名龍二に近く，黒藪次男とほぼ同じものであると理解できる。持田俊介は，何よりもまず，表現からうかがえる，その子どもの書かざるを得なかった思い，書こうとした姿勢を尊重し，それによって，表現への意欲を育むべきであるとする。文字通り，子どもの認識・思考を指導するとともに，生活意欲や生活行動を促し支える「書くこと（作文・綴り方）」教育が考えられているのである。

　「作文と教育」誌上には，このような，野名龍二の考えを支持する大塚義人，黒藪次男，持田俊介等に対して，田宮輝夫を支持する永易実，岩本松子等の論考も掲載されている。

　まず，永易実は，野名龍二の「生活の意欲性をたかめないで綴り方はかけるものではない。」という考えに対して，次のように述べている。

　　　野名龍二氏がいわれる「生活の意欲性をたかめないで綴方はかけるものではない。だから，綴方を書かせるには，直接的な文章表現指導はしないことだ。問題は子どもの生活である。」というところ。こういってしまうと綴方は子ども自体の生活がしっかりしなければ書けないのだから，だとするならば，綴るほかのところで生活の意欲性をたかめそれから綴るということになる。そのことの意味がなくなる。綴り方教育の独自性が失われる。(24)

ここで永易実のとらえた「綴るほかのところで生活の意欲性をたかめそれから綴る」という理解は，必ずしも野名龍二の考えを正確にとらえたものとは言えない。すでに考察してきたとおり，野名龍二は「書くこと（作文・綴り方）」を狭い意味での文章表現活動だけにとどまるものとはしない。「綴る」ことが「生活の意欲性をたかめ」ることであり，「生活の意欲性をたかめ」ることが「綴る」ことであるとする。野名龍二にとって，「綴る」という言葉は「生活の意欲性をたかめ」るという言葉と同義語である。したがって，この二つを，永易実の言うような「綴るほかのところで生活の意欲性をたかめそれから綴る」といった，別々の，あるいは段階的につ

199

第4章　戦後作文・綴り方教育の到達点と課題

ながる活動とはしないのである。

　このように理解するならば，永易実の立場からは，ここに見られるような形ではなく，むしろ，野名龍二の言う「綴方」では，狭い意味での文章表現活動を支える最も基礎的・基本的な表現技能（書字書写，用字用語，表記，語彙等）や表現方法（話題・題材の深化・拡充，語義・語意の理解，構想の発展等）に関わる全ての指導を「直接的な文章表現指導はしないことだ」と排除してよいのか，と問うべきである。野名龍二の言う「綴方」を本物にするためにも，その「綴方」を「生活の意欲性をたかめ」るものにするためにも，直接的であれ間接的であれ，何らかの文章表現指導は必要である。また，そのような意味での文章表現指導は，意図的であるかどうかは別にして，結果的には必ず行われているはずである。そうでなければ，野名龍二の実践記録「なわしろ教室の道」[25]や『かえるの学級』[26]等で取り上げられている，子どもたちの優れた文章（作品）は生まれ得ないからである。だからこそ，田宮輝夫や永易実，次に取り上げる岩本松子等は，文章表現指導の必要性を言うのである。

　岩本松子は，このような意味での文章表現指導の必要性を，「表現と内容の統一的指導」という観点から，次のように述べている。

　　　……生活綴方もまた教育であるかぎり，認識・思考能力の発達の順次性に即した系統的順次的な指導，個に即した指導をしなければならない。子どもの生きざま，内的充実が文体・形式を決定すると同様に適切な文章表現指導＝表現と内容の統一的指導もまたその充実をうながし，意欲的能動的な生活姿勢を育てていくことになると，子どもたちの作品に学んで確信しているからである。[27]

　ここでの「文章表現指導」という言葉は，もちろん，表現活動から切り離された抽象的な技能の反復練習―スキルのドリル―等を指すのではない。あくまでも，子どもの「認識・思考能力」の「内的充実」に支えられた，「意欲的能動的な生活姿勢」と結びついた文章表現指導を指す。言うまでもなく，文章表現で用いられる日本語の諸法則は，子どもの主体や個性とかけ離れた，客観的で順次的な法則として存在する。

200

第1節　野名・田宮論争とその背景としての「1962年度活動方針」（日本作文の会）

子どもの内に内在するものではない。したがって，それは後天的なものとして，学習によって習得されなければならない。当然のことである。その学習による習得が，子どもに切実なものとして行われるべきことを，岩本松子は「子どもの生きざま，内的充実が文体・形式を決定する」と述べるのである。また，もし野名龍二の「直接的な文章表現指導はしない」という言葉も同様の意味で用いられ，その「直接的な文章表現指導」という用語を抽象的な技能の反復練習等を意味すると理解するならば，文章表現指導に対する両者の考えに違いはない。ただ，それを，「意欲的能動的な生活」を育むための手段・方法とするのか，目的・内容とするのか，あるいは，「意欲的能動的な生活」と切り離すことのできないものとするのか，「意欲的能動的な生活姿勢」すなわち思考・認識の段階でとどめるのか，いわば表現内容として「生活」のとらえ方にこそ，大きな開きがあったのである。

野名龍二の提言で始まった，いわゆる「第1次『野名・田宮論争』」は，この後の展開を見ることはなく一旦は収束する。ただ，ここで取り上げられた「書くこと（作文・綴り方）」教育における表現技能の指導—直接的な文章表現指導—の問題は，その目的・目標を生活指導におくのか表現指導におくのか，生活指導の範囲を生活問題解決の指導ないしは生活行動の指導におくのか思考・認識の範囲におくのか等にまで拡大するものであった。それだけに，ここで提起された問題は，「第2次『野名・田宮論争』」だけではなく，「書くこと（作文・綴り方）」教育に内在する本質的な課題として，その後も様々な形で論議され続けるのである。

5. 第2次「野名・田宮論争」の展開とその内容

第2次「野名・田宮論争」は，野名龍二が（14）の論考「生活綴方はこれでよいのか」で，八南作文の会の田宮輝夫の（11）の論考「職場や地域に責任を負う研究と運動を」と，同じ八南作文の会の永易実の（12）の論考「子どもの作文をみる視点表・その試案」とを批判したことから開始される。

201

第4章　戦後作文・綴り方教育の到達点と課題

　まず，田宮輝夫の（11）の論考「職場や地域に責任を負う研究と運動を」
である。

　田宮輝夫は，ここで，「……こうすればよい，という，生活綴方の方法
論を確立し，それを，わたくしたちのまわりにいる一人でも多くの教師た
ちに示しながら普及浸透をはかる必要があると思うからです。」(28) と述
べ，その視点からの，作文指導の一般化及び拡大のための「作文の指導体
系の試案」―12段階―と，そのうちの第3段階での「指導過程の概略」
を示している。いま，それらのうち，「作文指導体系の試案」の最初の4
つの段階と「指導過程の概略」の項目だけを取り出すと，それは，それぞ
れ次のようなものである。

作文指導体系の試案 (29)

段階	指導題目	小1	2	3	4	5	6	中1	2	3
1	ある日ある時の，父母，兄弟，祖父母などの事実について見聞したことを，時間の順序に従ってすなおに書く。	○	○	○						
2	ある日ある時の，父母，兄弟，祖父母などの事実について強く感じたことを，時間の順序に従って生き生きと書く。	○	○	○	○					
3	ある日ある時の，父母，兄弟，祖父母などの事実について共感したり反発したことを時間の順序に従って，生き生きと書く。	○	○	○	○	○	○	○	○	○
4	ある日ある時の先生，友だち，近所の人びとの事実について，新しく気づいたり，たしかめたことを，できごとの順序に従って生き生きと書く。	○	○	○	○	○	○			

第1節　野名・田宮論争とその背景としての「1962 年度活動方針」（日本作文の会）

指導過程の概略
　　第一次指導（動機づけの段階）
　　第二次指導（文章記述の段階）
　　第三次指導（作品点検の段階）
　　第四次指導（整理発展の段階）(30)

　各学年を指導段階の目安とし，各段階ごとに，どのような話題・題材を
取り上げ，どのような視点や展開の文章を書かせるべきか，そのおおよそ
を「作文の指導体系の試案」として示し，さらに，具体的な作文を書かせ
る指導過程を，第一次から第四次までの「指導過程の概略」の形で示して
いる。ただ，「作文の指導体系の試案」では，ここに引用した最初の段階
での話題・題材が「父母，兄弟，祖父母など」と「先生，友だち，近所の
人びと」に限られており，自らの体験や経験等を中心としたものではない。
また，書く事柄も「見聞したこと」「強く感じたこと」「共感したり反発し
たこと」「新しく気づいたり，たしかめたこと」と，書き手である子ども
の思考や認識に制約・限定を与えかねないものであることに疑問が残る。
ただ，このような「作文の指導体系の試案」が，日頃からあまり作文指導
に取り組んではいない教師に対して，指導の目安や指針となることは事実
である。このような形で，いつ何をどう書かせるべきかのおおよそを示
し，作文指導の「普及浸透をはかる」ことは，それなりに意味のあること
と考えられる。

　しかし，野名龍二は，このような田宮輝夫の提言に対して，次のように
批判する。

　　　……いずれも生活，生きること，真実にかかわらない文章表現なのだか
　　ら無意味なことにおいては同じことである。生きることとその真実にかか
　　わらない文章表現は無意味であることを銘記すべきである。……一つの「指
　　導体系」を作成して「普及浸透」をはかろうとする考えは安易であるし危
　　険である。それを見て綴方をかかせようとする教師の実践の姿勢をも安易
　　にしてしまう。(31)

　子どもたちが文章に書く事柄は，いつも「父母，兄弟，祖父母など」か
ら開始され，その次に「先生や友だち，近所の人びと」を取り上げるとい

203

第4章　戦後作文・綴り方教育の到達点と課題

う「段階」―順序―になるとは限らない。場合によっては，先生や友達の
ことを書くこともあるし，自分の思いや行動を書くこともある。また，書
く内容も，「見聞したこと」「強く感じたこと」「共感したり反発したこと」
「新しく気づいたり，たしかめたこと」だけとは限らない。書こうとする
気持ちによって，また生活の中で出会う事柄への興味・感心によって，子
どもの書く題材や内容は様々なはずである。

　したがって，大切なのは，ただ「父母，兄弟，祖父母など」や「先生，
友だち，近所の人びと」等に取材しさえすれば良いということではない。
あくまでも，「父母，兄弟，祖父母など」や「先生，友だち，近所の人びと」
等，身の回りの様々な人々にも新たな目を向けようとする，取材意識の広
がりや深まりこそが大切にされ，尊重されなければならない。それは，言
い換えれば，自らのかかわる「父母，兄弟，祖父母など」や「先生，友だ
ち，近所の人びと」に主体的な表現の目を向けることであり，より広く，
生活の現実や事実に関心を持って表現しようとする，積極的な態度や姿勢
―生き方―を培うことである。このように考えるならば，「作文の指導体
系の試案」を厳密に考え，取材の対象を，まず父母，次に兄弟，次に祖父
母……とすれば，一人ひとりの子どもから個性的で主体的な表現を奪い，
その文章表現を一つの枠にあてはめ拘束しようとするものになりかねな
い。だからこそ，野名龍二は，田宮輝夫の言う「作文の指導体系の試案」
に基づいて書かせることは「いずれも生活，生きること，真実にかかわら
ない文章表現」を導くとして否定するのである。

　野名龍二のこのような考え方からは，当然，永易実の（12）の論考「子
どもの作文をみる視点表・その試案」も批判される。

　例えば永易実の提案する「視点表」に「色を書く」「音を書く」「ようす
や動きを書く」等があることに対して，野名龍二は，次のように述べてい
る。

　　　永易氏は，子どもが何をかこうとしているのか，何をかいているのかに
　　はおかまいなしに，かかれる全てのものごとについて，色だの形だの動き
　　だのといって，のべつにいわゆるくわしくこまかくそれをかかしている。

204

第1節　野名・田宮論争とその背景としての「1962年度活動方針」（日本作文の会）

……色だ形だ動きだといって，それをのべつにくわしくかいても現実認識
は深まらないし，かきなおしか見つめなおしであり，現実認識を深めるこ
とだという考えは全くあまい。(32)

　ここで野名龍二が指摘している「色」の表現とは，永易実が指導例とし
てあげている児童の文章「朝」の，例えば「(あああ，一番ねぼうか。）と
思いながら，せんめんじょの茶色いドアをあけた。そして，パジャマのま
まで白いはぶらしをとった。それから，白いはみがきこをつけながら，『あ
……あ』と一回大きなあくびをした。そして，はぶらしのピンクのみがく
ところを口の中へいれてみがきはじめた。」(33)等の部分での「茶色い」「白
い」「ピンク」といった言葉を指す。この児童の文章は，生活の中の朝寝
坊のことを記述したものであり，野名龍二のいうように，必ずしも「色」
について書く意味はないし必要もない。したがって，この指導例の範囲で
は，「色」についての言葉によって書き手の児童の現実認識が広がること
も深まることもない。むしろ，このような言葉は，かえって冗長で不自然
な感じさえ与える。必ずしも適切な，また「くわしい」表現とは言えない。

　しかし，逆に考えれば，この児童は，まずは，このような形で「色」を
とらえることができたのである。このような児童だからこそ，次の段階の
指導として，その「色」を書く必要があるのかないのか，精叙が必要なの
か略叙が必要なのかを考えさせることができる。まず思い出させ，次の段
階の指導として選択させるのである。永易実の（12）の論考「子どもの作
文をみる視点表・その試案」に見られる「のべつにいわゆるくわしくこま
かくそれをかかしている。」指導を，そのような「くわしく」書くことの
前提ないしは過渡期のものと位置づけることもできる。

　このような視点・観点からの野名龍二の論考「生活綴方これでよいの
か」に対して，田宮輝夫・永易実が属する八南作文の会（文責・佐々田久
子）は，次のように述べている。

　　……だから，「計画的，意図的，体系的指導としての生活綴方教育のしご
　　と」の一方には，つねに，「日常的，自発的，偶発的，個別的指導としての
　　生活綴方教育のしごと」があることが前提となっています。そこでは，「い

205

第4章　戦後作文・綴り方教育の到達点と課題

ちばん書きたいことを自由に書く」とか，「生活をはげます」「くらしを語る」など，野名さんたちがしきりに強調されていることは，わたくしたちも全く同じことをしているということです。だから，野名さんが『綴方教育論』のなかでだされている大部分の実践についてはまったく同感だと思うし，わたくしたちも似たような実践をしています。(34)

　ここでは，「書くこと（作文・綴り方）」指導が「計画的，意図的，体系的指導」と「日常的，自発的，偶発的，個別的指導」に分けられ，田宮輝夫や永易実らの指導が「計画的…指導」，野名龍二らの指導が「日常的…指導」とされている。さらに，田宮輝夫や永易実らが「作文と教育」誌に発表している論考が「計画的…指導」に限定されているのであって，その「計画的…指導」をふまえた「日常的…指導」は，野名龍二の言う「書くこと（作文・綴り方）」指導と同一であり，その「大部分の実践についてはまったく同感だと思うし，わたくしたちも似たような実践をしています。」と述べるのである。ただ，ここで八南作文の会（文責・佐々田久子）が言う「日常的…指導」とは，あくまでも文章表現指導としての「計画的…指導」の後に，その指導の成果を用いて行われるものであり，文章表現指導そのものではない。いわば基礎的指導に対する発展的（応用的）指導として，「いちばん書きたいことを自由に書く」「生活をはげます」「くらしを語る」指導が行われるとするのである。

　このような考え方とはまた異なる論点から，同じ八南作文の会の田倉圭市は，自らを含む八南作文の会と野名龍二たちの考え方の違いを，次のように述べている。

　　しかし，生活綴方教師の間に，この期待のうけとめ方に若干のくいちがいがある。一つは，教育の荒廃は極度に進んでいる，早急に打開しなければとりかえしのつかないことになる。そのときに，やれ記述だ推考だなどと書くことに傾斜しては困るといううけとめ方である。また，この期待は，今の子どものリアルなつかみ方の問題だ。子どもが自分の生活の問題を自覚的にとらえているかどうかだ。文章表現指導にかたよると，この問題の認識に差異が生ずるというのである。

　　これに対して他方では，生活綴方教育によせられた期待はだいじにする。

206

第1節　野名・田宮論争とその背景としての「1962年度活動方針」(日本作文の会)

　しかし，子どもの現状の打開は生活綴方だけの問題ではなく，教科指導，教科外指導とあいまっておこなうものである。そのなかでの生活綴方独自の役割こそあきらかにすべきであろうといううけとめ方である。
　両者のこの意見は，討論の中では対立するが，冷静に考えてみると根本のところでは一致しているようにおもわれる。つまり，子どもの生活の現実をきちんとつかませ，そこから指導を出発させていこうという点では考えは同じだからである。異なる点は文章表現指導のとらえ方である。(35)

　ここで図式的に区分されている二つのとらえ方のうち，前者が野名龍二，大塚義人，黒藪次男たちの考え方，後者が田宮輝夫，永易実，田倉圭市ら八南作文の会の考え方とされていることが分かる。しかし，後者の考え方では「生活綴方独自の役割」は「計画的…指導」だけになり，「日常的…指導」は，生活綴り方から離れ，「教科指導，教科外指導とあいまっておこなうもの」の中に含まれることになる。したがって，「生活綴方独自の役割」は，狭い意味での「計画的…指導」として行われる「文章表現指導」に限定される。

　また，野名龍二たちの考え方は，ここでいう「文章表現指導にかたよる」ことを否定するものでも「書くことに傾斜しては困る」と考えるものでもなかった。そのことは，すでに行ってきた考察からも明らかである。野名龍二たちにとって，「書くこと（作文・綴り方)」指導とは，何をどう書くかという思考や認識の指導そのものであり，また生活の現実や事実とも切り離すことのできない「教科指導」や「生活指導」そのものである。したがって，田倉圭一の表現を用いれば，「子どもの現状の打開」につながる「教科指導，教科外指導」こそが，正しく「生活綴方独自の役割」が機能する場なのであり，「日常的…指導」の場こそが何よりの「計画的…指導」の場なのである。

　このようにとらえれば，野名龍二，大塚義人，黒藪次男たちからは，田宮輝夫，永易実，田倉圭市らの考え方は，「書くこと（作文・綴り方)」を狭い意味での「文章表現指導」に限定・特化しようとするものであり，「書くこと（作文・綴り方)」教育の「矮小化」(36)と受け止められるのは，当

207

第4章　戦後作文・綴り方教育の到達点と課題

然のことと言える。子どもの文章表現を一人ひとりの子どもの生活や認識
の現実から切り離し「計画的…指導」の対象としてとらえる限り，「作文
指導体系の試案」も「子どもの作文をみる視点表」も，子ども一人ひとり
の個性的な思考や認識からかけ離れた，表現技能の取り立て指導につなが
るものとなる。しかし，それは一方で，作文指導の科学化・系統化を目指
すためのものであり，それまでの「書くこと（作文・綴り方）」教育とは異
なる，新たな指導の意義・目的や方法を見出そうとするものでもあった。
ただ，田宮輝夫や永易実たちが，その指導を「日常的…指導」と「計画的
…指導」とに区分し，野名龍二たちの実践を自分たちの「日常的…指導」
と同じものとし「わたくしたちも全く同じことをしている」と評価する限
り，両者の溝を埋めることは難しいものであったと考えられる。

6.「野名・田宮論争」の成果と課題

　「野名・田宮論争」で取り上げられたのは，第一に，「書くこと（作文・
綴り方）」指導の目的・目標を，直接的な表現活動（表現技術）の指導にお
くのか，表現活動と密接な関係にある生活（思考・認識）の指導におくの
か，表現活動や思考・認識を支える意欲的で意志的な生活そのもの（生活
行動・生活問題解決）の指導におくのか，の問題である。それは，文字通り，
本稿の冒頭に取り上げた「62年度方針」の「生活綴方の実践者たちが『生
活指導』にとりくんだのは，子どもを受けもつ教師としてこれをなしたの
であって，この種の生活指導ないし『学級集団づくり』が，生活綴方のし
ごとと直接に密接不可分な関係をもつのではない。」さらに，「今までやや
安易に言ってきた『生活指導』というのは，主に『物の見方・考え方・感
じ方・行動の仕方の指導』であり，……わたしたちは今後つとめて『生活
指導』というコトバを使用せぬようにすべきではないか。」という提言を
どのようにうけとめるかの問題であった。

　第二に，「書くこと（作文・綴り方）」指導における「指導体系」―指導
系統案・指導過程案―の問題である。この「指導体系」については，戦前・
戦後を通じて数多くの「教授細目」「指導系統案」として公にされてきた。

第1節　野名・田宮論争とその背景としての「1962年度活動方針」(日本作文の会)

また日本作文の会においても様々な論議を経て五つの段階からなる「文章表現形体」論が公にされている。子どもの何に基づき何を系統化して「指導体系」を考えるのか。また，作成された「指導体系」を文章表現活動の全領域に及ぶものとするのか，題材・話題の範囲にとどめるものとするのか。数多くの課題を含みながらも，完全には解答を見出し得ない問題である。

　第三に，文章表現指導における表現技能の問題である。当然のことであるが，子どもは文章表現力の習得を目指して書くことに取り組むのではない。あくまでも，何らかの内容あるいは事柄を整理・保存し，伝え訴えるために書くのである。したがって，図式的なとらえ方をすれば，子どもにとって，表現は手段であり内容・事柄が目的である。しかし，「書くこと（作文・綴り方）」指導においては，表現が目的であり内容・事柄が手段となる。このような表現と内容・事柄とを切り結ぶ文章表現力は，その背後にある思考や認識，あるいは，それらを支える生活現実への態度・姿勢・意欲，さらには生活そのものと切り離して問題にすることはできない。

　これら「野名・田宮論争」で取り上げられた事柄は，いずれも「書くこと（作文・綴り方）」教育が内に持つ本質的な問題でもあると言える。だからこそ，一方で，両者の共通点（共通認識）よりも相違点（差異性）がより強く意識されながら，また一方で，その大きな意義や価値が再認識されることにもなって行ったのである。

〈注〉

(1) 日本作文の会研究部「最近の生活綴方批判の概要」「作文と教育」誌（1962年4月）69ページ〜77ページ

(2)「作文と教育」誌（1962年8月）94ページ〜115ページ

(3)「作文と教育」誌（1963年5月）6ページ〜13ページ

(4) 同（2）102ページ

(5)「作文と教育」誌（1963年4月）8ページ〜14ページ

(6) 小西健二郎『学級革命』（1955年9月20日　牧書店）

(7) 戸田唯巳『学級というなかま』（1956年12月15日　牧書店）

(8) 同（2）111ページ

第4章　戦後作文・綴り方教育の到達点と課題

(9)　同（2）109 ページ

(10)　同（2）109 ページ

(11)　同（3）6 ページ〜8 ページ

(12)　大阪綴方の会「『生活綴方の本質』への疑問と意見」「作文と教育」誌（1965 年 12 月）71 ページ

(13)　同（11）70 ページ

(14)　宮坂哲文「生活指導と生活綴方」『講座・生活綴方・第5巻』（1963 年 4 月 15 日　百合出版）108 ページ〜109 ページ

(15)　野名龍二「生活綴方教育小論」「作文と教育」誌（1970 年 11 月）67 ページ

(16)　同（15）69 ページ

(17)　同（15）70 ページ

(18)　田宮輝夫「『生活綴方教育小論』を読んで」「作文と教育」誌（1970 年 12 月）60 ページ

(19)　同（18）64 ページ〜65 ページ

(20)　大塚義人「生活綴方運動の深く広い統一を」「作文と教育」誌（1971 年 8 月）72 ページ

(21)　同（20）74 ページ〜75 ページ

(22)　黒藪次男「野名さんの話を実践上の警告として受けとめたい」「作文と教育」誌（1973 年 6 月）91 ページ

(23)　持田俊介「生活と表現」「作文と教育」誌（1973 年 12 月）72 ページ

(24)　永易実「合宿研で学んだこと・学びたかったこと」「作文と教育」誌（1973 年 6 月）91 ページ

(25)　野名龍二「なわしろ教室の道」「作文と教育」誌（1954 年 4 月）48 ページ〜63 ページ

(26)　野名龍二『かえるの学級』（1956 年 4 月 28 日　新評論社）

(27)　岩本松子「生活綴方における『文章表現指導』とは何か」「作文と教育」誌（1973 年 6 月）29 ページ

(28)　田宮輝夫「職場や地域に責任を負う研究と運動を」「作文と教育」誌（1974 年 7 月）36 ページ

(29)　同　　上　37 ページ

(30)　同　　上　33 ページ〜34 ページ

(31)　野名龍二「生活綴方これでよいのか」「作文と教育」誌（1975 年 6 月）56 ページ〜57 ページ

(32)　同　　上　60 ページ〜62 ページ

(33)　永易実「子どもの作品をみる視点表・その試案」「作文と教育」誌（1974 年 9 月）68 ページ〜69 ページ

第 1 節　野名・田宮論争とその背景としての「1962 年度活動方針」（日本作文の会）

(34) 東京・八南作文の会（文責・佐々田久子）「生活綴方教育における『日常的指導』と『計画的指導』」「作文と教育」誌（1975 年 8 月）80 ページ

(35) 田倉圭市「書くことの独自な役割とは何か」「作文と教育」誌（1977 年 3 月）10 ページ〜 11 ページ

(36) 黒藪次男「生活綴方の矮小化はゆるされない」「作文と教育」誌（1977 年 3 月）24 ページ

第4章　戦後作文・綴り方教育の到達点と課題

第2節　倉澤栄吉の「書くこと（作文＝綴り方）」教育論

1.　戦後作文・綴り方教育論の成立・展開と倉澤栄吉

　倉澤栄吉が戦後の国語科教育の各領域にわたって，わけても作文・綴り方に関する数多くの著書および論考を公にしている研究者であることは，周知のとおりである。

　本稿では，この倉澤栄吉の数多い作文・綴り方に関する著書・論文の中から，とくに，昭和20年代から昭和30年代にかけての時期に執筆された31編《具体的には『国語学習指導の方法』（1948〈昭和23〉年9月30日　世界社）から『表現指導』（1957〈昭和32〉年12月15日　朝倉書店）までに，著書9冊，論文22編を数える。》によって，戦後の作文・綴り方復興の上で，どのような役割を果たしたのかを考察する。さらに，その「書くこと（作文）」教育論の意義・価値，および内容・特質についても明らかにすることができればと考える。

　なお，昭和20年代から昭和30年代にかけて執筆された倉澤栄吉の著書・論文を時間的な順序に配列し，それぞれの時期に中心として論じられた観点及び主要な著書を柱として区分すると，大きく次のようにとらえることができる。（以下，本稿では，ここに掲げた区分に従って考察を進めたい。）

　　Ⅰ・〔実作主義〕・《単元学習》の中での「書くこと（作文）」

　　　　　　　　　　　　　　　　　　　　　　　　を中心とした時期

　　「書くことの指導」―『国語学習指導の方法』（1948〈昭和23〉年9月

　　　　　　　30日　世界社）から『作文教育の体系』（1952〈昭和

　　　　　　　27〉年12月30日　金子書房）まで―

　　Ⅱ・〔言語主義〕・書く活動の中での《言語・表現》の機能

　　　　　　　　　　　　　　　　　　　　　　　　を中心とした時期

　　「作文教育の現場における問題点」―『作文教育の方法』（1953〈昭和

　　　　　　　28〉年5月25日　新光閣）から『作文の教師』（1955

〈昭和 30〉年 5 月 20 日　牧書店）まで—

Ⅲ・〔活動主義〕・書かれた作品よりも《書く活動・書く過程》

を中心とした時期

「現代日本語教育と作文教育」—『作文教育講座・6・現代教育と作文』

（1955〈昭和 30〉年 7 月 30 日　河出書房）から『表現

指導』（1957〈昭和 32〉年 12 月 15 日　朝倉書店）ま

で—

2.　倉澤栄吉の「書くこと（作文）」教育論の展開
Ⅰ・「実作主義」・《単元学習》の中での「書くこと（作文）」を中心とした時期

　倉澤栄吉は，戦後初の著書である『国語学習指導の方法』（1948〈昭和23〉年 9 月 30 日　世界社）において，「今まで作文というと，『原稿用紙に書く，題を持った何百かの文字』に限られていた。」(1) とした上で，あるべき新しい作文指導について，次のように述べている。

　　　…手紙のあて名を書いた札を首に下げるとき，その札に書くことばも作
　　文である。…各自の体験を書く，作文である。…自分のしらべた星の図を
　　書き，名や説明を記せば，それも作文である。…あらすじをノートに書けば，
　　それも作文である。(2)

　ここでいう「作文」とは，ひとまとまりの文や文章を書くことでも，文字や語句の練習をすることでもない。さらには，行事やでき事を話題にしたひとまとまりの「作品」を原稿用紙に書くことでもない。各教科の学習や生活の場等での「書く」活動の全てを，それが何のための，どの程度の長さのものであっても，等しく「作文」ととらえるのである。ここで言う「札に書く」「体験を書く」，あるいは「名や説明を記」すことや「あらすじをノートに書」くことは，国語科の中だけで行われる活動ではない。より広く，社会科や理科等の他の教科，さらには学校や家庭での様々な生活の場で行われる「書く」活動である。それらの全てを，倉澤栄吉は「作文」の場とする。

第4章 戦後作文・綴り方教育の到達点と課題

このようなとらえ方は，当時の『昭和二十二年度（試案）学習指導要領
国語科編』の「国語科学習指導の目標は，…聞くこと，話すこと，読む
こと，つづることによって，あらゆる環境におけることばのつかいかたに
熟達させるような経験を与えることである。」(3) というとらえ方とも共通
する。その学習として，国語科の中で，様々な「書く」機会や場を与える
だけではない。他の教科や生活の中でも，可能な限り「書く」活動を取り
入れてその習熟を図ること，それが，「書く」ことの指導であり「作文」
指導の内容であるとする。したがって，様々な形で「書く」活動や体験を
重ねて，その習熟を図ることを何よりの「作文」指導とするのである。

このような立場から，倉澤栄吉は戦後の「作文復興」の動きに対して，
次のように述べている。

　　作文復興の主張はいろいろの形で現われている。「つづりかた」の名を復
　　活せよというもの，作文の時間を設けよというもの，もっと味のある文を
　　書かせよというもの等，その名称の問題は二の次として，時間特設の主張
　　と，文学的作文の復興運動，生活作文の再興論については，かなり厳重な
　　警戒が必要である。(4)

上にある「時間特設の主張」「文学的作文の復興運動」「生活作文の再興
論」のうち，まず，「時間特設の主張」である。

倉澤栄吉は，上の「時間特設の主張」に対して，「私どもの任務は，特
設しなければやらない人を特設しなくてもやれるのだと励ましてやること
である。」(5) とし，さらに次のように述べている。

　　考えてみれば特設するかしないかは，毎週何時間目ときめることではな
　　い。全体の単元計画の中にはっきりと位置づけることである。その意味で
　　は特設すべきなのである。それは教育計画の確立ということである。いき
　　あたりばったりに「必要の場の生じた時にいつでも書く」というのではな
　　く，必要の場とはどれどれであるのか，その場でどの点をどの程度指導す
　　るのかが，あらかじめ計画された年間計画の中に設定されていなければな
　　らない。(6)

倉澤栄吉が，自ら「かなり厳重な警戒が必要である」と述べる「時間特
設の主張」とは，授業の時間割の中に“毎週何時間目と何時間目は作文の

214

第 2 節　倉澤栄吉の「書くこと（作文＝綴り方）」教育論

時間"と設定することであり，そのような形での特設（設定）を倉澤栄吉
は明確に否定する。その上で，「特設しなければやらない人を特設しなく
てもやれるのだと励ましてやること」，すなわち，「作文」の時間を特設せ
ず，「国語」だけではなく，「算数」や「理科」等の他の教科の指導時間の
中に，さらに日常の生活の場の中に，必然的な学習活動の場として「作文」
を取り入れるべきであるとする。そのような形での「作文」の時間の特設
（設定）を，倉澤栄吉は「その意味では特設すべきなのである。」と述べる。

　ここで，倉澤栄吉は，あるべき作文指導を「全体の単元計画の中にはっ
きりと位置づけることである。」としている。ここでの「単元」という言
葉は，管見に及んだ範囲で，戦後の倉澤栄吉の作文教育に関する論考の中
で最も早く用いられたものである。この論考に次いで「単元」という用語
が用いられているのは，次の箇所である。

　　　かつて，日本の教育が，天下りの教科教育であったころ，生活綴方は，
　　ただ一つの，「単元科」であった。綴方科は，古い教科カリキュラムの挑戦
　　者として，光栄ある先駆者だったのである。…今は事情が違う。形ばかり
　　とは云え，カリキュラムは，経験化され，社会科理科をはじめ，多くの教
　　科に単元が設定されて，カリキュラム改造が進められている。(7)

戦前は，どの教科においても，国定教科書の教材配列が，そのまま，各
教科の指導内容・指導事項の配列であり順序であった。そのような中で，
「綴方」には基本的には教科書がなく，学習者の生活を話題・題材のまと
まりとして指導されたこと，そのことを，倉澤栄吉は「生活綴方は，ただ
一つの，『単元科』」「光栄ある先駆者」と述べるのである。

　このような考え方を前提とする限り，作文についての「時間特設の主張」
は，当然否定されるべきものとなる。ある意味で作文の時間の特設は戦前
の教育への回帰になるからである。

　戦後の単元学習では，各教科や領域の指導は，全て学習者の生活と切り
離すことのできないものとして取り上げ配列される。その考え方からは，
「時間特設の主張」は，「書くこと（作文）」だけではなく，国語科の他の
領域である「読む」「聞く」「話す」の指導においても，また，国語科その

215

第4章　戦後作文・綴り方教育の到達点と課題

ものや理科，社会科等の指導においても，当然，否定されるべきものである。

　また，国語科や作文だけではなく「多くの教科に単元が設定されて，カリキュラム改造が進められている。」ことを認めるとき，国語科や作文だけを過大に評価することも否定される。国語科や作文が生活から切り離すことのできないものであるにしても，理科や社会科も，同じように生活から切り離すことのできないものとしてとらえるべきである。また，逆に，国語科や作文の力は，理科や社会科の学習との関わりの中でこそ有効に働き，また育てることができる。このように考えるならば，先に引用した「私どもの任務は，特設しなければやらない人を特設しなくてもやれるのだと励ましてやることである。」という倉澤栄吉の言葉は，むしろ特設しない指導の中にこそ，本来の作文指導があると述べるものと理解できる。

　次に，倉澤栄吉が「かなり厳重な警戒が必要である。」とする「時間特設の主張」「文学的作文の復興運動」「生活作文の再興論」のうちの「文学的作文の復興運動」「生活作文の再興論」である。

　倉澤栄吉は，「復興運動」「再興論」があるとする，それ以前の「文学的作文」「生活作文」の問題点を，次のように述べている。

　　　今までの作文指導は，直観を尊び，すなおな感動を育てていくことを主
　　　張した。これは，ある少数の生徒の創作的才能を伸ばすことはできたが，
　　　多くの子どもは，「手紙一本満足に書けない」ままに放り出されたのであ
　　　る。(8)

作文指導の目的を，自己表現としての，ひとまとまりの文学的な文章を書く（創作する）ことに置くとき，それは勢い「作品上の欠陥も，児童なるがゆえに大目に見ようとする。方言や，一二の表記上の欠点は問うところではない。子どもは，このように『真実を表現している』ではないか。」(9) という立場，言い換えれば，「直観」や「素直な感動」を過大に評価する，誤った「作品主義，児童主義，そして文学主義」(10) に陥ると述べる。このような倉澤栄吉の提言は，戦前・戦後の生活綴り方（教育）が持っていた一つの課題に対する，鋭い問題提起である。この問題は，ある

第2節　倉澤栄吉の「書くこと（作文＝綴り方）」教育論

意味で，当時の生活綴り方（教育）の持つ限界ともなっていたからである。倉澤栄吉のいう「文学的作文」や「生活作文」が，「ある少数の生徒の創作的才能」による感動的な作品を生み出したからこそ，ある意味で，戦前の生活綴り方の隆盛があり，戦後の社会現象とまでいわれた『山びこ学校』や『山芋』等への高い評価が生まれたことは否めない。しかし，本来の生活綴り方（教育）は，決して，「ある少数の生徒の創作的才能を伸ばすこと」を目標とはしていなかったし，ましてや，優れた感動的な「作品」を生み出すことが目的でもなかった。むしろ，そのような「作品主義，児童主義，そして文学主義」の対局にあるのが，伝統的な生活綴り方（教育）の求める方向であったはずである。しかし，生活綴り方（教育）が盛んになればなるほど，一方で，特定の児童の文章が優れた「作品」として過大に評価されて一人歩きをし，他方で，「多くの子どもは，『手紙一本満足に書けない』ままに放り出された」ことも，ある意味で事実である。それは，優れた“感動的な作品”を作文教育の結果ではなく目的とする「文学主義」「作品主義」，さらには，自らの貧しく厳しい「生活」や心に迫る不幸な「でき事」を話題・題材にする“貧乏作文”“訴苦作文”への偏りへの厳しい批判でもあった。

　倉澤栄吉は，そのような立場から，あるべき作文指導の方向を次のように述べている。

　　　今後の作文教育は，「かく力」を，自己表現のみとは考えない。本質的には，伝達作用，コミュニケーションと考える。コミュニケーションであるから，必ず相手がいる。かく相手は，目の前にいないのがふつうであるが，そのような距離にもかかわらず，自分をして，その相手にかかざるをえないようにさせる，ある具体的な関係を持っているのである。(11)

　書くことは，必ずしも自己表現や自己表出だけを目指すのではない。むしろ，何らかの必要，あるいは必然性に基づいた，「ある具体的な関係を持っている」相手に対する伝達，コミュニケーションを目的とする。したがって，そこで書かれる文章は，必ずしも心を打つ名文である必要はない。上手であることよりも，まず，誤解を招かない，正確で正しい文章である

217

第4章　戦後作文・綴り方教育の到達点と課題

ことが求められる。さらには，読み手とのコミュニケーションを意識した，相手意識に基づく分かりやすい表現であることも必要である。そのような条件を満たすのが「伝達作用，コミュニケーション」としての作文指導である。

　倉澤栄吉は，このような考えを前提とした上で，作文指導の目的・目標を次の3項目として述べている。

　　・第一のねらいは，一言で言えば「筆まめにする」ということであろう。
　　・第二に作文教育のねらいは，目的に合う文を作ることであろう。
　　・そして個性を豊かにし，情操を養うというのが，第三のねらいであって，これは低学年や小学校のすべての子に要求してもむだな目標である。(12)

　この3項目には，この時期の倉澤栄吉の作文教育観が端的な形で示されている。

　倉澤栄吉は，何よりも書き慣れることを重視する。様々な必要に応じて，自在に，気軽に，こまめに書くことを求める。実際に鉛筆を握って書けることが，まず大切である。実際の書く活動を抜きにした作文指導はありえない。まず書くこと，書けることである。それができて始めて，第二に，どう書くかが問題になる。相手意識，表現意識に基づいて言葉や文章が選ばれ，正確で適切な表現が行われる。ここまでの第一，第二の目的・目標が，全ての学習者に対して行われるべき作文指導である。これら第一，第二の目的・目標の後に，第三として，「個性を豊かにし，情操を養う」ことがあげられる。ただ，この第三の目的・目標は，「これは低学年や小学校のすべての子に要求してもむだな目標である」とされている。

　上の考察から，倉澤栄吉が作文指導で求めるのは，単元学習の中で，学習者の必要感と相手意識に基づく伝達作用・コミュニケーションのために，自在に，気軽に，また，こまめに書かれた「文章」である。決して上手で感動的な「作品」ではない。もちろん，書かれた結果としての「文学的作文」や「生活作文」の全てを否定するのではないであろう。しかし，先の引用部分にあったように，「多くの子ども」が「放り出され」ることを前提にしたとされる「文学的作文の復興運動」や「生活作文の再興論」

218

は，全面的な否定はしないものの，積極的に肯定・支持するには至っていないのである。

　以上から，この時期の倉澤栄吉の「書くこと（作文）」教育に対する考え方は，「単元学習」を中心とするものであり，文字通りの「実作主義」の立場に立つものと理解することができる。

3. 倉澤栄吉の「書くこと（作文）」教育論の展開
Ⅱ・「言語主義」・書く活動の中での《言語・表現》の機能を中心とした時期

　倉澤栄吉が「文学的作文の復興運動」や「生活作文の再興論」に必ずしも肯定的でなかったことは，すでに述べたとおりである。その理由として，倉澤栄吉は，かつて盛んに行われた「文学的作文」や「生活作文」の指導が，第一に，限られた特定の児童による，ひとまとまりの感動的な「作品」を書く（創作する）ことにとどまり，「多くの子どもは，『手紙一本満足に書けない』ままに放り出された」経緯があったこと，第二に，作文活動が狭い意味での自己表現や自己表出に限られ，必要・必然性に基づいた伝達，コミュニケーション能力の育成にまで至らなかったこと，をあげていた。それは，戦後の作文教育が「綴り方」から「書くこと」にかわったように，その指導も，優れた感動的な作品よりも，伝達・コミュニケーションのための的確で分かりやすい文章を目指すようになったからである。

　倉澤栄吉は，以上のような考え方を前提として，児童の文章に対する教師の姿勢を，幼児に対する母親の態度になぞらえて，次のように述べている。

　　　　子供の文は子供の人間や生活の全体から生まれてくる。そのために，文
　　　そのものを見ないで，文の生まれてきた生活や人間を見てしまう。どのよ
　　　うな片言でも，母親の心には理解される幼児のことばは，母にとって表現
　　　不足ではない。けれども，その「迎えられるシチュエーション」において
　　　は，とかく表現意図の有無に関係なく解釈されてしまう。解釈しよう解釈

第4章　戦後作文・綴り方教育の到達点と課題

しようという心がまえがあるためである。(13)

　児童の書いた文章を解釈して「人間や生活の全体」を問題にし，「文そのものを見ないで，文の生まれてきた生活や人間を見てしまう」のは，「文学的作文」や「生活作文」を読む際に教師が陥りやすい傾向である。しかし作文指導が「作文」の指導である限り，書かれている「生活」よりも，言語や表現のありようを問題にするべきである。もちろん，作文指導も生活指導と無縁なわけではない。しかし，それは，あくまでも作文を通した生活指導，作文による生活指導の範囲にとどめるべきである。このような作文指導と生活指導とは，また，手段と目的との関係としてもとらえられる。作文指導では，書かれた内容としての生活を手段としながら，書く活動としての言葉・表現を目的とする。言い換えれば，何が書かれているかを手段としながら，どう書かれているかを目的にするのである。したがって，「文そのものを見ないで，文の生まれてきた生活や人間を見てしまう」のは，ある意味で，上に述べた「手段」と「目的」との逆転である。「人間や生活の全体」を問題にするのは作文指導だけの固有の仕事ではない。

　例えば，戦後の「生活作文」を象徴するとも言える『山びこ学校』の「あとがき」の「生活を勉強するための，ほんものの社会科をするための綴方を書くようになったのです。」(14) という言葉は，しばしば取り上げられ紹介される。いま倉澤栄吉が，上の論考「作文教育の現場における問題点」を執筆した時期は，この『山びこ学校』がベストセラーとなり，劇化・映画化される等，その反響が日本全国に及んだ時期と重なっている。そのような時期であるだけに，倉澤栄吉は，「文学的作文」「生活作文」を感動的な「作品」として取り上げ解釈することを否定したのである。児童の書いた文章は，あくまでも「教育」や「指導」の対象であり，感動的な「文学」として解釈したり称揚したりするものではないからである。

　倉澤栄吉が「文学的作文の復興運動」や「生活作文の再興論」に必ずしも肯定的ではなかった理由の第三として，この『山びこ学校』が意識されていたことが推測される。このような感動的な「文学的作文」や「生活作文」を求めることは，倉澤栄吉の考える作文教育の目的ではなかったので

220

第2節　倉澤栄吉の「書くこと（作文＝綴り方）」教育論

ある。

　このような考えから，倉澤栄吉は自らの考える生活指導と作文指導との違いを，次のように述べている。

　　…別の所で生活指導をやって，作文指導には書くことそれ自体，あるいは書くプロセスとか，でき上った作文でなくて作文をしようとすること，作文することを問題にする。この点こういえば，生活と作文という問題は国語教育の上でとりあげることはそう全面的には賛成できない。(15)

　作文指導とは，あくまでも「書くことそれ自体」「書くプロセス」「作文しようとすること」の指導，言い換えれば，文章表現活動そのものの指導であるとする。そのような考えからは，書かれた作品を取り上げた話し合いは，「書いた後」の話し合いの場であり，書く材料を図書室で調べることは「書く前」の読むことの指導であるとする。いずれも厳密には「書くことそれ自体」の指導ではない。このように理解するとき，「作文を用いた話し合い」は「話すこと・聞くこと」の指導，図書室での調査は「読むこと」の指導ということになる。

　したがって，普通に作文指導の過程とされる取材指導，構想指導…は，全て記述指導と理解される。それぞれが，「書くことそれ自体」としての記述指導の中に含まれる一領域としてとらえられるからである。

　書く前に行われる「書くための思考・認識の指導」や，書いた後に行われる「書かれたものを用いた話し合いの指導」等が，ある意味で思考や認識を深め，生活を考え行動を振り返る機会になることはある。しかし，「書くことそれ自体」が，直接的な生活指導になることはない。生活行動を支える思考や認識の指導，あるいは生活問題を解決するための指導の中で「作文」が用いられることはあっても，それは，作文指導とは異質の生活指導（生活の中での思考・認識を方向づけるための指導，生活の中で起こる問題を解決するための指導）であると理解される。

　先に，倉澤栄吉が，あるべき作文指導の方向を「伝達，コミュニケーション」に置くことを述べた。この伝達・コミュニケーションを重視する立場と「書くことそれ自体」に着目する立場の関係を，倉澤栄吉は，次のよう

221

第 4 章　戦後作文・綴り方教育の到達点と課題

に述べている。

　　　自己の内なる他を相手として，語りかけ反問し，考え，追求し，深く正
　　しく見返し思い返したときには，ふたりして回想にひたりあうという，こ
　　の心的作用－よみかきの一体的作用は，作文学習における一次的なコミニ
　　ケーションとして，もっと大事にされなければならない。この一次的作用
　　が，次の二次的コミニケーション，つまり具体的な読み手への交渉の効果
　　と力とを左右するわけである。(16)

　倉澤栄吉のいう「一次的なコミニケーション」は，書き手としての自己
と読み手としての自己，この二つの自己の内での対話として行われる。そ
れは，鉛筆を握って書き進める緊張感の中での，内面的な思考活動ともい
うことができる。言い換えれば，書き手としての自己と読み手としての自
己との対話であり，瞬時にめまぐるしく立場を交換する［自己←→自己］
の対話でもある。また，表現する立場と理解する立場の交換であり，同時
に主体の立場と客体の立場の交換でもある。この「一次的なコミニケー
ション」は，必ずしも表現の過程としての「記述→推敲」の中で行われる
ものではない。「記述」が「推敲」に，「推敲」が「記述」にもなる関係で
あり，さらには，取材・構想・記述…の全ての表現過程が渾然一体となっ
て行われる「記述」活動でもある。倉澤栄吉のいう「書くことそれ自体」
とは，正しくこのような意味での「一次的なコミニケーション」としての
活動をいうのである。このとらえ方は，また，作文指導における文・文章
の機能，あるいはジャンルの問題にもつながる。

　倉澤栄吉は，この，指導するべき「作文」の機能とジャンルについて，
次のように述べている。

　　　…したがって，どのような文を書かせても，文表現のすべての機能にふ
　　れて指導することができるのである。みじかい文を系統的に指導しても，
　　訴え（通信，感想）生活の摘要（記録，通達）詩の形（書式）にふれて，
　　指導できる。創作機能の指導は詩だけと限定する必要はない。(17)

　ここでは，「訴え」「生活の摘要」「詩」等が文章のジャンル，「通信」「感
想」「記録」等が文章の機能とされている。したがって，「訴え」を書くこ

222

とによって指導できる文章表現の機能として「通信」と「感想」，「生活の摘要」を書くことによって指導できる文章表現の機能として「記録」と「通達」，詩の形によって指導できる機能として「書式」，短い言葉に千万の思いを込める文学の機能としての「創作」，の六つが，その機能として取り上げられていることになる。どのような短い，または長い文や文章であっても，全ては，上の六つの機能のうちのどれか一つ，または二つを目指して書かれていると理解できる。

このことを，倉澤栄吉は，「手紙文」を例に，次のように述べている。

　　…手紙文の相手は，
　イ　父母，兄弟，遠い親戚，休暇中の教師のような身近な人から，
　ロ　転校した友人，他校の同学年生，文集交換の相手
　　のように半ば他人の人へ広がり，さらに，
　ハ　意見の公開状，意見の回答
　　のような，多くの未知の人への通信もありうる。それぞれで，イ，通信・通達　ロ，通達・記録　ハ，感想・創作　の機能が養われるわけである。相手と場を変えればよいのである。(18)

日常の生活の中では，様々なジャンルの文章を，六つの機能のうちのいくつかを意識して用いている。したがって，基本的に六つの機能それぞれの文章を書く力を身につければ，後は，相手と場（目的・条件・意図）によって書き換えればよいとする。したがって，この六つの機能に基づく書き方や表現方法を学べば，それ以上の文章ジャンルなどに応じた事前の学習や練習はしなくても良いことになる。大切なのは「書くことそれ自体」の学習と「一次的なコミニケーション」の集積である。

倉澤栄吉の，この時期の作文教育論は，以上のような内容を特質とする。それは，「書く前」「書いた後」ではなく，「書くことそれ自体」の中での「一次的なコミニケーション」を先ず尊重するものであり，文章の機能に着目した指導を重視するものでもあった。ここに見られる様々な提言は，今もなお斬新なものであり，多くの学ぶべき事柄を示唆するものと評価することができる。

第4章　戦後作文・綴り方教育の到達点と課題

4. 倉澤栄吉の「書くこと（作文）」教育論の展開

Ⅲ・「活動主義」・書かれた作品よりも《書く活動・書く過程》を中心とした
　時期

　これまでに取り上げ，考察を加えてきた倉澤栄吉の作文教育論は，すで
に明らかなように，『山びこ学校』に代表される「生活綴り方」や「生活
作文」と同じ立場に立つものではない。ある意味で，「生活綴り方」や「生
活作文」とは異質の考え方である。

　いま，その相違点を対比的に示すと，次のように整理することができる。

　1. 児童の書いたものをひとまとまりの文や文章として見るのか，作品
　　としてみるのか。　　　　　　　　　　　　　—文章主義⇔作品主義—
　2. 分かりやすく正確な文や文章を目指すのか，個性的で豊かな作品を
　　目指すのか。　　　　　　　　　　　　　　—伝達主義⇔個性主義—
　3. 書く活動を重視するのか，書かれた作品を重視するのか。
　　　　　　　　　　　　　　　　　　　　　　—活動主義⇔作品主義—
　4. 書かれている表現に価値を見出すのか，書かれている内容に価値を
　　見出すのか。　　　　　　　　　　　　　　—表現主義⇔内容主義—
　5. 多様なジャンルの文章を書く経験をさせるのか，「生活文」を書くこ
　　とを深めさせるのか。　　　　　　　　　　—経験主義⇔深化主義—
　6. 伝達・コミュニケーションのために書くのか，自らの認識の深化の
　　ために書くのか。　　　　　　　　　　　　—伝達主義⇔認識主義—

　すでに考察した通り，倉澤栄吉は，一貫して，「文学的作文」でも「生
活作文」でもない，「書くこと・作文」とでも名付けることのできる立場
に立つ。言い換えれば，書かれたものとしてのひとまとまりの文・文章よ
りも，書くことそのものを第一義とする，「活動主義」「過程主義」を尊重
するものである。そのような視点から，1955（昭和30）年5月以前（『作
文の教師』—1955〈昭和30〉年5月20日　牧書店—刊行以前。筆者の設定し
たⅠ期，Ⅱ期以前）には，倉澤栄吉の，「生活文」や「生活作文」を取り上
げた，次のような論考が数多く見られる。

224

第2節　倉澤栄吉の「書くこと（作文＝綴り方）」教育論

今まで作文というと，「原稿用紙に書く，題を持った何百かの文字」に限られていた。…しかし，もっと広く考えて良い。ノートは作文帳である。うさぎ日記のように，「さしえ」を入れれば，ノートに，「創作」が作られたことになる。話し合いにおける，いろいろの意見が，ノートに記入されることも，ぜひ必要である。[19]

…ことに学校外の子どもの生活は，…いわゆる生活文によって知ることができる。けれども，生活作文という時間のかかる仕事を中心にしていくには，教師も生徒も，多大の時間をこれにかけ，カリキュラムの大半を注ぎ込まなければなるまい。[20]

ここには，ひとまとまりの「作品」や「生活文」を支持する，あるいは，その意義を肯定し積極的な指導を進める考えはない。むしろ，その指導から脱し，発想を転換して新しい立場に立つべきことが述べられている。その倉澤栄吉の立場が，上に対比した，作品主義，個性主義，内容主義に対する，活動主義，過程主義，伝達主義の考え方であった。

倉澤栄吉は，従来の「書くこと・作文」教育が持っていた負の側面を見つめ直すとともに，あるべき方向を問い直し，全く新しい視点からの整合性を積極的にとらえようとした。そして，そこから，あるべき「書くこと・作文」教育論としての「活動・過程重視の作文」教育論を構成したのである。そのように考えるならば，逆に，倉澤栄吉は，「作品主義」や「生活主義」，さらには生活綴り方（教育）の持つ理念や特質を最も深く承知していた一人であったと理解できる。だからこそ，それまでの「書くこと・作文」論には見られなかった，新しい視点からの「生活作文」「生活綴り方」への評価も生まれたのである。

いま，倉澤栄吉が，1650年代の後半（昭和30年～）に何度か繰り返す生活綴り方への肯定的な評価の中から，中心的な三つの観点に立つ文章を取り出すと，それは，それぞれ次のようなものである。

A　なお注意するべきは，綴り方の方は，方ではあるけれど，必ずしも技術中心主義ではなかったことは周知の通りである。生活綴り方の果たした功績の一つは，技能重視を打破することにあった。生活綴り方は，新教育における経験主義の考え方とまったく通ずるものである。[21]

第4章　戦後作文・綴り方教育の到達点と課題

　　B　…けれども，だからといってでき上がった作品が，学級や学校や，地
　　　域，全国の同学年ごろの子どもたちの共有の財産となって，かれらのも
　　　のの見方や考え方をすこしずつ高めることが非常に良いということも認
　　　めないわけにはいきません。そのような巾の広い考え方が「中正なる作
　　　文教育」の名に価するのでしょう。(22)
　　C　大槻一夫氏が『日本の生活綴方』に書いているように，生活綴方的教
　　　育方法を使うことが効果があるのは，まず児童と教師との間に愛情によ
　　　る結びつきがあるからである。…このような作品が生まれるわけは，教
　　　師と児童との間になんら情緒的な抵抗感やかべがないことを示している。
　　　…『学級革命』の中で，小西健二郎氏が子どもたちに示した愛情などは
　　　その見本的な例である。(23)

　先ずAでは，生活綴り方が「書くこと（作文）」教育が偏りがちな「技
術中心主義的な考え方」を否定したこと，さらに，そのような生活綴り方
の行き方が戦後新教育の中心とされた「経験主義」と通じるものであると
している。もちろん「生活綴り方」においても文章表現の技能を取り上げ
た指導を行う。しかし，それは，児童の思考や認識を離れて行われるので
はない。表現技能を必要とする児童の主体の成長のために，言い換えれ
ば，児童の主体が表現技能を身につけることによって，より豊かな表現主
体として成長するために，表現技能の指導が行われるのである。それを離
れて行われる技能の指導は，単に技能の知識として留まるものであり，児
童が生きて用いるものとはならない。何よりも，技能の前提としての主体
の形成であり，成長である。そのような考え方は，また，技能主義の対局
に位置する経験主義の考え方でもあった。

　Bに述べられているのは範文模倣の考え方ではない。ここで倉澤栄吉が
述べるのは「でき上がった作品」を模倣させることではない。「でき上がっ
た作品」から学ぶべき事柄は，その作品の背後にある「ものの見方や考え
方」である。個性的な「ものの見方や考え方」とは，ある意味で片寄った
「ものの見方や考え方」とも言える。時には立場を変え，第三者の目で，
改めて見直し考え直すことが，同時に思考や認識を深め高めることにな
る。それは同時に，主観的な「ものの見方や考え方」を，客観的で公平な

226

第2節 倉澤栄吉の「書くこと（作文＝綴り方）」教育論

ものに成長させることでもある。そのような「ものの見方や考え方」を身につけようとすること，身につけること，それを倉澤栄吉は，「中正なる作文教育」の大きな価値とするのである。

Cでは，児童の作文に対する教師の愛情，優しさや暖かさが取り上げられている。児童の作文に向かう教師の優しさや暖かさは，ときに過剰なものになり，児童の甘えにつながる場合もある。しかし，倉澤栄吉は，生活綴り方を用いた様々な指導—生活綴り方的教育方法—においても，一般的な作文指導においても，先ずこのような教師と児童との人間関係や学級の雰囲気が大切なものであることを指摘している。

わが国の生活綴り方が伝統的に持ってきた経験主義，模範文を用いた，強制するのではない思考・認識への配慮，さらには子どもへの愛情と学級の人間関係づくり，これらは生活綴り方だけが持つものはない。倉澤栄吉は，それらを，教育そのもの，わけても国語科「書くこと（作文）」が持つべきものとして，生活綴り方の中に見出していた。だからこそ，生活綴り方の方法には全面的な賛意を示さないものの，その根底にある理念や考え方は，積極的に肯定するのである。

次に，第Ⅲ期に区分できる「書かれた作品よりも《書く活動・書く過程》を中心とした時期」の到達点を示すものとして，倉澤栄吉の「書くこと（作文）」指導についての「まとめ」を取り上げたい。

それは，次のような箇条書きの形で示されている。

1. 作文教育においてもっと児童生徒の自主的な書く経験を重んじたい。
2. 自主的な書く経験を重んじるには，なんといっても，子どもたちが自由に書く，いわゆる生活文を利用するのがよい。それは作文教育の領域のなかの一つのだいじなめあてであるところの「作文にする態度・習慣の指導」である。
3. しかしながら，そのような基本的な態度・習慣とともに，国語科作文として本質的な表現力つまり思い出し，まとめ，感動し，しらべあげ，それらを正しい文で書くということを領域の中心部門にすえなければならない。
4. それには，いわゆる生活文のほかに，学校で学ぶ教科書の題材学習に伴

第4章　戦後作文・綴り方教育の到達点と課題

う各種の文や，また生活のその都度おきる必要から，みじかい実用文，
各種のジャンルの文を多く用意しておく必要がある。
5. このような体系に基いて文を書かせる場合には，よけいな文句や批評し
あいっこなどの時間をすくなくして，純粋な作文学習の経験を多くする
ように気をつけなければならない。(24)

　児童の主体的で自主的な「書く」活動を促すために，まず，教師が様々
な書く機会と方法を示し，「書く」経験を与える。それによって，気軽に
自在に抵抗なく書くことができるようにする。それは，「メモ」や「手紙」
「ノート」などとともに，「日記」「記録」としての「生活文」の学習につ
ながる。そのような形で「書く」ことへの抵抗感や違和感をなくし書き慣
れさせたあと，国語科「作文」指導として，「通信」「通達」「記録」等の
文章の機能を踏まえた指導を行う。この文章の「機能」に基づいた指導は，
国語科「作文」として最も中心となるべき領域である。このような文章の
「機能」に基づいた指導は，相手意識と目的意識による文章のジャンルに
応じた指導にもつながる。このような順序（段階）を踏まえて行われる「書
くこと（作文）」指導において，もっとも重視されなければならないのは，
児童が自主的・主体的に，言い換えれば，興味・関心を持って積極的に
「書くこと（作文）」活動をすることである。「書くこと（作文）」について
考える，話し合う，調べる，優れた文章を読む等ではない。「書くこと（作
文）」についての学習ではなく，「書くこと（作文）」そのものをさせる学
習である。知識ではなく，経験・体験であり，活動である。

　まず，「メモ」「日記」等の生活の中の文・文章から出発し，「書くこと
（作文）」活動の中で主体的・意欲的な書く態度・習慣を育てながら，文章
の各機能やジャンルの習得を図る。上の倉澤栄吉の1から5の箇条書きを
さらに要約すれば，このようになる。

　この時期の，書く活動や書く過程を何よりも大切にし経験させようとす
る倉澤栄吉の「書くこと（作文）」への考え方は，その中心に表現活動・
言語活動そのものを据えようとするものであり，その考えは「過程主義」
「活動主義」ととらえることができる。

第2節　倉澤栄吉の「書くこと（作文＝綴り方）」教育論

5. 倉澤栄吉の「書くこと（作文）」教育の意義・目的論
―「書くこと（綴り方・生活綴り方）批判」を視点として―

すでに述べたとおり，わが国の戦後の国語教育，わけても「書くこと（作文・綴り方）」教育は，「昭和二十二年度（試案）学習指導要領　国語科編」等によって再出発した。しかし，戦後の「書くこと（作文・綴り方）」がこの「学習指導要領」等によって直ちに具体化し，戦後の“新教育”として実践に移されたわけではない。それが本当の意味で具体化されるのは，先にあげた『新しい綴方教室』『山びこ学校』『作文教育の体系』等の出版が大きな契機になっている。中でも『山びこ学校』の影響は大きい。『山びこ学校』は，山形県の一中学校の生徒たちが，その厳しい生活の有様を書き綴った“作品集”であり，決して楽しく読みやすいものではない。その『山びこ学校』が出版と同時にベストセラーとなり劇化・映画化される等，一つの社会現象にまでなったのである。当時―1951（昭和26）年頃―の社会状況を考えると，それは特筆されるべきことである。だからこそ，大きな影響力を持つものとして，また，戦後の，いわゆる“新教育”や「書くこと（作文・綴り方）」教育を象徴するものとして，受け止められたのである。

しかし，倉澤栄吉は，この『山びこ学校』が刊行される以前から，『山びこ学校』的なもの，言い換えれば，生活の中のできごとを“ありのまま”に“正直”に表現し読み手の感動を誘う，ある意味で文学的な，自己表現としての「作品」を書かせる「書くこと（綴り方）」を厳しく否定した。

その考えは，『山びこ学校』以前に公にされた，倉澤栄吉の次の文章にみることができる。

> 一言でいえば，従来の「かく力」というのは，「自己表現」であった。これは，自己の内なる感情を，ときとして思索を，いかに外に引き出すかという，内から外への表現であった。何かの外的目的に応ずるように，いかに自分の思想を，ときとして感情を，秩序づけて相手に伝えるかという伝達ではない。(25)

『山びこ学校』に掲載されている作文のほとんどは，中学生たちが，貧

229

第4章　戦後作文・綴り方教育の到達点と課題

しく苦しい生活の中でたくましく生きていこうとする，文字通り「健気な
姿」が表現された，いわゆる「生活文」である。それは読み手に新鮮な感
動や驚きを与えるとともに，書き手の生徒にとっても，自己を見つめ自己
の生き方を凝視させることをうかがわせるものであった。しかし，そこに
は，自己認識の結果としての優れた感動的な自己表現（自己表白）はある
にしても，読み手に対する語りかけ・伝達の意図は伺えない。自らの生活
や思考・認識を見つめようとする活動はあっても，他者に伝えようとする
コミュニケーションの意識はない。

　繰り返すが，上に引用した倉澤栄吉の文章は『山びこ学校』の刊行後に
書かれたものではない。『山びこ学校』の刊行以前に，「今までの作文指導」
とくに戦前の「書くこと（綴り方・生活綴り方）」の持つ特質を，克服する
べき課題・問題として述べたものである。だからこそ，その提言は，『山
びこ学校』に対しても，また，その後も，次のような形で繰り返されたの
である。

　　　作文教育は，教育の一分野である。いかに「すべての教育に通ずる大道」
　　だと力んでみても，作文教育だけで，近代の人間が作れるわけのものでは
　　ない。作文は生活から生まれる。それは正しい。しかしながら，生活から
　　生まれるのは作文だけではない。かくことの外に，話すこと，きくことも，
　　生活から生まれ，絵も音楽も体育も，家庭科も社会科も生活から生まれ
　　る。(26)
　　　新しい作文教育は作品主義から作文主義へとかわらなければならない。
　　　作品主義は今はもうかなりしりぞいたけれども，まだ各所に残っていて，
　　それがジャーナリズムに悪用されている。作品主義は，要するにいい作文
　　が生まれればいいという考え方であって，まともな教育の考え方からすれ
　　ば，かなり危険なしろものである。これに対して，作文主義というのは，
　　文をつくることそれ自体を大事にしようとする考え方である。(27)

　倉澤栄吉は，「書くこと（作文）」を，あくまでも国語科の一領域として
位置づける。もちろん，「書くこと（作文）」が学習者の学校や家庭での生
活を話題にするにしても，また生活の中での思考や認識に基づいて書かれ

第2節　倉澤栄吉の「書くこと（作文＝綴り方）」教育論

るにしても，国語科の中では，「書くこと（作文）」が取り上げられるのであり，書かれた内容・結果としての生活が問題になるのではない。言い換えれば，書かれた内容ではなく，書くという行為そのものを尊重すること，さらに，書き手の意図や願いを過不足なく表現しようとする行為そのものを目的とすることを意味する。そのことを，倉澤栄吉は，①生活指導としての作文指導―書かれている内容としての思考・認識等の直接的な指導―と表現指導としての作文指導―どのような言葉でどう書かれているかの指導―，②作品主義に立つ作文指導―書かれたものとしての内容を尊重する指導―と作文主義に立つ指導―表現の背後にある書く活動を尊重する指導―，③自己表現としての作文指導―書き表されている内容としての思考・認識の指導―と伝達・コミュニケーションとしての作文指導―正確さ，客観性を大切にする指導―と対比するのである。

　上のようにまとめることのできる倉澤栄吉の考え方が，どのような立場や考え方を前提・根拠とし，どのようにして導かれたものであるのかは分からない。ただ，やや図式的な表現を用いれば，倉澤栄吉は，戦前の，ある意味で伝統的な「書くこと（綴り方）」の持つ作品主義・文芸主義ともいえる行き方を乗り越える考え方として，戦後の新しい言語主義・コミュニケーション主義の立場に立つ「書くこと（作文）」を提言したととらえることができる。

　倉澤栄吉は，あるべき国語科・作文指導は「書くこと（作文）」の立場に立つべきであるとし，国語科・作文指導に，戦前からの伝統的な，また戦後の『山びこ学校』に代表される「書くこと（綴り方）」を持ち込むことを否定した。しかし，「書くこと（綴り方）」そのものを否定したわけではない。

　それは，「書くこと（綴り方）」において取り上げられる，いわゆる「生活文」についての次のような言葉によって理解される。

　　　生活文は，まず，生活文運動，生活文的考え方として理解されるべきであろう。生活文にあらざる文，すなわち，生活に根を持たず，浮いた文，毒にも薬にもならない文，観念的な空疎ないわゆる古い作文に対して，生

231

第4章　戦後作文・綴り方教育の到達点と課題

活の中から真実の叫びや，切実な欲求や，当面の必要として書かれた文を
意味する。作文のための作文ではなくて，生活のための作文として考えよ
うとする，まともな運動としての価値を持つ。この意味では，「生活文」的
な考えは主張として一つの真理であり，このような「新教育」においても，
よりどころとなる主張である。(28)

　ここで取り上げられている「生活文」の意味は，一般的に定義される「生
活の中のでき事や経験を，自らの思考・認識・判断などを加えながら，主
に一人称で描写し表現したひとまとまりの文章」と同じであり，「書くこ
と（綴り方）」指導の中で主に取り上げられる文章を指す。倉澤栄吉は，「生
活文」も「生活文運動」も「生活文的な考え方」も，決して否定してはい
ない。むしろ，「浮いた文」「観念的な空疎な」文の対極にあるものと述べ
ているところから，生活文をその指導内容とする「書くこと（綴り方）」を，
一方で，自らの考える国語科・「書くこと（作文）」とは異なるものとしな
がらも，一方で，肯定し支持していたと理解できる。

　倉澤栄吉にとって，「書くこと（作文）」は，書くという行為を尊重する
作文主義に立つものであり，書かれた結果としての文章（作品）ではない。
言い換えれば，書く活動そのものを目的とする，コミュニケーションのた
めの指導であった。その立場からすれば，「書くこと（綴り方）」は「書く
こと（作文）」とは異なるものである。「生活文」は「書くこと（作文）」で
指導する内容ではないし，指導する文章でもない。しかし「書く」という
活動をその本質に持つという意味では，重なりあう部分を持つ。また，戦
後の「書くこと（綴り方）」教育が生み出した文章の持つ価値も，ある意
味では高く評価する。その意味からも，「書くこと（綴り方）」が「書くこ
と（作文）」とは異質の立場に立つものとしながらも，その独自の意義を
積極的に肯定するのである。

6.　倉澤栄吉の「書くこと（作文）」教育の内容・方法論

　倉澤栄吉の「書くこと（作文）」教育論がまとまった形で体系的に述べ
られているのは，『作文教育の体系』（1952〈昭和27〉年12月30日　金子書

第 2 節　倉澤栄吉の「書くこと（作文＝綴り方）」教育論

房），『作文の教師』（1955〈昭和 30〉年 5 月 20 日　牧書店），『表現指導』（1957〈昭和 32〉年 12 月 12 日　朝倉書店）の三つの著書である。

　これらのうち最も早く刊行された『作文教育の体系』では，まず，「作文の内容をコミュニケーションの原理によって，順に配列して，六つの機能に大別してみた。」として，次の 6 項目が示されている。

1. 通信（機能）の領域
2. 書式（機能）の領域
3. 通達（機能）の領域
4. 記録（機能）の領域
5. 感想（機能）の領域
6. 創作（機能）の領域 [29]

　ここで「六つの機能」として示された「作文の内容」とは，手紙，日記，随筆，メモ……といった，いわゆる文章ジャンルではない。書き手が文章を書く際に持つ目的意識，あるいは，文章に求める働き・機能である。書き手が自らの書く活動によってこれらの目的意識を十分に果たす文章が書けること，それが「書くこと（作文）」指導の内容であり目的であるとする。

　したがって，例えば「手紙を書く」指導においても，書き手の目的意識によって，「手紙」本来の「通信」の機能を目指す場合もあるし，「感想」や「記録」の機能を目指す場合もある。「日記を書く」指導においても，同様に「記録」として書く場合も「感想」として書く場合もある。そのように，まず書き手の目的意識を大切にし，その目的意識に沿った，言い換えれば，書く「機能」に沿った指導を，「書くこと（作文）」教育の内容とする。『作文教育の体系』では，このようにとらえられた「六つの項目」が，さらに「A，国語科で計画すべきもの」「B，国語科以外でも計画すべきもの」「C，家庭や実生活，教科以外の活動に訴えて経験すべきもの」の三つに分けて配列され，さらに「A，国語科で計画すべきもの」が実際の五種類の教科書に即した，具体的な「指導事項」「学習活動」を取り上げた「年間指導計画」として例示されている。

　この『作文教育の体系』に示された「六つの機能」の内容，及び，それ

第4章　戦後作文・綴り方教育の到達点と課題

を用いた方法論は「単元」の考え方を取り入れた，極めて具体的で周到なものである。また，文章ジャンルではなく「機能」によるものであるだけに，その指導は，「聞く・話す」「読む」「書く」の各領域での活動のすべてを関係づけた，様々な活動（学習事項）によって構成されている。各単元での指導は，結果として，多様で盛りだくさんな内容や活動を持つ，ある意味で複雑なものになっている。そのためであろうか，この「六つの機能」の類別に基づいた指導について，倉澤栄吉は，後年，「これはまだ一般の共鳴を得ていない考え方である」(30) とも「その六つの分析が必ずしも完全なものであったとは思えないけれども，…（中略）…その後これに対する批判もすくなく，私自身もさらに完全な形で完成するだけの力も持ち合わせなかったことが残念である。」(31) とも述べている。

　この『作文教育の体系』の三年後に刊行された『作文の教師』（1955〈昭和30〉年5月20日　牧書店）では，『作文教育の体系』に見られた，可能な限りの単元で「書くこと」の学習の場を設定し「六つの機能」のうちのいくつかを指導する，という考えから，一つの「書くこと」の単元で「六つの機能」を集中して取り上げ，幅広く指導するという考えに変化している。また，具体的な指導の場は，様々な単元の機会ではなく，大きく「読解の時間（読む→作文）」と「文話の時間（読む←作文）」の二つに限定されている。したがって，『作文の教師』では，具体的な指導事項・学習活動を取り上げた年間指導計画等は見られない。

　次に三つ目の著書である『表現指導』（1957〈昭和32〉年12月12日　朝倉書店）である。

　この『表現指導』では，『作文教育の体系』と『作文の教師』で取り上げられていた「六つの機能」に基づく論は見られない。また，具体的な指導の場や機能，単元に基づく指導の方法の事例等も見られない。その意味では，この『表現指導』は，それ以前の『作文教育の体系』『作文の教師』を継承・発展させたものとは言えない。ただ，この『表現指導』は，作文の表現過程に即した「書く前（表現前）の指導」「書くこと（表現過程）の指導」「書いたあと（表現後）の指導」の三つを柱として構成されており，

第2節　倉澤栄吉の「書くこと（作文＝綴り方）」教育論

中でも，「書くこと（表現過程）の指導」が全体の中心となっている。この「書くこと（表現過程）の指導」を中心とする考え方は，後の倉澤栄吉の「書くこと（作文）」教育論を特色づける考え方—「表現過程を大事にし，子どもの実作を中心に，生活に片寄らず学習に偏せず，生き生きとした作文活動をふまえていこうとする」(32)—につながるものととらえられる。

7.　おわりに

　倉澤栄吉の国語教育論，わけても「書くこと（作文）」教育論は，わが国の戦後の作文・綴り方の復興・興隆を語る上で欠かすことのできないものである。その提言は，すでに考察してきたとおり，「書く」ことそのものの持つ思考力・認識力の育成も視野に入れつつ，より大きくは，通じ合い，コミュニケーション意識とその能力を育てることを目指すものであった。それは，また，「書くこと」を中心とした言語活動によって，社会生活における相手意識・他者意識を持たせようとするものとも言うことができる。倉澤栄吉の「書くこと（作文）」指導論は，「書く前」の取材・構想の指導，「書いた後」の推敲・鑑賞の指導に偏らない，「書いている最中」の，文字通り「書きつつある児童」への指導を尊重する。したがって，従来，「書くこと（作文・綴り方）」の段階的な指導の過程と考えられてきた「取材→構想→記述…指導」の一つ一つを，児童の書く活動への抵抗を排除するための指導ととらえようとした。何についてどう取り上げて記述するかを考える取材指導，表現意図に即した自分らしい文章を記述するための構想指導…と，とらえるのである。このような考え方は，現在もなお極めて新鮮なものであり，「書くこと（作文）」指導のあるべき姿を示すものとして，高く評価することができる。

　また，通じ合い，コミュニケーションを目的とするその立場は，同時に，言語活動そのものを尊重するものであり，書かれた結果としての，優れた「作品」を目指すものではない。それは，「作品主義」に対する「作文主義」とも言える考え方であり，上手で感動的な「作品」のためではなく，こまめに気軽に「書く」ための「書くこと（作文）」教育論ともいえる。

235

第4章　戦後作文・綴り方教育の到達点と課題

　本稿で取り上げた倉澤栄吉の論考は，いずれも半世紀以上前のものである。しかし，そこにうかがえる考え方は，考察してきた通り，その果たしてきた役割だけではなく，現在もなお，優れた意義や価値を持つ新鮮なものと言える。

〈注〉

(1)　倉澤栄吉「書くことの指導」『国語学習指導の方法』(1948〈昭和23〉年9月30日　世界社) 128 ページ

(2)　同　　上

(3)　「昭和二十二年度（試案）学習指導要領　国語科編」(1947〈昭和22〉年12月20日　文部省) 3 ページ

(4)　倉澤栄吉「作文教育の問題」『国語教育の問題』(1951〈昭和26〉年10月30日　世界社) 172 ページ

(5)　同　　上

(6)　同　　上

(7)　倉澤栄吉「作文教育批判の批判」「実践国語」誌 (1952〈昭和27〉年9月1日) 132 ページ

(8)　倉澤栄吉「かく力を伸ばす」『教育大学講座・23・国語教育』(1950〈昭和25〉年9月30日　金子書房) 406 ページ

(9)　倉澤栄吉「作文教育批判の批判」「実践国語」誌 (1952〈昭和27〉年9月1日) 130 ページ

(10)　同　　上 131 ページ

(11)　同 (8)　407 ページ

(12)　同 (4)　179 ページ〜 180 ページ

(13)　倉澤栄吉「はじめに・作文教育の現場における問題点」『作文教育の方法』(1953〈昭和28〉年5月25日　新光閣) 12 ページ

(14)　無着成恭『山びこ学校』(1951〈昭和26〉年5月3日　青銅社) 252 ページ

(15)　倉澤栄吉他「座談会・作文教育実践上の問題」『作文教育の方法』(1953〈昭和28〉年5月25日　新光閣) 340 ページ

(16)　倉澤栄吉「文章表現指導上の基本問題—作文教育の本質—」「作文と教育」誌 (1954〈昭和29〉年4月20日) 20 ページ

(17)　倉澤栄吉「作文指導計画の作成」『作文教育講座・1・作文教育の理論』(1954〈昭和29〉年11月5日　河出書房) 143 ページ〜 144 ページ

(18)　同　　上 144 ページ

第2節　倉澤栄吉の「書くこと（作文＝綴り方）」教育論

(19) 同（1）　128 ページ

(20) 同（7）　132 ページ

(21) 倉澤栄吉「作文教育とともに十年」「作文と教育」誌（1955〈昭和 30〉年
8 月 20 日）36 ページ

(22) 倉澤栄吉「作文教育観について―土居さんへ―」「作文と教育」誌（1955〈昭
和 30〉年 2 月 20 日）63 ページ

(23) 倉澤栄吉「かけない子どもたち」『ことばの講座・6・子どもとことば』
（1956〈昭和 31〉年 2 月 29 日　東京創元社）464 ページ〜 465 ページ

(24) 倉澤栄吉「作文教育の領域と方法」『明治図書講座・国語教育・5・作文教
育』（1955〈昭和 30〉年 11 月 1 日　明治図書）113 ページ〜 114 ページ

(25) 同（8）　407 ページ

(26) 同（7）　7 ページ〜 8 ページ

(27) 倉澤栄吉『作文の教師』（1955〈昭和 30〉年 5 月 20 日　牧書店）39 ペー
ジ

(28) 倉澤栄吉『作文教育の体系』（1952〈昭和 27〉年 12 月 30 日 金子書房）60
ページ

(29) 同　　上　45 ページ

(30) 同（27）　39 ページ

(31) 同（21）　38 ページ

(32) 倉澤栄吉『新訂　作文の教師』（1987〈昭和 62〉年 6 月 25 日　国土社）2 ペー
ジ

第4章　戦後作文・綴り方教育の到達点と課題

第3節　児童文の特性に着目した「文章表現形体」論の誕生

1.「文章表現形体」論の成立

　児童の書く文章は，大人の書く文章を分類する際に用いられる「記事文」「叙事文」等の言葉でとらえることは難しい。また，児童の書く文章は，大人の書く文章に対する基礎的な段階，あるいは，その前の段階の文章でもない。児童の書く文章は，あくまでも児童の特性に留意した，独自の視点・観点からとらえられなければならない。そのような考え方から導かれたのが「文章表現形体」という述語である。したがって，「文章表現形体」という言葉は，これまでに用いられてきた「表現形態」や「文章形態」等の言葉に対置するものであり，児童を対象とした，作文・綴り方教育の中で用いられる独自の用語である。言い換えれば，大人の書く文章を「記事文」「叙事文」等ととらえるのと同様に，児童の書く文章を，そこに見られる固有の認識や表現を視点として，「発達段階」の概念によってとらえようとする用語である。

　このような考え方は，すでに鈴木三重吉の『綴方読本』に，次のように見出される。

> 綴方の取材たる経験的事実とは，いふまでもなく，過去において対面した事実と，画における写生の行程と同じやうに，現に対面しつゝ写出する場合の目前の事実との二つである。この第一の事実の記録（記述，叙写）は，以下に解説するごとき綜合記叙と展開記叙との二つに分かれる。第二の事実の記叙は，展開記叙の部にはいる。
> 綜合記叙といふのは，時間を異にした，いろいろの場合に直面した，又は，いろいろの観点から見た，人物，事象を綜合して記叙する形式である。……なほ綜合と展開との両分子の交錯をくはしくいふと，展開記叙の作といへども，全部が展開に尽きてゐる外に，人物事象の説明的記述において，部分的には綜合記叙がまじることがある。(1)

238

第3節　児童文の特性に着目した「文章表現形体」論の誕生

　鈴木三重吉は，児童の文章に見られる固有の表現の姿を，時間的な経過に即して記述した「展開記叙」，主題意識や表現目的に即して記述した「綜合記叙」，両者の混合したもの，の三つに分けている。

　このような，児童の文章を作文・綴り方固有の観点から類別する考え方を，最初に取り上げたのは今井誉次郎であり，最初に「文章表現形体」と名付けた。その後，鈴木三重吉が「展開記叙」と「綜合記叙」の二つを中心とした考え方を示し，さらに，今井誉次郎にも，後に日本作文の会における「文章表現形体」論の中心的な担い手となる国分一太郎にも取り入れられている。

　最初に「文章表現形体」という用語を用いた今井誉次郎は，その概念について，次のように述べている。

　　　児童文は，児童の認識の発達のすじみちとひろがりに即して書かれるもので，児童のことばで，児童の思想・感情が，ありのままに表現されていることが特徴である。
　　　……表現形体ということばを使ったのは，おとなの文章の一般的な文体や，文章形態，文章の分類などと，はっきりと区別するためである。つまり，ここで使う文章表現形体という言葉は，教育上の用語である。(2)

　児童の書く文章は，大人の書く文章を分類する際に用いる「記事文」「叙事文」等の言葉でとらえることは難しい。また，それは，大人の書く文章に対する基礎的な段階や模倣ととらえるべきではない。児童の書く文章は，あくまでも，「児童」という独自の視点・観点からとらえられなければならない。そのような考え方から導かれたのが「文章表現形体」という用語である。したがって，「文章表現形体」という言葉は，これまでに用いられてきた「表現形態」や「文章形態」等の言葉に対置するものであり，児童を対象とした作文（書くこと・綴り方）教育の中で用いられる独自の用語である。言い換えれば，大人の書く文章を「記事文」「叙事文」等ととらえるのと同様に，児童の書く文章を，そこに見られる児童独自の思考や認識を視点としてとらえようとする術語なのである。

　ここでは，このように展開した「文章表現形体」論が，第一に，国分一

第 4 章　戦後作文・綴り方教育の到達点と課題

太郎を中心として，どのように成立・発展し確定して行ったのか，第二に，
日本作文の会の内部で，理論的・実践的にどのように受けとめられ実践に
取り入れられて行ったのか等について考察し，その展開過程を明らかにし
たい。

2.「文章表現形体」論の成立―国分一太郎の論考を中心に―

　国分一太郎の手になる論考の中に「文章表現形体」論が見られるのは，
管見に及んだ範囲では，1955（昭和30）年5月に刊行された『生活綴方ノー
トⅡ』(3) が最初である。それは，同書の第Ⅰ章「生活綴方のしごと」の第
3節「生活綴方＝生活記録をおとなのものにするには」に含まれており，
その見出しからも分かる通り，大人を対象とした生活記録運動を勧めるも
のであった。

　国分一太郎は，「ここでは，生活綴方・生活記録の書き方の三つの型の
ようなものをあげますと，つぎのようになるかもしれません。」と述べた
あと，大人の書いた文章を例にしながら，先の鈴木三重吉のものとほぼ同
じ三つの型を紹介している。

　いま，その論述の中から文例を省略し見出しの部分だけを取り出すと，
それは，次のようなものである。

　　　ここで，生活綴方・生活記録の書き方の3つの型のようなものをあげま
　　すと，つぎのようなものになるかもしれません。
　　　第1の型―ある時，ある所であった，ある事を，時間の進む順序に書い
　　ていく書き方です。これが一番書きやすい型です。
　　　第2の型―これは，比較的長い間にわたってあったこと，あること，見
　　ていること，または，いつもあること，いつも見て，気づいていること―
　　などを，ややまとめた書き方でかいていく型です。ちょっと説明型の文章
　　になるといっていいかもしれません。
　　　第3の型―これは，第1型と第2型のチャンポンです。ふくざつなこと
　　を生活綴方に書くようになると，たいていのかたのものが，この型の記録
　　になるようです。また，すこし，くふうして書くということになっても，
　　この型になります。(4)

240

第3節　児童文の特性に着目した「文章表現形体」論の誕生

　ここに取り上げられている三つの型が，鈴木三重吉のものとほぼ同じで
あることから，直接的な引用の形をとってはいないものの，国分一太郎が
鈴木三重吉の考え方を全面的に肯定し，それを踏まえて，この提言を行っ
ていることが分かる。

　国分一太郎が『生活綴方ノートⅡ』の次に「文章表現形体」を取り上げ
ているのは，1957（昭和32）年8月に刊行された『生活綴方読本』(5) であ
る。この『生活綴方読本』は「今日の生活綴方とはどんなものか。それを
スッキリとわかりやすく概説したような本がほしい。」(6) という要望に応
えて刊行されたものとのことであるが，『生活綴方ノートⅡ』とほぼ同じ
内容が，下のように述べられている。

　　　つぎに，生活綴方の書き方には，
　　a　ある日，ある時，ある場所であったできごとを，時間の順序に書いた
　　　もの
　　b　ひじょうに長い間にわたって，あるいはやや長い間にわたって，いつ
　　　もあること，いつも見ていること，いつもしていること，そしていつも
　　　考えたり感じたりしていることを，やや説明風にまとめて書いたもの
　　c　aとbを両方いれて書いたもの（したがって時間の順序によらずにか
　　　いたもの）
　　　ほぼこの3種類の書き方があることを，実際の文章を例としてだしなが
　　ら，知らせていく。(7)

　ここでも，『生活綴方ノートⅡ』と同様のとらえ方が，同じ三つの柱に
よって説明されている。ただ，その表現や言葉が整理され整然とした分かり
やすいものになっていることから，鈴木三重吉の考え方から出発した国分
一太郎の「文章表現形体」論は，鈴木三重吉の考え方を根底に置きながら，
独自のものとして具体化し，発展・展開していると理解することができる。

　国分一太郎は，『生活綴方読本』の4か月後（1957〈昭和32〉年12月）に，
論文「表現指導へのさらに一歩の工夫（2）」で，「文章表現形体」を，
次のような五つの柱によってとらえることを示している。

　　①過去にあったことを，そのときの考えや感じとともに「…した…した」
　　「しました…しました」と書いた文章。

241

第4章 戦後作文・綴り方教育の到達点と課題

②過去にあったことを，そのときの考えや感じとともに「…している…している」「…しています…しています」と書いた文章。

③今おこっていることを，そのときの考えや感じとともに「…している…している」「…しています…しています」と書いた文章。

④やや長い間にわたって起こっていること，存在していることを，それについての考えや感じとともに「…である…する」「…のです…します」と説明風に書いた文章。

⑤特定の相手に向けて，何かについて，「…してください」「…ですか」「…しようではないか」と呼びかける形の文章。(8)

ここでは，『生活綴方ノートⅡ』および『生活綴方読本』に見られた――鈴木三重吉の「展開記叙」「綜合記叙」という類別を踏まえた――とらえ方が，細分化・再編成されていることが分かる。

この①から⑤の内容をとらえ直すと，それぞれは，次のように言い換えることができる。

①過去形で記録風に記述する。

②過去形に説明を加え説明を中心に記述する。

③現在進行形で描写風に記述する。

④出来事や考えをまとめて現在形で説明風に記述する。

⑤読み手に呼びかけるように記述する。

この①から⑤の類別を，先の鈴木三重吉の「展開記叙」「綜合記叙」「展開・綜合記叙」，および，国分一太郎の第1の型から第3の型までの三つの類別にあてはめると，それぞれは，下のような形に対応させてとらえられる。

展　開　記　叙　――　第1の型　――　a　――　①③
綜　合　記　叙　――　第2の型　――　b　――　②④
展開・綜合記叙　――　第3の型　――　c　――　⑤

このように整理すると，国分一太郎の類別は，時間的経過に従って文章を構成する展開的記述を基としながら，①とその進化した形体としての②，③とその進化した形体としての④という形で構成され，それらの発展形体として⑤が位置づけられていることが分かる。このような類別の①か

第3節　児童文の特性に着目した「文章表現形体」論の誕生

ら④は，国分一太郎が後の論文「なぜ児童文の表現諸形体に目をつけるか」
—「作文と教育」誌　1962（昭和37）年3月号—に示した「文章表現形体」
の体系の中の「基礎的文章表現形体」として，⑤は「発展的文章表現形体」
の「(7) うったえ・勧誘的表現」として，位置づけられる。

　国分一太郎の，このような，「基礎的文章表現形体」と「発展的文章表
現形体」とを持つ「文章表現形体」の体系と，別の論文「文章表現指導の
基礎と発展」で「基礎的表現形体」に加えた説明—『講座生活綴方・第3
巻　生活綴方の指導体系Ⅱ』1961（昭和36）年12月25日—を取り出すと，
それは，それぞれ次のようになっている。

○基礎的形体
　(1) 展開的・過去形表現
　(2) 総合的・説明形表現
　(3) 展開的・現在（進行）形表現
　(4) 総合的・概括形表現
○発展的形体
　(5) 議論・説得的表現
　(6) 反省・思索的表現
　(7) うったえ・勧誘的表現 (9)
生活綴方のしごとでは，
　(一) 過去のことを過去形で書くこと＝すべての文章表現の基礎
　(二) 過去のことを現在形（現在進行形）で書くこと＝描写の基礎
　(三) 長期間の直接経験を総合して書くこと＝説明の基礎
　(四) すでに明らかにされている知識など，間接経験の形で学習したこと
　　　を概括して書くこと＝概括の基礎
の四つを，児童の文章表現形体のなかの基礎的なものとする。(10)

　ここでは，「基礎的文章表現形体」とされた①から④まで—(1) から (4)
も，(一) から (四) も同様である—が，記録，説明，描写等の文種によ
る類別であるのに対し，「発展的文章表現形体」とされた⑤—および (5)
から (7) —は，書き手の意図や目的による類別である。このことから，
まず「基礎的文章表現形体」の学習段階では様々な種類の文章を書くこと

243

第4章　戦後作文・綴り方教育の到達点と課題

を学び，「発展的文章表現形体」の段階では，その学習を踏まえ，表現の
意図や目的に応じた適切な文章を書くことを目指すのである。

　このようにとらえると，「文章表現形体」の体系として示されている「基
礎的文章表現形体」と「発展的文章表現形体」のうち，学習指導において
重視されるのは「基礎的文章表現形体」ということになる。「基礎的文章
表現形体」の確かな指導が行われて始めて，その応用としての「発展的文
章形体」が意味を持つからである。また「発展的文章表現形体」にあげら
れている（5）から（7）の三つの「表現」は，過程あるいは段階としてと
らえられるべきものではない。あくまでも必要に応じて求められる「文章
表現形体」の広がりや多様さの類型と理解するべきである。

　このような展開を経，「文章表現形体」論は，日本作文の会編『講座・
生活綴方　第3巻　生活綴方の指導体系Ⅱ』の「Ⅲ　文章表現形体に即す
る実際指導」において，次のような目次項目として示されている。

　　1.　過去形表現
　　2.　現在形表現
　　3.　総合的表現
　　4.　概括的表現
　　5.　他を動かす文章
　　6.　自己をたしかめる文章
　　7.　集団のための文章
　　8.　文学的表現（11）

　1から4の「基礎的文章表現形体」の内容およびその順序は，先に引用
したものと同じである。また，5から8は，その名称に多少の違いが見ら
れるものの，「発展的文章表現形体」の各項目に該当する。これらは，い
ずれも，後に「日本作文の会理論研究部」から出された論文「生活綴方教
育＝正しい作文指導の定式化は可能であるか」（12）に「指導段階」として
示されている項目とも同じである。

　鈴木三重吉の提言を踏まえて成立した国分一太郎の「文章表現形体」論
は，今井誉次郎等との協同によりながら徐々に整理され，また，様々な曲
折を経ながら深化・拡充し，最終的には日本作文の会の提言としてまとめ

244

第3節　児童文の特性に着目した「文章表現形体」論の誕生

られたと理解することができる。

3.「文章表現形体」論をふまえた実践
―「作文と教育」誌所収論考を中心に―

　国分一太郎を中心として立論・提言された「文章表現形体」論は，すで
に述べたとおり，3類型から出発し，1961（昭和36）年12月には，四つ
の「基礎的文章表現形体」と二つの「発展的文章表現形体」とを持つ6類
型として一応の完成をみた。後，先に取り上げた『講座・生活綴方』の『第
3巻・生活綴方の指導体系Ⅱ』に取り上げられたこともあって，この「文
章表現形体」論は，日本作文の会に属する教師たちの実践課題の一つと
なった。

　いま，この「文章表現形体」論が提起された直後の1960年代前半〈昭
和35年から昭和39年までの5年間〉に刊行された「作文と教育」誌所収
の実践記録のうち，この考え方をふまえたものの題目を取り出すと，それ
は，次の11編である。

　ア・世古一弥「展開的記述と総合的記述」

1962〈昭和37〉年2月号

　イ・鈴木喜代春「事物の本質把握のための概括的表現方法」

1962〈昭和37〉年2月号

　ウ・徳差健三郎「『展開的記述』の文章表現」

1962〈昭和37〉年2月号

　エ・高森保「作者・対象・文章形体を合致させることで」

1962〈昭和37〉年5月号

　オ・佐野善雄「『目の前に見えるように』書かせる」

1962〈昭和37〉年5月

　カ・近藤徹「他を動かさずにいないような文章の指導を」

1962〈昭和37〉年5月

　キ・勝又典男「現在形表現の指導」　　　1962〈昭和37〉年5月

　ク・菱川忠良「説明的表現の指導」　　　1963〈昭和38〉年2月

245

第4章　戦後作文・綴り方教育の到達点と課題

ケ・池亀一男「総合的記述への指導」	1963〈昭和38〉年3月
コ・谷山清「総合・概括的表現の指導」	1964〈昭和39〉年6月
サ・三土忠良「過去形表現と現在形表現」	1964〈昭和39〉年6月

　上に引用した論考の題目からも明らかなように，これらの実践記録に取り上げられているのは，そのすべてが，「基礎的文章表現形体」の中の「展開的（過去形，現在形）表現」と「総合的（説明形，概括形）表現」である。これは，それまでの生活綴り方（書くこと・作文）教育が様々な文種の指導を話題にしながらも，その成果として公にされた実践記録で紹介された文章の大部分が，いわゆる「生活文」―ある日ある時の事柄や出来事を中心に，一人称で，時間的経過を中心として書き連ねた，場合によっては，それに多少の説明や意見・主張等を書き加えた文章―であったことによる。この，「生活文」とよばれる文章は，その大部分が，「文章表現形体」論の類別によれば，「基礎的文章表現形体」の「展開的（過去形，現在形）表現」を中心とし，場合によっては，その一部分に多少の「総合的（説明形，概括形）表現」を付け加えたものである。このようなとらえ方から，従来の「展開的（過去形，現在形）表現」の見直し・再評価とともに，次の段階としての「総合的（説明形，概括形）表現」への取り組みが考えられ，これらの実践記録にみられる指導が行われたものと考えられる。

　上のアからサまでの11編の実践記録のうち，まず「展開的（過去形，現在形）表現」を取り上げたものについて考察を加えたい。それは，ア，ウ，エ，オ，カ，キ，サの7編である。

　これらのうちカの近藤徹の実践記録「他を動かさずにいないような文章の指導を」は，「いままでの，展開的，過去形表現の文章をのりこえさせよう。そして，『たしかな効果性を意識して，よく考えて書いた文章』を書かせるようにしよう。」との考えから，

　　（イ）他を動かす文章（説得，解説，勧誘など）
　　（ロ）自己をたしかめる文章（思索，反省，論評，自己　主張，仮定，願望，叫びなど）
　　（ハ）集団のための文章（報告，報道，声明など）

246

（二）文学的表現の文章（創作など）(13)

を書かせることを提言し，その実践に取り組んだ記録である。

　ここにあげられている（イ）から（二）の項目は，先に国分一太郎が，その論文「なぜ児童文の表現諸形体に目をつけるか」で「発展的文章表現形体」としてあげていた内容とほぼ一致する。ただ，国分一太郎は，「展開的，過去形表現の文章をのりこえさせよう」として，いわば一つの到達目標として，「文章表現形体」の中に「発展的文章表現形体」を設定したのではない。児童・生徒の文章表現活動と生み出された文章を詳細に分析した結果，「文章表現形体」が見出され「基礎的文章表現形体」や「発展的文章表現形体」が取り出されたのである。したがって，国分一太郎の言う「文章表現形体」論では，「展開的，過去形表現の文章」も，「確かな効果性を意識して，よく考えた書いた文章」になる可能性を持っているととらえられる。「発展的文章表現形体」の文章だけが優れた文章とはしない。各過程，各段階ごとに，それぞれの完成形体があるからである。このように考えると，カの実践記録「他を動かさずにいないような文章の指導を」に見られる提言や実践は，「文章表現形体」に言及しながらも，他の実践記録とは性格の異なったものと言うことができる。

　次に，ア，ウ，エ，オ，キ，サの6編である。これらは，いずれも，「展開的（過去形，現在形）表現」に類別される「ある日，ある時，ある場所であったできごとを，時間の順序に書いたもの」の指導を取り上げた実践の記録である。ここでの「展開的表現」は，過去形か現在形かによって区別される。

　このような，「展開的表現」を過去形か現在形かによって区別することの意味を，佐野善雄はオの「『目の前に見えるように』書かせる」の中で，「ふぶきをついて」と題する6年生の児童の詩を引用しながら，次のように述べている。

　　　ここには，詠嘆もしくは追憶のかけらもない。あるものは，すさまじいふぶきに挑みかからずしては，一歩たりとも足が前へ進まないような，きびしい現実があるのみである。

247

第4章　戦後作文・綴り方教育の到達点と課題

　　　過去から未来を開かんとするしんけんなたたかいのなかに，かろうじて，
　　現在がおしひらかれていく，そうした進行形現在というものが，詩のなか
　　に，典型的に表現されているように思うのだ。(14)

　自らが出会った出来事を，過ぎ去った過去の，したがって現在の自分と
は何の関わりもない，単なる思い出としてふり返るとき，それは過去形に
よって表現される。しかし，あまりにも生々しい出来事である場合，また
は，それが昨日だけではなく今日も明日も同じように起こるであろう出来
事の場合，いま置かれている現実から切り離して，客観的な過去の記憶と
してとらえることはできない。佐野善雄が引用している児童の詩「ふぶき
をついて」の作者が，低学年の子どもを守りながら「顔もあげられない。
手も動かせない。」吹雪をついて登校する生活は，昨日・今日に始まった
ことではない。毎年の冬に繰り返して経験する事実である。だからこそ，
その経験を明日も明後日も続く現実の問題として，言い換えれば，過去で
はなく現在の自分の課題，生き方の問題として，「進行形現在」でとらえ
ているのである。「ふぶきをついて」登校する姿勢は，同時に，家庭や教
室で置かれている環境あるいは状況に立ち向かう主体的な生き方とも共通
する。だからこそ，現在形表現が過去形表現とは異なる独自の意味を持つ
のである。

　また，高森保は，エの「作者・対象・文章形体を合致させることで」の
中で，過去形と現在形の違いを，文章の背後にある作者の意識の差として
とらえ，次のように述べている。

　　　過去にあった事実・事件に対する作者の意識として文を作らせるという
　　観点から，文章形体は過去形が中心であるし，それを作者の問題意識から
　　現在ある形として，ことがらを提出しなければ，というときは現在形をは
　　さんでいく。だから，そういう点から文章形体にも気をつけて，見てやる
　　必要がある。(15)

　ここでも，先の佐野善雄と同様に，現在形表現と過去形表現の違いが，
描写方法や表現効果の違いによるものとはされてはいない。作者である児
童・生徒の，出来事に対する姿勢や意識のありよう，生き方の問題とされ

248

第3節　児童文の特性に着目した「文章表現形体」論の誕生

ているのである。したがって，現在形表現を用いさえすれば，いつでも具
体的で臨場感のある優れた表現になるというものではない。また，過去形
表現が，すべて，傍観者的な，また低次元の「文章表現形体」というわけ
でもない。あくまでも，表現の背後にある児童・生徒の意識のありようや
姿勢から，「文章表現形体」が問題にされなければならないとするのであ
る。

　このような過去形表現と現在形表現についてのとらえ方は，他の実践記
録においても共通する。

　勝又典男は，キの実践記録「現在形表現の指導」の中で，「過去形表現
を現在形（進行形）に変えさせ，その様相を想像，模倣させる」指導によっ
て児童の書く「文章に迫力があり，内容も子どもらしくておもしろい」も
のになることを指摘し (16)，三土忠良は，サの実践記録「過去形表現と現
在形表現」の中で，1年生の児童に対する現在形表現の指導方法として「て
がみごっこ」が有効であるとし，その理由を「てがみごっこは，ただ経験
を羅列的に書きならべるのではなく，問いかけたり，やっている内容が直
接に表現されてくるからであろう。」と述べている。(17)

　国分一太郎は，自らの提起した「文章表現形体」論の中で，なぜ過去形
表現を「基礎的文章表現形体」の最初に置くのか，また，なぜ現在（進行）
形表現をその後に置くのかについての説明をしてはいない。しかし，ここ
に取り上げた実践記録によって，その理由や根拠を理解することができ
る。児童・生徒は，ある出来事や事柄に心を動かされ，感動，感銘，ある
いは怒り，恐怖を感じたとき，それに取材した文章を，借りものではない
自らの言葉で記述する。あるいは，書こうとする事柄によって，時間的な
順序で振り返り思い出し考え整理しとらえなおす。また，書きながら言葉
を選び表現方法を考えて書き付けていく。それは，自らの思考や認識を確
かめることであり，また言葉による豊かな表現力を培うことでもある。

　時間的な順序で振り返り記述することは，最も基礎的な表現活動であ
る。しかし，その出来事や事柄が終わってはいないで現在も続いている，
あるいは，終わってはいても現在もなお大きな意味や関わりを持っている

249

第4章　戦後作文・綴り方教育の到達点と課題

場合，「〜でした。」「〜だった。」等の過去形ではなく，「〜です。」「〜います。」等の現在形で表現される。児童・生徒にとって，現在形で表現せざるを得ない問題・課題と理解されるからである。その他に，かつて，過去の出来事や事柄をすべて過去形で表現していた児童・生徒が，そこに現在の自らとの必然的な関係や切り離すことのできないつながりを見出して現在形で表現した場合，それは，その児童・生徒の思考や認識の深まり，あるいは成長と理解できる。そこにこそ，過去の出来事や事柄を，時間的な順序で，現在形を用いて書くことの意味がある。

　生活綴り方（書くこと・作文）教育における過去形表現と現在形表現は，どちらも欠かすことのできない指導内容である。また，その表現過程における「取材（集材・選材）―構想―記述―……」の順序に違いが生じるものでもない。しかし，その両者の間には，上に述べたような大きな違いがある。だからこそ，国分一太郎は，「文章表現形体」論の「展開的文章表現形体」の中に「過去形表現」と「現在形（現在進行形）表現」を位置づけたものと考えられる。

　次に「総合的（概括的・説明的）表現」の指導を取り上げた実践記録である。ここで言う「総合的（概括的・説明的）表現」とは，出来事や事柄を時間的な順序によって書き表すのではなく，書き手である児童・生徒の表現意識の流れや主題意識に沿って再構成された表現のことである。したがって，「展開的（過去形，現在形）表現」が事象の順序によるのに対して，「総合的（説明形，概括形）表現」は意識の順序によるものとも言うことができる。

　このような「総合的（説明形，概括形）表現」の指導を取り上げた実践記録には，先にあげたアからサまでの11編の実践記録のうち，イ，ク，ケ，コの4編が該当する。

　これらのうち，クの菱川忠良の実践記録「説明的表現の指導」[18] は，小学校1年生を対象とした指導の記録である。ここでは，「文の形は考えの形。考えの形は文の形。論理がしっかりすれば文型にもくるいがなく，文型がととのえば，論理もととのう。」との考えに立ちながら，「おとうさ

250

んは，……です。」「おとうさんと，……しました。」等の基本文型を用いた実践が記されている。また，コの谷山清の「総合・概括的表現の指導」[19] では，4編の児童の文章からうかがえる認識のありようを検討し，「……こういう意味で，『文章表現形体』に即する指導は，はじめに形があって，これを指導するのだと考えるのではなく，表現意欲と題材選択のありかたに従って，何を，どう書くかを，子どもみずからに考えさせ実行させていくことがだいじなのだ。」としている。児童・生徒が自然に書くのに任せていては，「総合的（概括的・説明的）表現」は生まれて来ない。場合によっては，「展開的（過去形，現在形）表現」で固まってしまうことすらあり得る。児童・生徒の書く最も素朴な文章は，過去形と現在形の違いがあるにしても，ほとんどの場合が，時間的経過や出来事の順序によって取材され構成された，「展開的（過去形，現在形）表現」であるからである。そこから「総合的（概括的・説明的）表現」へ速やかに移行させるためには，意図的な指導が必要である。それを，このクとコの実践記録では，形としての文型の指導によっているのである。もちろん，ある一つの文型や文章構成を用いることができたとしても，それで，その「文章表現形体」を十分に駆使することができたと言うことにはならない。その「文章表現形体」を支える思考・認識が育っていなければ，形式だけの模倣に終わってしまうことがあるからである。

　このような意図的な「総合的（概括的・説明的）表現」の指導は，事実や事柄に即した展開よりも，それらに基づく児童・生徒の意見や提言を中心としたものになる。それは，時として，書かれた文章が観念的で概念的なものになる危険性を持つ。このような点への配慮を取り上げたのが，イとケの実践記録である。

　まず，イの実践記録「事物の本質把握のための概括的表現方法」[20] で，鈴木喜代春は，算数の計算式から「はなが50本さいて，19本きって……」という文章題を作らせる，社会科で勉強した「ヤマトタケルという人をどう思うか」の感想文を書かせる等の指導とそこで生み出された児童の文章を紹介しながら，次のように述べている。

第4章　戦後作文・綴り方教育の到達点と課題

　　書くことは，自己をくぐらせることである。ところが，概括的文に限ら
　ず，文章表現することによって，自己が喪失する側面も考えられる。特に
　概括文においては，自己が喪失する。このことは，まったく概括文を書く
　ねらいとは逆になる。
　　①したがって，概括的文の指導において，いかに自己をくぐらせ，自我
　を脱落させないようにするかという視点から指導をすすめなければならな
　い。②としては，概括文では，間接的経験や，教科学習で得た知識（技術，
　科学，真理など）をいかに自己のものに消化させ，自己のコトバとして表
　現するように導くかということである。(21)

　鈴木喜代春は，算数科と社会科での学習活動を用いて，概念文としてで
はなく，あくまでも児童・生徒の自己表現として，「総合的（概括的・説明
的）表現」の文章を書かせようとする。したがって，その表現の根底にあ
るのが教科で学習した客観的で概念的な事柄であるにしても，文章として
書かれるのは，自らが選び考え構成した事柄である。したがって，書く活
動が，概念化され抽象化された学習内容を具体化し個性化するためのもの
として用いられており，ある意味で，具体的な事実から抽象的な概括への
活動が有効に取り上げられた実践事例として，高く評価することができる。

　このような，イの鈴木喜代春の実践記録「事物の本質把握のための概括
的表現方法」とほぼ同じ立場に立つのが，ケの池亀一男の「総合的記述へ
の指導」(22) である。ここで池亀一男は，中学1年生に，教科書の伝記教
材「おいたちの記」（アンデルセン）を用い，書かれている事柄のうちの「事
実をすべて列挙する」ことを指導し，それによって「展開的記述の文章の
なかみを総合的記述の文章に書き直す練習」をさせる。その後「練習を終
わってから自由な題材をえらんで『まとめて説明する文章』を書く」よう
に導くと述べている。ここでは，まず，「展開的（過去形，現在形）表現」
によって書かれている伝記教材の文章を，書かれている事柄ごとに細分
化・項目化する。それを生徒の主題意識によって配列し直し，「総合的（概
括的・説明的）表現」に合う形に再構成させる。この指導は，書く方法を
ただ知識として教えるだけではなく，具体的な方法や技術として習得させ
ることを目指すものである。

252

第3節　児童文の特性に着目した「文章表現形体」論の誕生

　このような指導を取り上げた実践記録「総合的記述への指導」のまとめ
として，池亀一男は，次のように述べている。

　　　総合的記述ということは，文章の形のうえで言えば現在形の指導であり，
　　演繹的な，帰納的な構想の指導であるが，これに止まるものではない。そ
　　れは論理的認識と思考の力を育てるという指導でもあるのである。(23)

　「展開的（過去形，現在形）表現」が時間的認識による表現であるのに対
して，「総合的（概括的・説明的）表現」は，書き手の主題意識あるいは表
現意識に基づく表現である。したがって，その文章の構成は，話題や題材
（あるいは事件や出来事）の時間的経過を中心としたものではない。あくま
でも，書き手である児童・生徒が自らの主張や意見を効果的に伝えようと
する意識による。そのことを，池亀一男は，総合的記述においては構想の
指導が「論理的認識と思考の力を育てる」ことにもつながるとするのであ
る。このような考え方は，一方で，児童・生徒の文章表現力のあり方を思
考力や認識力の段階からとらえながら，同時に，知識や方法を超えた技能
を育てようとするものと理解することができる。

4.「文章表現形体」論の展開と変容
―「表現形体」論から「定式化」論へ―

　すでに考察してきたとおり，「文章表現形体」論は，鈴木三重吉の「展
開記叙」「総合記叙」というとらえ方から出発し，それに，この両者を兼
ね備えた「展開・総合記叙」を加えた3類型としてまとめられた。のち，
今井誉次郎と国分一太郎によって先導され細分化されながら発展し，最終
的には「基礎的文章表現形体」の四つに「発展的文章表現形体」を一つに
まとめたものを加えた五つの柱によるものとされた。それがまとまった形
で示されたのは，「生活綴方教育＝正しい作文指導の定式化は可能である
か」と題する論考の中の，次のようなものである。

　　（一）第1指導段階……展開的過去形形体の文章表現の指導の段階
　　（二）第2指導段階……総合的説明形形体の文章表現の指導の段階
　　（三）第3指導段階……（一），（二）の文章に，部分的に別種・別形体の文

253

第4章　戦後作文・綴り方教育の到達点と課題

　　　　　　　または部分的文をまぜたり，新しく現在進行形形体の部分をは
　　　　　　　めこんだりすることのための指導段階
　　（四）　第4指導段階……総合的概括形形体の文章表現指導の段階
　　（五）　第5指導段階……自分にとっての一回確認，他人に対する伝達・説得・
　　　　　　　感銘の達成をめざす文章の集約・完成の段階 (24)

　上は，箇条書きの見出しの言葉だけを取り出したものであるが，この見
出しの言葉からだけでも，それまでの「文章表現形体」論に見られた「第
一指導段階」と「第二指導段階」の間にあるべき「展開的現在（進行）形
表現」がなくなっていることが分かる。また，「展開的記述から総合的記
述へ」という大きなとらえ方は後退し，全体としての整合性が図られてい
る。また，「展開的文章表現形体」が（一）の一項目だけになり，「総合的
文章表現形体」が（二）と（三）の二項目になっていることも，この五つ
の柱によるとらえ方の特質と言える。さらに，「定式化」「指導段階」とい
う用語が初めて用いられており，注目される。

　すでに述べてきたとおり，「文章表現形体」論は，あくまでも，児童・
生徒の文章表現の固有の姿を見るための視点として，文章表現能力の実態
をそれぞれの時点で具体的にとらえる基準として，考えられ設定されたも
のであった。したがって，それは，児童・生徒が文章表現活動の中で必ず
たどらなければならない過程や段階を示すものではない。また，児童・生
徒の文章表現能力がこのような過程や段階を経て成長・発展するというも
のでもない。このように考えるならば，1960（昭和35）年から1962（昭和
37）年ごろ―日本作文の会編『講座　生活綴り方』（全5巻）刊行当時―に
考えられていた，「文章表現形体」を「基礎的文章表現形体」と「発展的
文章表現形体」との二つに分けてとらえるという考え方も，それが児童・
生徒の文章表現能力の実態を区分してとらえるのに最も自然な分け方だか
らであった。このような分け方の背後には，児童・生徒の文章表現能力
が，必ずしも，その過程をたどって成長・発展するものではないという考
え方がある。また，当然，その段階を踏まなければ指導ができないという
ものでもない。そうでなければ，「文章表現形体」論の提起する生活綴り

254

方（書くこと・作文）指導が，記録，報告，手紙，ポスター等の多様な文章に取り組ませるという形式的なジャンル作文，あるいは皮相な実用主義になってしまうからである。

このことを，国分一太郎も，次のように述べている。

　　しかしながら，わたしたちが，ここでいう「過去形表現形体」「現在形の形体」「説明的表現形体」「その他」は，右のような文の次元（教育科学研究会の「陳述のモダリティー」等を取り上げる考え方―引用者注）でのことではないのである。もっと大きな構造をもった，子どもたちの認識＝表現活動と密着した形における文章表現の発想・様式・タイプ・形体のことである。したがって，これは文の表現指導をいかに正確にしても，また多様にしても，そのままでは，効果を持たない次元での指導を重要な課題としているのである。(25)

このような考え方では「基礎的文章表現形体」にも完成された「文章表現形体」があるし，「発展的文章表現形体」にも不十分で不完全な「文章表現形体」があるということになる。形として表れる「文章表現形体」の背後にある認識を，表現活動と不可分のものとしてとらえるとき，その違いは個性ないしは多様性の表れとなるからである。しかし，「文章表現形体」を過程としてではなく段階としてとらえると，意味は違ってくる。児童・生徒の文章表現能力が，認識とは別の，発達の道筋になるからである。したがって，第1指導段階から第5指導段階までは，順に，また確実にたどっていかなければならないものとなる。

これまでの「文章表現形体」の類型の区分が，ここで初めて指導の段階＝指導過程とされたのである。このようなとらえ方の変化は，「定式化」にも共通する。

上述の論考「生活綴方教育＝正しい作文指導の定式化は可能であるか」には，（一）の「第1指導段階」から（五）の「第5指導段階」までのそれぞれについての「定式化」の内容が示されている。

やや長くなるが，（一）の「第一指導段階」に示されている「定式化」の内容を取り出すと，それは，次のようなものである。

255

第4章　戦後作文・綴り方教育の到達点と課題

　(一)　第一指導段階＝あるとき，あるところで見聞し経験したなかで，つか
　　　まえたこと，それについて考えたこと，感じたことを「した，した」「し
　　　ました，しました」「したのだった」というふうに書いていく文章のか
　　　き方に十分になれさせること。(展開的過去形形体の文章表現の段階)
　　　①取材指導—過去のことから表現したいことをえらびださせる指導をす
　　　　る。(多様化)
　　　②構想指導—時間の推移，事件の進行にそうた形で，ことがらを配列す
　　　　る文章の組み立ての指導をする。
　　　③記述・叙述の指導—そのときのようす，ものやことのうごき，他人の
　　　　うごきやことば，自分の心理の内面のことをふりかえり，よく思いだ
　　　　し表象しながら，それを，「した，した」「しました，しました」とい
　　　　うように，ひとつとひとつの適切な単語・文にしていく，つじつまが
　　　　あうように正確にかいていくことの指導をする。
　　　④推考の指導—かいたものをよみながら，もう一度，今かいている過去
　　　　のことを思いだして文章を直していくことの指導をする。
　　　⑤鑑賞指導—クラスの中に生まれた文章，他のクラス，他校で生まれた
　　　　作品を，この指導の段階の観点から鑑賞させたり，批評したりする。
　　　⑥よい題材（ねうちのある題材）のとらえかたの指導を加えていき，し
　　　　だいにテーマの意識をもたせる。そのためには何が大事かをわからせ
　　　　ていく（教科学習，教科外活動，現実のかんさつ，調査研究，生活の
　　　　反省，家庭での文化的活動，読書，その他），よくはたらくことなど。
　　　　(深化・個性化)(26)

　ここでの「定式化」には，これまでに考察を加えてきた「文章表現形体」
論とは異なる立場が見出される。すでに明らかな通り，「文章表現形体」
論は，あくまでも「児童の文章に見られる固有の表現の姿」を見すえ，そ
こから生活綴り方（書くこと・作文）教育を出発させようとするものであっ
た。しかし，ここに取り上げた「定式化」の第1から第5までの「指導段
階」の内容は，根底に児童・生徒の作文力への配慮はうかがえるものの，
あくまでも，文章表現過程—取材・構想・記述……—に即した指導を行う
ことを前提に，各段階ごとの指導事項が，児童・生徒に与える活動や経験
として配列されているのである。その内容は，必ずしも「文章表現形体」

256

第3節　児童文の特性に着目した「文章表現形体」論の誕生

論独自のものではない。従来の「教授細目」「指導系統案」等と呼びなら
わされてきたものとも通じるものである。これまで，生活綴り方（書くこ
と・作文）教育に取り組んできた教師が行ってきたのは，例えば，あるべ
き「取材指導」として「過去のことから表現したいことをえらびださせる
指導をする。」場合に，児童・生徒を前にして，具体的に，どのような指
導をするのかの様々な方法・工夫・配慮の模索であった。多くの教師は，
「えらびださせる指導をする」ことの必要が分かっているからこそ，それ
を，児童・生徒の現実の思考や認識とどう切り結び，書くべき価値のある
題材や素材として，どう集め「えらびださせる」か（集材・選材）の方法
に腐心して来たのである。

　そのような方法・工夫・配慮は，生活綴り方（書くこと・作文）教育（実
践）の歴史の中に豊かに集積されて来たはずである。戦後の生活綴り方
（書くこと・作文）教育の復興の一つの契機となったとされる『山びこ学
校』[27]は，「社会科で求めているようなほんものの生活態度を発見させ
る一つの手がかりを綴方にもとめた」[28]社会科（生活認識・生活問題解決）
のための指導実践の記録である。また，「日本作文の会 62 年度・活動方針
案　意義ある伝統のもとに確信を持って前進しよう」で代表的な生活綴り
方の実践記録の一つとされた小西健二郎の『学級革命』[29]は，「極端に
いって，四間，五間の教室の中でおこる問題さえも解決できないで，どう
して，新しい社会をつくりあげていく子どもにすることなどできるもの
か」[30]という考えに立った，学級づくり（集団づくり・集団指導）の指導
実践の記録である。いずれも，文章表現（作文）の指導を直接の目的とし
たものではない。生活指導や学級づくりに働く手段や方法として，生活綴
り方（書くこと・作文）が用いられているのである。しかし，だからこそ，
書くことを書くことと意識しない指導によって，逆に，書くことの機能が
有効に活用され優れた文章が生み出されたのである。

　このような実践記録において言われてきた「生活綴り方的教育方法」，
あるいは，「解放から規律への綴り方指導」等のとらえ方は，生活綴り方
（書くこと・作文）教育だからこそ可能な，固有の「定式化」の一つの内容

257

第4章　戦後作文・綴り方教育の到達点と課題

と言うことができる。

　いずれにせよ，このような生活綴り方（書くこと・作文）の定式化は，波多野完治から「たいへんよく出来ている」[31]との評価をされたが，その後，日本作文の会の内部でも，またその機関誌「作文と教育」誌上でも再び取り上げられることはなかった。

　また，国分一太郎も，上の「定式化」を示した論考「生活綴方教育＝正しい作文指導の定式化は可能であるか」の後，再び，この「定式化」についての言及はしていない。ただ，「文章表現形体」論については，その一部分が，後の著書である『みんなの綴方教室』（1973〈昭和48〉年9月30日　新評論），『文章表現指導入門』（1979〈昭和54〉年4月　明治図書），『続みんなの綴方教室』（1980〈昭和55〉年8月10日　新評論），『現代つづりかたの伝統と創造』（1982〈昭和57〉年7月10日　百合出版）等に散見される。とくに，『ちからを伸ばす　作文の授業』（1982〈昭和57〉年8月10日　日本書籍）では，唯一，この「文章表現形体」論が体系として，詳細に取り上げられている。

　この『ちからを伸ばす　作文の授業』に示された「文章表現形体」論の見出しの項目だけを取り出すと，それは，次のようなものである。

　　(1) ある時またはある日，ある所で見聞きしたり，自分でしたり，人にされたりしたことを，そのときの感じや考えもいれて，ことがらのあった順序に，時間のうつりすすみの順序に，「…しました」「…したのでした」「…した」「…したのだった」というように，書きつづっていく文章の書きかたになれさせる。

　　(2) 長いあいだ，やや長いあいだにわたって，なんべんも見聞きし出会い，自分もそれにかかわり，なにかを感じたり考えたりしていることを，頭のなかでまとめて，ひとによくわかるように，「です・します・のです」「…だ・である・のである・する・するのである」といった書き方で書きつづっていく文章について，その書き方をきちんと指導する。

　　(3) の（a）(1) の文章を書いていく途中に，理由だの根拠だのを示すために，すこしくわしい説明部分を (2) でおぼえた文章の書き方で挿入するような表現の技術について指導する。

258

第3節　児童文の特性に着目した「文章表現形体」論の誕生

(3) の (b) (2) の文章を書いている途中に，実例だの，証拠だのを示す
ために，ある時と所の限定をして，すこしくわしい記述を，(1) でおぼ
えた文章で「…しました」「…した」という過去形表現で挿入する。この
ような表現の技術について知らせ，やがて各自にも身につけさせる。

(3) の (c) 過ぎ去ったことを，あった順序に叙述している途中の文章の
一部を，継続態・現在うごいているように書きつづる方法を，ゆっくり
と教えていく。

(4) 新しい知識についてまとめたり，自分がなにかのまとまった意見をつ
くりだしたときに，それを，子どもらしい論文・子どもらしい学問の文
章を書けるようにしてやること。これは (2) の説明の文章よりも，より
よけいに抽象化したり，一般化したりして書く文章であっ て，小学校の
高学年のころから，すこしずつ書かせるようにする。(32)

いま，この『ちからを伸ばす　作文の授業』に示されている (1) から (4)
までの六つの分類を，先の「基礎的文章表現形体」と「発展的文章表現形
体」とに分ける「文章表現形体」論，および「定式化」論に当てはめると，
それぞれは，次のように対応させることができる。

(1) ― 基礎的形体 (1)

展開的・過去形表現―（一）第1指導段階

(2) ― 基礎的形体 (2)

総合的・説明形表現―（二）第2指導段階

(3) の (a) ― 基礎的形体 (3)

展開的・現在（進行）形表現 ―（三）第3指導
段階

(3) の (b) ― 基礎的形体 (4)

総合的・概括形表現―（四）第4指導段階

(3) の (c) ― 基礎的形体 (4)

総合的・概括形表現―（四）第4指導段階

(4) ― 発展的形体 (5) (6) (7) ―（五）第5指導段階

国分一太郎が『ちからを伸ばす　作文の授業』で (3) を (a) から (c)
に分けていることから，(1) と (2) を基礎段階の入門的な指導，(3) を基

第4章　戦後作文・綴り方教育の到達点と課題

礎段階の発展的な指導，（4）を基礎段階の完成的な指導ととらえていたことが考えられる。（1）と（2）で指導した展開的な「文章表現形体」と総合的な「文章表現形体」を，（3）で発展，（4）で完成させ，両者を自在に活用する能力を育もうとしたのである。ここに，国分一太郎が，その生活綴り方（書くこと・作文）教育で目指した指導の体系，および文章表現能力のあり様を見出すことが出来る。

5.　おわりに

　わが国における戦後の生活綴り方（書くこと・作文）教育は，「日本作文の会・62年度活動方針案　意義ある伝統のもとに確信をもって前進しよう」によって，その方向を大きく転換した。それは，様々な形で提起された，いわゆる"生活綴り方批判"に対応し，一つの民間教育団体としての行き方を明らかにしようとするものであった。

　その一つが，ここで取り上げた，児童・生徒の文章表現能力の実態を「文章表現形体」という観点からとらえ，そこから，系統的・科学的な指導過程や指導方法・指導内容の「定式化」を行おうとするものである。しかし，このような取り組みは，従来の生活綴り方（書くこと・作文）教育には見られなかったものであり，戦後の生活綴り方（書くこと・作文）教育の歴史の中に，今もなお，大きな意味を持つものと言うことができる。それは，生活綴り方（書くこと・作文）教育の科学化・系統化を目指したものであった。しかし，同時に，結果として，ノンカリキュラムを前提として児童・生徒の生活現実や認識に即してきめ細かな表現指導を行うという，伝統的な生活綴り方（書くこと・作文）の一つの特質を自ら否定することにもなったともとらえられる。

　ここで考察した，「文章表現形体」論から出発し「作文指導の定式化」へと展開した考え方は，いまもなお，生活綴り方（書くこと・作文）教育の本質論，方法論，指導論にかかわる大きな課題・問題として理解することができる。

260

〈注〉

(1) 鈴木三重吉『綴方読本』(1935〈昭和 10〉年 11 月 20 日　中央公論社)509 ページ〜 514 ページ

(2) 今井誉次郎「文章表現形体の基礎」『講座生活綴方・第 3 巻　生活綴方の指導体系Ⅱ』(1961〈昭和 36〉年 12 月 25 日　百合出版)14 ページ

(3) 国分一太郎『生活綴方ノートⅡ』(1955〈昭和 30〉年 5 月 20 日　新評論社)

(4) 同　　上　73 ページ〜 77 ページ

(5) 国分一太郎『生活綴方読本』(1957〈昭和 32〉年 8 月 1 日　百合出版)

(6) 同　　上　1 ページ

(7) 同　　上　59 ページ〜 60 ページ

(8) 国分一太郎「表現指導へのさらに一歩の工夫を (2)」「作文と教育」誌 (1957〈昭和 32〉年 12 月号) 13 ページ

(9) 国分一太郎「なぜ児童文の表現諸形体に目をつけるか」「作文と教育」誌 (1962〈昭和 37〉年 3 月号) 42 ページ

(10) 国分一太郎「文章表現指導の基礎と発展」　同 (3) 書　42 ページ

(11) 同 (2)「第Ⅲ章　文章表現形体に即する実際指導」の目次・構成

(12) 日本作文の会常任委員会理論研究部「生活綴方教育＝正しい作文指導の定式化は可能であるか」「作文と教育」誌 (1965〈昭和 40〉年 6 月号)

(13) 近藤徹「他を動かさずにいないような文章の指導を」「作文と教育」誌 (1962〈昭和 37〉年 5 月号) 35 ページ

(14) 佐野善雄「『目の前に見えるように』書かせる」　同　　上　27 ページ

(15) 高森保「作者・対象・文章形体を合致させることで」　同　　上　19 ページ

(16) 勝又典男「現在形表現の指導」　同　　上　41 ページ

(17) 三土忠良「過去形表現と現在形表現」「作文と教育」誌 (1964〈昭和 39〉年 6 月号) 44 ページ

(18) 菱川忠良「説明的表現の指導」「作文と教育」誌 (1963〈昭和 38〉年 2 月号) 18 ページ〜 31 ページ

(19) 谷山清「総合・概括的表現の指導」「作文と教育」誌 (1964〈昭和 39〉年 6 月号) 23 ページ〜 32 ページ

(20) 鈴木喜代春「事物の本質把握のための概括的表現方法」「作文と教育」誌 (1962〈昭和 37〉年 2 月号) 20 ページ〜 26 ページ

(21) 同　　上　22 ページ

(22) 池亀一男「総合的記述への指導」「作文と教育」誌 (1963〈昭和 38〉年 3 月号) 46 ページ〜 54 ページ

(23) 同　　上　54 ページ

(24) 同 (14)　77 ページ〜 79 ページ

第 4 章　戦後作文・綴り方教育の到達点と課題

(25) 国分一太郎「なぜ児童文の表現諸形体に目をつけるのか」「作文と教育」
　　誌（1962〈昭和 37〉年 3 月号）41 ページ

(26) 同（12）　77 ページ

(27) 無着成恭『山びこ学校』（1951〈昭和 26〉年 3 月 5 日　青銅社）

(28) 同　　上　252 ページ

(29) 小西健二郎『学級革命』（1955〈昭和 30〉年 9 月 20 日　牧書店）

(30) 小西健二郎「『学級革命』から『山びこ学校』へ」「作文と教育」誌（1957〈昭
　　和 32〉年 7 月号）71 ページ

(31) 波多野完治「作文教授過程の定式化について（一）」「作文と教育」誌（1972
　　〈昭和 47〉年 11 月号）10 ページ

(32) 国分一太郎『ちからを伸ばす　作文の授業』（1982〈昭和 57〉年 8 月 10 日
　　日本書籍）34 ページ〜 46 ページ

あ と が き

　私は，2003（平成15）年3月に，学位論文「戦後作文・綴り方教育の研究」によって，広島大学教育学部から「博士（教育学）」の学位を拝受した。それは，恩師の野地潤家博士（広島大学名誉教授・鳴門教育大学名誉教授）のご指導によってなし得た，戦後兵庫県下において展開された作文・綴り方教育の理論・実践を，第1次資料（児童の作文帳，学級・学校・地域等の文集，教員の手になる市・町・村，あるいは県下各地域の作文・綴り方教育を中心とした同人誌，教師個人の実践の記録等）に基づいて可能な限り詳細に分析，考察したものである。その作業によって，戦後の作文・綴り方教育（実践）の一つの姿を，兵庫県を事例として，具体的にとらえることを目指した。

　慌ただしい校務の合間をぬっての作業であったが，関係資料の収集と体系を見通し祖述を終えるまでに，おおよそ20年の歳月を費やした。収集・調査した資料は膨大なものになったが，資料収集の中で出会わせていただいた先生方にうかがう様々なお話，子ども達のこと，学級のこと，文集づくりのこと，同人グループのこと等は，いずれも楽しく，また貴重なものであった。学校だけではなく先生方個人のお宅にまで押しかけてお話を伺ううちに，「研究のためなら」と様々な資料や書籍を快く貸してくださることも多かった。また，先生方の思い出話が深夜にまで及ぶこともしばしばあった。時間が過ぎるのを忘れて，それぞれの先生方の世界に浸らせていただいた楽しく幸せな時間であった。

　また，国会図書館をはじめとする各地の図書館，朝日新聞社，毎日新聞社，読売新聞社，明治図書，百合出版には，古い記事や書籍の調査にお邪魔し，いつも快くご協力をいただいた。

　何度もお話を伺った倉澤栄吉，滑川道夫，渋谷（八木）清視，東井義雄，戸田唯巳，小西健二郎，黒藪次男の各先生方は，すでに亡くなった。様々

な場やお部屋でお話をいただいた日のお姿がなつかしく思い出される。

　そのようなお話の中で驚いたのは，作文・綴り方教育に関わってこられた先生方のほとんどが，地域を問わず，また，遠く離れておられるのにもかかわらず，お互いに親しい信頼関係を持っておられたことである。また，さまざまな事柄を昨日のことのように記憶されていることにも感嘆せざるをえなかった。その一つひとつの御教示が，先に終えた私の研究『戦後作文・綴り方教育の研究―兵庫県を事例として―』を全国的な視点・視野から見直したいと考える契機を与えてくださった。

　本書は，戦後70年余の作文・綴り方教育の歴史をその時々の課題・問題の視点から考察し，それを，中心となる話題ごとに，主に時間的順序に配列する形をとっている。各章・各節は，いずれも，それぞれ独立した研究として「全国大学国語教育学会」の場で発表し，後，文章化したものを中心としている。その意味で，戦後作文・綴り方教育における課題史・問題史の素描という域を出ないものである。今後，研究を集積・体系化し，さらに考察を深めて，「作文・綴り方教育通史」としてまとめることができればと考える。

　このような形でまとめた研究も，数多くの先生方が快く資料を貸与してくださり，また，お話を聞かせていただかなければ成ることがなかった。ご協力をいただいた先生方に，心から感謝を申し上げたい。

　また，このような研究に突き進む私を見守り，適切なご指導いただいた恩師・野地潤家先生，大槻和夫先生，いつも声をかけてくださる吉田裕久先生に，心からの御礼を申し上げたい。

　大学を卒業して，はや50年が近づいた。かけがえのない人間関係という宝物をいただいたことに対する感謝の念を，いま，しみじみと感じている。

　最後に，私事にわたるが，わが家のあちこちに積み上げた研究資料や書籍の山に不満を言わず，わがままで自分勝手な世界に没頭する私をいつも支えてくれた妻（春代）に心からの感謝を言いたい。本当にありがとう。

　私が研究者の道に進むことを許してくれ，物心両面から支えてくれた両

親（菅原重正・みつゑ）は，ともに，すでに鬼籍に入っている。墓前に本書の完成を報告したい。

また，長女・のぞみとその家族（大作，弦大，知優），長男・潤哉とその家族（梨恵，真樹，紗奈）も，常に私の心の支えである。土曜日の夜と決まっている「もしもし，オジイチャン？，あのねぇ…」で始まる《オジイチャンコール》は，私の何よりの楽しみである。みんな，本当にありがとう。

最後になって恐縮だが，お会いするたびに笑顔で「まだですか？」と声をかけてくださった渓水社の木村逸司社長に厚く御礼を申し上げる。

2016〈平成28〉年4月30日

菅　原　　稔

事項索引（50 音順）

【ア行】

明石プラン　81, 86
ありのまま　114, 122
慰問文綴り方　23
恵那綴方の会　138, 158
大阪綴方の会　188

【カ行】

概念くだき　113
科学的綴り方　115
書くこと（綴り方）による学級づくり
　　（集団づくり）　165
書くこと（綴り方）による生活指導
　　165
学習指導要領　128
学級集団づくり（集団指導）　166
学級づくり　257
学校演劇　135
活動主義　228
活動単元　91
過程主義　228
技術主義　39
教育科学研究会　150
教育科学研究全国連絡協議会（教科研）
　　166, 178
教育実践記録　26
教材単元　95
記録報告文　115
くわしく　114
経験主義（プラグマティズム）　39, 90,
　　105, 118
経験単元　91, 95
言語活動例　94
言語主義　219
コア・カリキュラム　69

国語科　124
国語能力表　42, 78, 81, 86, 100
コミュニケーション能力　219
コンポジション作文　195

【サ行】

最近の生活綴方批判の概要　174
作品主義　217, 224
作品主義から作文主義へ　230
作品主義に立つ作文指導　231
作文・生活綴り方教育論争　161
シークエンス　74
自己表現としての作文指導　231
実作主義　213
実践研究　95
社会科　69, 124
ジャンル　222
銃後の綴り方　23
小学校令（国民学校令）　30
昭和22年度学習指導要領・国語科編
　　37, 90
昭和二十二年度（試案）学習指導要領
　　国語科編　5
調べる綴り方　115
新教育指針　ⅰ, 8
新教育方針　ⅰ, 8
新興綴方講習会　158
新日本建設の教育方針　ⅰ
スキル作文　195
スコープ　74
生活記録運動　240
生活作文　219, 220
生活指導としての作文指導　231
生活単元　95
生活綴り方事件　127

267

生活綴り方的教育方法　163, 257
生活文　115, 125, 231
1962年度活動方針案「意義ある伝統の
　　もとに確信をもって前進しよう」
　　　174, 179, 184, 187, 192
全国生活指導研究協議会（全生研）
　　　166, 178, 187
全国大学国語教育学会　264
戦時綴り方　23
綜合記叙　239

【夕行】

第1次「野名・田宮論争」　189
第1次米国教育使節団報告書　ⅰ, 8
第1回　作文教育全国協議会　121, 157
第2次「野名・田宮論争」　189
調査記録文　115
展開記叙　239
伝達主義　224
東京・赤とんぼ会　164
東京第三師範学校附属小学校　79
特集・山びこ学校の総合検討　150

【ナ行】

内容主義　224
中津川大会　157
26年度指導要領　81, 99
日本作文の会・62年度活動方針案　260
日本綴方の会　65
認識主義　224
野名・田宮論争　187

【ハ行】

八南作文の会　201
「母の死と其の後」　147
表現主義　224
表現諸形体　181
兵庫師範女子部附属小学校　81
文学主義　217
文学趣味　135
文学的作文　219, 220
文章形態　124
文章主義　224
「文章表現形体」論　247, 253
文章表現諸形体　184
文話　27
北海道綴方教育連盟　21
北海道綴方教育連盟事件　21
北方教育運動　127

【マ行】

ＣＩＥ（民間情報教育局）　36
六つの機能　223

【ヤ行】

『山びこ学校』批判　153

【ラ行】

リアリズム綴方　24
連合国軍最高司令官総司令部（ＧＨＱ）
　　　ⅰ, 8, 33, 36
ローマ字化　35

人名索引 (50 音順)

【ア行】

相川敏治　29
阿辻哲次　36
安藤鉄夫　20, 26
飯田廣太郎　20, 21
池亀一男　246, 253
石森延男　5, 7, 9, 41
稲村謙一　19
今井誉次郎　87, 136, 138, 158, 185, 244, 253
入江道雄　155
岩本松子　188, 200
上田庄三郎　119, 159
臼井吉見　152
梅根　悟　70
江口江一　145, 146, 147
江口久子　147
遠藤豊吉　175
大石喜代治　10
大内善一　155, 172
大江田貢　51
大沢芳美　51, 52
大関松三郎　9
太田昭臣　175, 176, 178, 179, 180
大塚義人　188, 195, 196, 207
大槻一夫　7, 9, 226
大槻和夫　264
沖山　光　5, 7, 9

【カ行】

梶村光郎　19
勝又典男　245, 249
上飯坂好實　94
川口半平　158
木宮乾峰　70, 73

久米井束　5
倉澤栄吉　40, 97, 98, 157, 212, 213, 263
倉澤　剛　70
栗栖良夫　52
黒坂勝巳　52
黒藪次男　188, 197, 207, 263
国分一太郎　29, 49, 105, 119, 121, 130, 143, 151, 157, 159, 185, 187, 240, 244, 247, 249, 253, 255
小島忠治　86, 94
輿水　実　93
後藤彦十郎　148, 149, 155
後藤正治　20
小西健二郎　19, 105, 119, 137, 150, 155, 177, 190, 226, 257, 263
小山玄夫　10
近藤　徹　245, 246
近藤益雄　16, 107, 137

【サ行】

寒川道夫　3, 4, 5, 119
佐藤一郎　20
佐藤　茂　13, 14
佐藤将寛　29
佐野善雄　245, 247, 248
師井恒男　137
志垣　寛　3, 4, 107, 119
柴田義松　185
清水晴男　94
周郷　博　161
鈴木喜代春　245, 251, 252
鈴木千里　52
鈴木久夫　137
鈴木三重吉　143, 238, 242, 244
鈴木道太　159

須藤克三　52, 142, 152, 153
世古一弥　245

【タ行】

高田富与　29
高野柔蔵　131
高橋和夫　119
高森　保　245, 248
田倉圭市　189, 206, 207
竹内常一　185
谷山　清　246, 251
田淵初美　137
田宮輝夫　187, 188, 196, 202, 205, 207
千葉春雄　143
東井義雄　10, 12, 19, 52, 263
徳差健三郎　245
戸田唯巳　150, 155, 165, 177, 190, 263
栃木正雄　5
戸塚　栄　10
豊田正子　122, 143

【ナ行】

長妻克亘　183
永易　実　188, 189, 199, 201, 205, 207
滑川道夫　125, 126, 127, 132, 263
西尾　実　161
西原慶一　94
野口茂夫　125
野地潤家　263, 264
野島秀義　94, 95
野名龍二　186, 187, 188, 203, 204, 207
野村芳兵衛　158, 159

【ハ行】

萩原節男　19
波多野完治　5, 258
菱川忠良　245, 250

飛田　隆　94, 95
飛田多喜雄　94, 95, 98
平澤是曠　29
平野婦美子　143
ひろた・はやき　137
船山謙次　105, 119, 153, 154
本間留次郎　20

【マ行】

増谷謙也　29
三浦　一　20, 26, 27
水野徳三郎　19, 51, 54, 59
三井　彰　137
三土忠良　246
源　政一　20
峰地光重　137, 158, 159
宮坂哲文　185, 191
宮原誠一　152
無着成恭　50, 52, 54, 59, 64, 119, 124,
　　　133, 141, 157, 175, 180, 181
村山俊太郎　56, 142
持田俊介　188, 198
百田宗治　143, 161

【ヤ行】

矢川徳光　84
八木（渋谷）清視　19, 51, 52, 54, 64,
　　　263
山崎　弘　20
山田貞一　20, 24
吉田友治　10
吉田裕久　264
吉田瑞穂　5, 8, 9, 155

【ワ行】

綿引まさ　149, 150, 155, 164, 165

書名・誌名・文集名索引（50音順）

【ア行】

「赤い鳥」　111, 122

「赤とんぼ」　50, 51

朝日新聞　122, 125, 128, 132, 160

『新しい国語教育の方法』　96, 104

『新しい綴方教室』　105, 107, 119, 121,
　　157, 167, 229

『飯田廣太郎記念著作集（全6輯）』　29

『大関松三郎詩集　山芋』　9, 16

『オホーツクの嵐に耐えて』　29

『女教師の記録』　56, 58, 143, 144

【カ行】

『学級革命』　105, 119, 150, 155, 177, 190,
　　191, 226, 257

『学級というなかま』　150, 155, 165, 177,
　　190, 191

『合衆国教育使節団報告書』　33, 36, 47,
　　69

『カリキュラム構成』　70, 88

『カリキュラムの編成』　73, 74, 88

『北国の子供とともに』　29

「教育」　150

「教育建設　第3号　生活綴方と作文教
　　育」　160

「教育新報」　106, 108

『教育生活』　56

『教育ノート』　155

「銀河」　50

『近代カリキュラム』　70

『現代つづりかたの伝統と創造』　258

『コア・カリキュラム』　89

『コア・カリキュラム論批判』　89

『講座生活綴方・第3巻　生活綴方の指
　　導体系Ⅱ』　243, 245

「耕人」　158

『国語学習指導の方法』　212, 213

『国語教育講座　第11巻　国語教育問題
　　史』　47

『国語教育の問題』　104

『国語施策百年史』　47

『国語施策百年の歩み』　47

「国語創造」　3, 107, 119, 121

『国語単元学習と評価法』　97, 104

『国語のコース・オブ・スタディ』　93,
　　104

「子どもの村」　158

「子どもの広場」　50, 158

【サ行】

「作文教育　第一集」　47, 121

『作文教育講座・6・現代教育と作文』
　　213

『作文教育の体系』　157, 212, 229, 232,
　　233, 234, 212

『作文教育の方法』　212

「作文研究」　52, 55, 155

「作文と教育」　52, 121, 150, 155, 157,
　　158

『作文の教師』　212, 233, 234

「子午線」　158

「実践国語」誌 第1号　94

「実践国語」　121, 157

『小学校教師たちの有罪　回想・生活綴
　　り方事件』　29

『小学校のコア・カリキュラム―明石附
　　小プラン―』　89

「少年少女の広場」　51, 158

『生活カリキュラム構成の方法』　89

『生活カリキュラムと国語学習』　89

271

『生活綴方読本』 241, 242
『生活綴方ノートⅡ』 241, 242
『戦後教育の原典2　米国教育使節団報告書』 47
『戦後作文教育史研究』 155
『戦後作文・生活綴り方教育論争』 172
「戦後生活綴方教育史（18）」 156
『戦後日本漢字史』 47
『続　みんなの綴方教室』 258
『続近代カリキュラム』 70, 88

【タ行】

『弾圧　北海道綴方教育連盟事件』 29
『ちからを伸ばす　作文の授業』 258
『綴方実践への道』 20
「綴方生活」 6
「つづりかた通信」 49, 155, 157, 121
『綴方読本』 238
「綴方の復興と前進のために」 121
『綴方連盟事件』 29

【ナ行】

『日本の子どもと生活綴方の50年』 155
『日本の生活綴方』 226

【ハ行】

『表現指導』 233, 234
『ふぶきの中に・山びこ学校の詩集』 141
文集「きかんしゃ」 141, 144, 154, 155
『文章表現指導入門』 258
「北方教育」 6, 58
『北方の生活綴方』 29

【マ行】

毎日新聞 122, 133, 136, 160
『みんなの綴方教室』 258

【ヤ行】

『山芋』 164, 217
『山びこ学校』 26, 29, 56, 64, 119, 121, 122, 124, 125, 133, 134, 141, 157, 160, 164, 167, 176, 217, 220, 229, 230, 257
『山びこ学校から何を学ぶか』 152, 153, 156
「山びこ学校の総合検討」 153
「『山びこ学校』批判の盲点」 153
読売新聞 122, 129, 132, 160

【著者略歴】

菅 原 　 稔（すがはら　みのる）

1946 年 9 月　兵庫県姫路市に生まれる
1969 年 3 月　広島大学教育学部卒業
1971 年 3 月　広島大学大学院教育学研究科修了
2003 年 3 月　博士（教育学）（広島大学）

戦後作文・綴り方教育の史的研究

平成 28 年 6 月 20 日　発　行

著　者　菅原　　稔
発行所　株式会社　溪水社
　　　　広島市中区小町 1-4（〒730-0041）
　　　　電　話（082）246-7909
　　　　Ｆ Ａ Ｘ（082）246-7876
　　　　E-mail：info@keisui.co.jp

ISBN978-4-86327-351-1　C3081